Franz Hauleitner

Salzkammergut Ost

Dachstein · Traunstein · Totes Gebirge

63 ausgewählte Touren

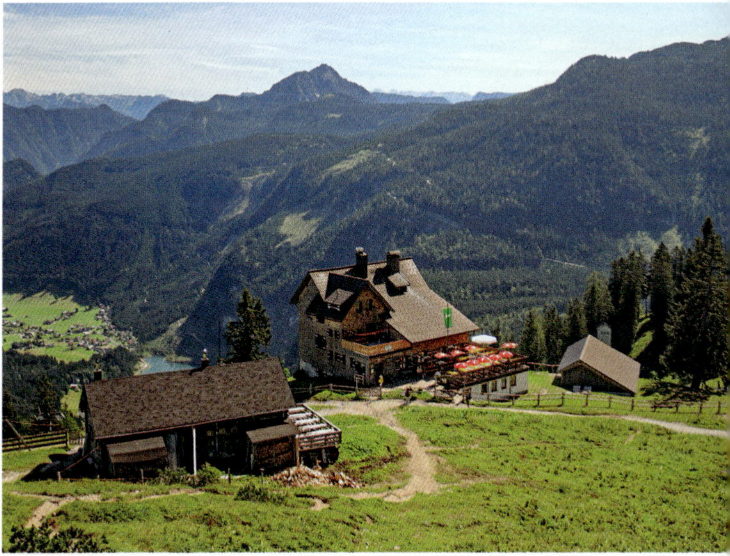

ROTHER
BERGVERLAG

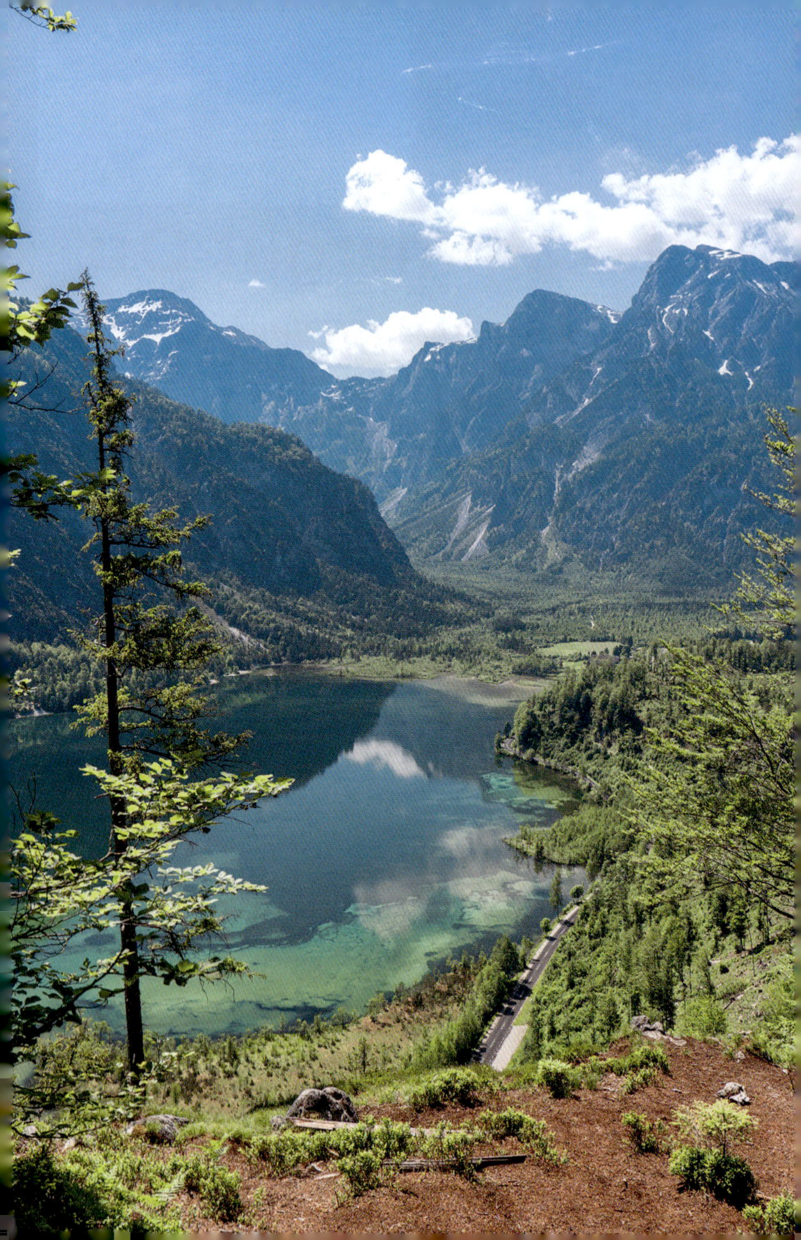

VORWORT

Wuchtige Kalkstöcke, bewaldete Mittelgebirge, liebliche Talgefilde, eine Vielzahl von Seen (nach einer Zählung rund 80), reizvolle Ufer mit einladenden Orten und darüber die strahlende Pracht der Dachsteingletscher – sie prägen in ihrer Gesamtheit den Charakter, sie machen den besonderen Reiz der wahrhaft unvergleichlichen Landschaft des Salzkammerguts aus. Hinzu treten gewaltige Höhlensysteme, der bekannte Salzreichtum (Abbau seit über 4500 Jahren) und die damit in Zusammenhang stehenden Salzsole-Heilbäder sowie zahllose historische Sehenswürdigkeiten. Den kulturellen und landschaftlichen Besonderheiten des Salzkammergutes wurde durch Aufnahme einiger Teilgebiete in die Welterbeliste der UNESCO (Salzburger Altstadt, 1997; Region Hallstatt – Dachstein – Inneres Salzkammergut, 1998) international Rechnung getragen.
Unter dem Salzkammergut wird im herkömmlichen Sinn das Einzugsgebiet der Traun verstanden. Es ist Teil der Nördlichen Kalkalpen sowie der vorgelagerten Flyschzone (Sandstein) und erstreckt sich zwischen Fuschlsee im Westen, Alpenvorland im Norden, Totem Gebirge im Osten und Dachsteinstock im Süden. In den Rother Wanderführern »Salzkammergut Ost« und »Salzkammergut West« wird nicht nur der Zentralbereich gewürdigt, sondern auch die östlichen und westlichen Randgebiete. Drei österreichische Bundesländer haben Anteil: Steiermark, Oberösterreich und Salzburg. Zentrale und höchste Erhebung des Gebietes ist der (noch) eisbedeckte Dachstein, 2995 m.
Man kann das Salzkammergut auch mit den Augen des anspruchsvollen Bergsteigers, des Kletterers, sehen. Er findet vor allem am Dachstein und im Toten Gebirge Ziele nach seinem Geschmack. Der unverwechselbare Reiz der Gegend, nämlich das harmonische Nebeneinander von Seen- und Waldgebirge, von Hochalpen und lieblicher Wiesenregion, ist jedoch vorwiegend im Zuge einfacher Streifzüge zu entdecken. So finden Wanderer hier ein richtiges Eldorado, sie haben die Wahl zwischen beschaulichem Talspaziergang und Seen-Rundwanderung, zwischen Mittelgebirgstour und Almwanderung, zwischen einfachem Hüttenweg und hochalpinem Gipfelanstieg.
Aus dem reichen Angebot werden im vorliegenden Band 63 lohnende Wanderungen und Bergtouren vorgestellt. Verglichen mit der Vorauflage wurde damit die Tourenzahl um elf erweitert. Die meisten der hier gewürdigten Wanderungen sind unschwierig und können auch von weniger geübten Bergfreunden und Kindern unternommen werden, andere wiederum verlangen bergsteigerische Übung, etwas Klettererfahrung und Ausdauer.
Der Autor wünscht allen Benutzern dieses Führers schöne und erlebnisreiche Tage in der wundervollen Bergwelt des Salzkammergutes.

Wien, im Sommer 2022 — Dr. Franz Hauleitner

INHALTSVERZEICHNIS

Tourengebiet Gosau

Tourengebiet Hallstatt – Obertraun

Ausseerland mit Bad Mitterndorf und Tauplitz

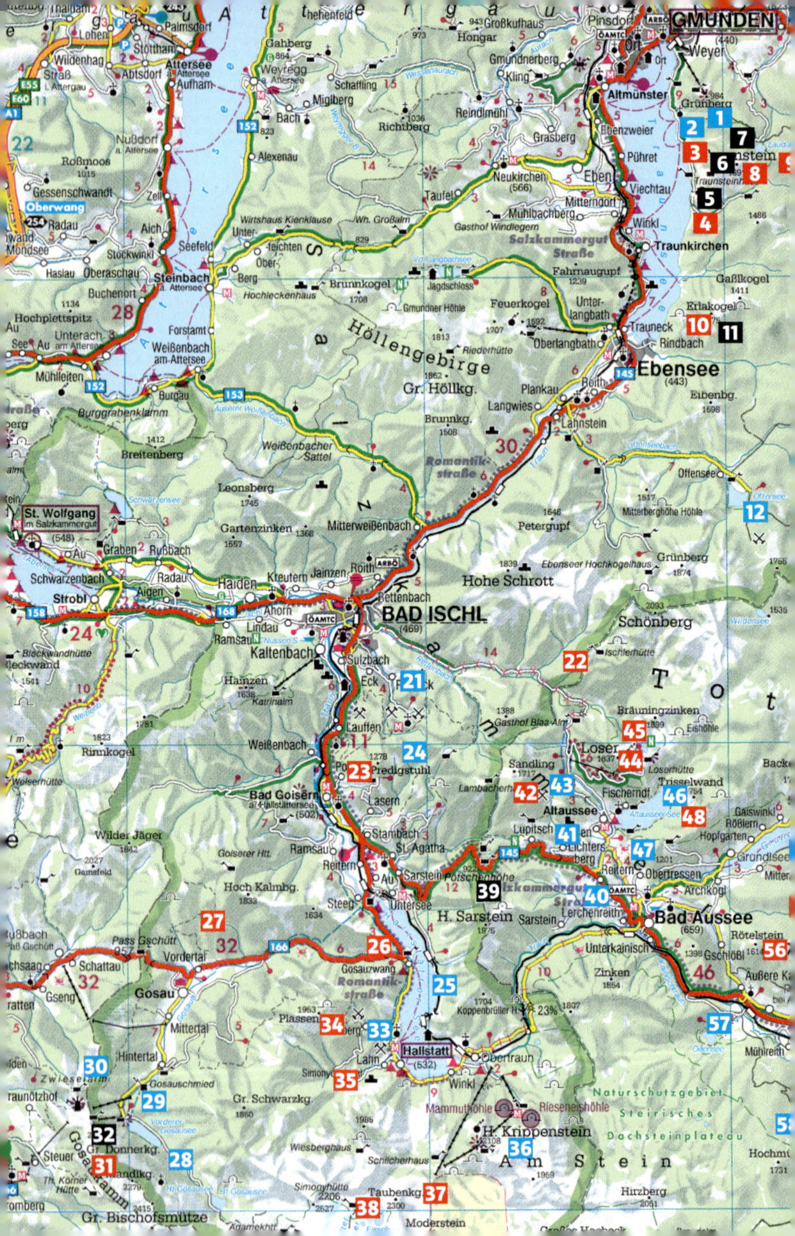

GMUNDEN
Attersee
Steinbach a. Attersee
Weißenbach am Attersee
Unterach am Attersee
St. Wolfgang im Salzkammergut
Strobl
Altmünster
Traunkirchen
Ebensee
Höllengebirge
Gr. Höllkg.
Feuerkogel
Salzkammergut Straße
Romantikstraße
BAD ISCHL
Hohe Schrott
Schönberg
Totes Gebirge
Loser
Altaussee
Bad Aussee
Bad Goisern
Gosau
Hallstatt
Obertraun
H. Sarstein
Sarstein
H. Krippenstein
Am Stein
Gr. Bischofsmütze
Gosaukamm
Naturschutzgebiet Steirisches Dachsteinplateau
Oberwang
Neukirchen
Gaßlkogel
Erlakogel
Offensee
Grünberg
Rinnkogel
Kaltenbach
Lauffen
Gosauzwang
Plassen
Rieseneishöhle
Mammuthöhle
Moderstein
Taubenkg.

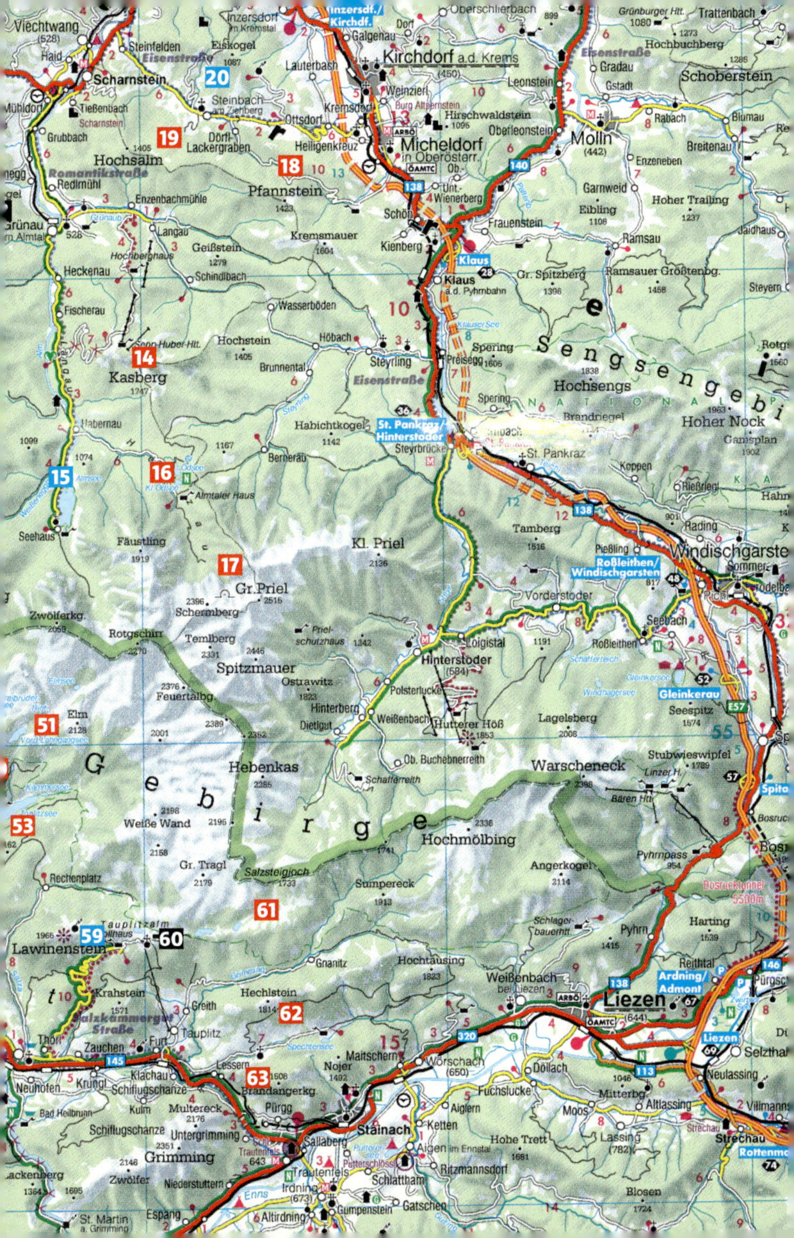

Viechtwang
Scharnstein
Steinfelden
Eisenstraße
Eiskogel
Inzersdorf im Kremstal
Inzersdf./ Kirchdf.
Galgenau
Kirchdorf a.d. Krems
Oberschlierbach
Grünburger Htt.
Trattenbach
Hochbuchberg
Schoberstein
Gradau
Gstadt
Leonstein
Lauterbach
Weinzierl
Burg Altpernstein
Kremsdorf
Hirschwaldstein
Oberleonstein
Molln
Rabach
Blumau
Breitenau
Steinbach am Ziehberg
Ottsdorf
Tießenbach
Grubbach
Dörfl
Lackergraben
Heiligenkreuz
Micheldorf in Oberösterr.
Hochsalm
Romantikstraße
Redlmühl
Pfannstein
Enzenebn
Garnweid
Hoher Trailing
Eibling
Enzenbachmühle
Grünau im Almtal
Langau
Kremsmauer
Schön
Unt.-Wienerberg
Frauenstein
Jaidhaus
Ramsau
Geißstein
Hochberghaus
Kienberg
Klaus
Klaus a.d. Pyhrnbahn
Gr. Spitzberg
Ramsauer Größtenbg.
Steyern
Heckenau
Schindlbach
Fischerau
Wasserböden
Sengsengebirge
Spering
Preisegg
Hochstein
Höbach
Steyrling
Seen-Huber-Htt.
Kasberg
Brunnental
Eisenstraße
Hochsengs
Habernau
Habichtkogel
St. Pankraz/ Hinterstoder
Steyrbrücke
St. Pankraz
Brandriegel
Hoher Nock
Gamsplan
Nationalpark
Berneráu
Koppen
Rießriegl
Almsee
Almtaler Haus
Seehaus
Tamberg
Rading
Windischgarsten
Fäustling
Kl. Priel
Pießling
Roßleithen/ Windischgarsten
Gr. Priel
Schermberg
Vorderstoder
Zwölferkg.
Rotgschirr
Temlberg
Prielschutzhaus
Loigistal
Hinterstoder
Roßleithen
Seebach
Spitzmauer
Ostrawitz
Feuertalbg.
Polsterlucke
Gleinkerau
Seespitz
Elm
Hinterberg
Dietlgut
Weißenbach
Hutterer Höß
Lagelsberg
Gebirge
Hebenkas
Ob. Buchebnerreith
Schafferreith
Warscheneck
Stubwieswipfel
Linzer H.
Bären Htt.
Weiße Wand
Hochmölbing
Gr. Tragl
Salzsteigjoch
Angerkogel
Pyhrnpass
Bosrucktunnel 5500m
Rechenplatz
Sumpereck
Schlagerbauerhtt.
Pyhrn
Harting
Reithtal
Tauplitzalm
Lawinenstein
Granitz
Hochtausing
Weißenbach bei Liezen
Liezen
Ardning/ Admont
Krahstein
Hechlstein
Salzkammergut Straße
Greith
Tauplitz
Thörl
Zauchen
Furt
Maitschern
Wörschach
Dollach
Selzthal
Neulassing
Neuhofen
Krungl
Klachau
Schiflugschanze
Lessern
Nojer
Brandangerkg.
Fuchslucke
Mitterbg.
Altlassing
Villmanns
Bad Heilbrunn
Kulm
Multereck
Pürgg
Aiglern
Moos
Strechau
Rottenmann
Untergrimming
Stainach
Ketten
Hohe Trett
Lassing
Grimming
Sallaberg
Aigen im Ennstal
Trautenfels
Schlattham
Putterersee
Ritzmannsdorf
Niederstuttern
Irdning
Lackenberg
Zwölfer
Enns
Blosen
St. Martin a. Grimming
Espang
Altirdning
Gumpenstein
Gatschen

TOP-TOUREN

Traunstein: Naturfreundesteig
Ein Juwel unter den Touren des Salzkammerguts mit 1300 Metern Anstiegshöhe und zahlreichen gesicherten Klettersteig-Passagen. Grandiose Landschaft *(Tour 6, 5.45 Std.)*.

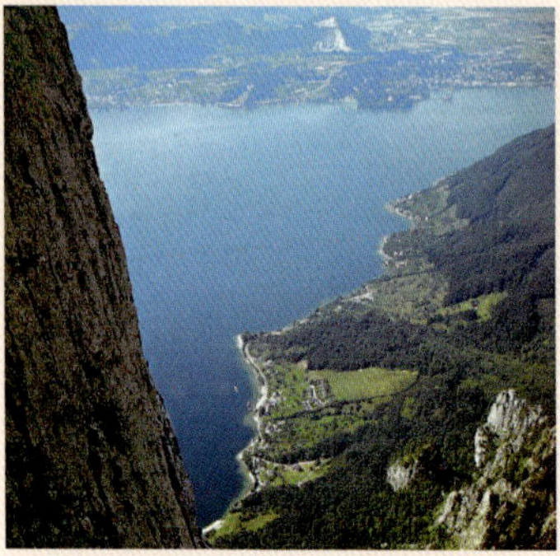

Ameisstein und Almsee-Ostuferweg
Beschauliche See-Umrundung mit eingelagertem Panoramagipfel vor den Nordabstürzen des Toten Gebirges *(Tour 15, 3.00 Std.)*

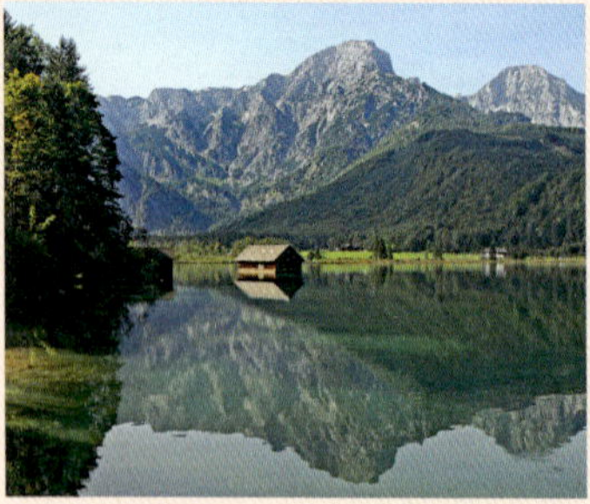

Predigstuhl und Goiserer Höhenweg
Zuerst Rundsichtsgenuss, danach originelle Bänderquerung durch eine senkrechte Wand. Eine klassische Salzkammergut-Tour *(Tour 23, 3.00 Std.)*.

Vorderer und Hinterer Gosausee
Schauwanderung durch einen der großartigsten Bergräume der Ostalpen, im Banne des gletschergepanzerten Dachsteins *(Tour 28, 4.00 Std.)*.

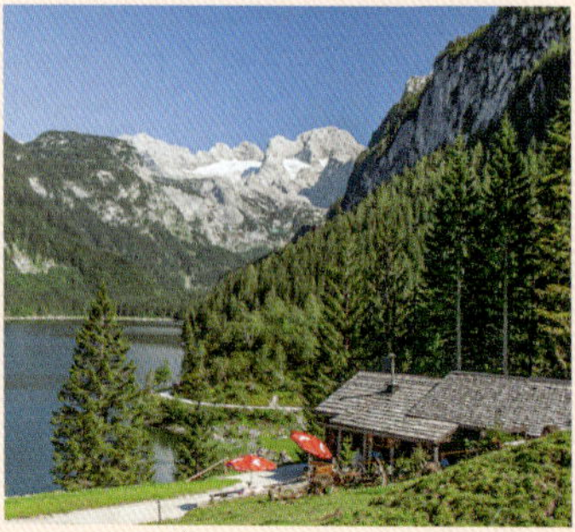

Waldbachstrub und -ursprung
Das Echerntal im Westen von Hallstatt wartet mit prachtvollen Wäldern und tosenden Wasserfällen auf. Romantik pur für empfindsame Naturen *(Tour 35, 3.20 Std.)*.

Taubenkogel
Leicht erreichbarer Aussichtsgipfel vor erhabener Dachstein-Majestät. Bei Schönwetter eine TOP-Tour für rasch Entschlossene! *(Tour 37, 4.00 Std.)*

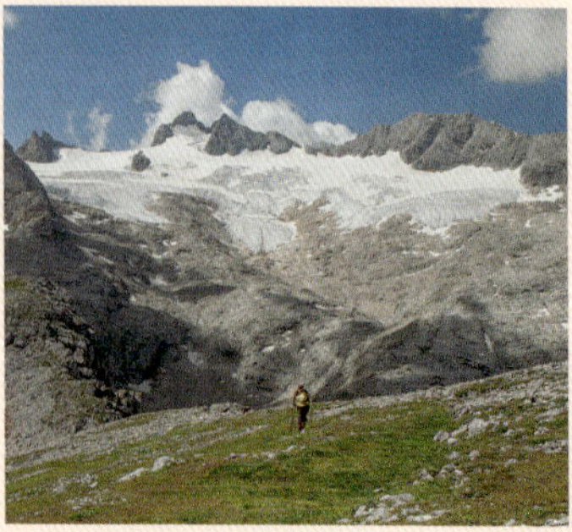

Loser
Als Luginsland über dem Ausseer Talbecken schlägt der Loser alle Konkurrenten. Eine unterhaltsame Kammüberschreitung für trittfeste und schwindelfreie Wanderer *(Tour 44, 2.15 Std.).*

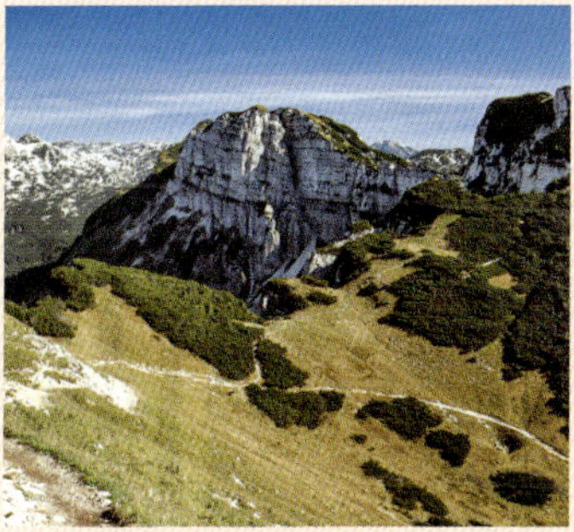

Rund um den Altausseer See
Die bekannteste Seenrunde des Salzkammerguts, völlig problemlos und alljährlich von Zigtausenden frequentiert *(Tour 46, 2.00 Std.).*

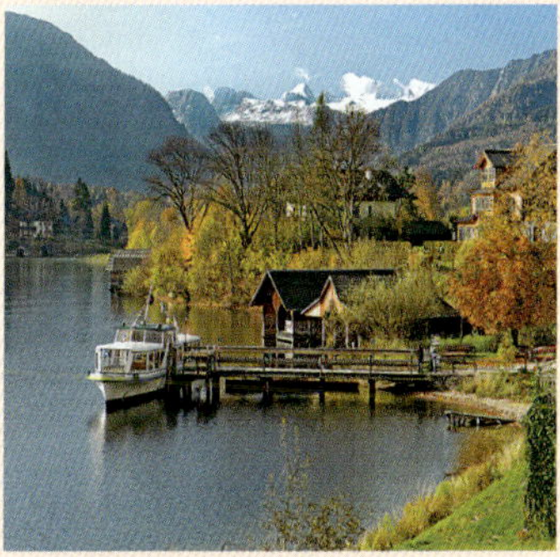

Trisselkogel
Altausseer Hintergrundkulisse und Klasse-Panoramaberg zugleich. Atemberaubende Tiefblicke auf See und Ort *(Tour 48, 4.15 Std.).*

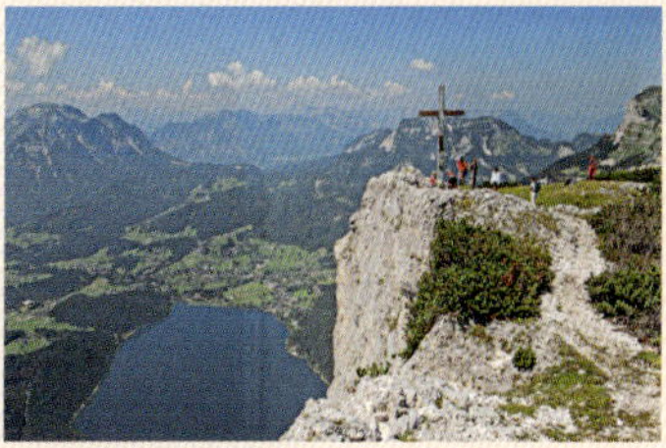

Gößler Alm und Graswand
Zauberhafte Almenidylle überm Grundlsee mit Prachtschau zum Dachstein. Im Goldherbst ein Rausch der Sinne *(Tour 50, 5.15 Std.).*

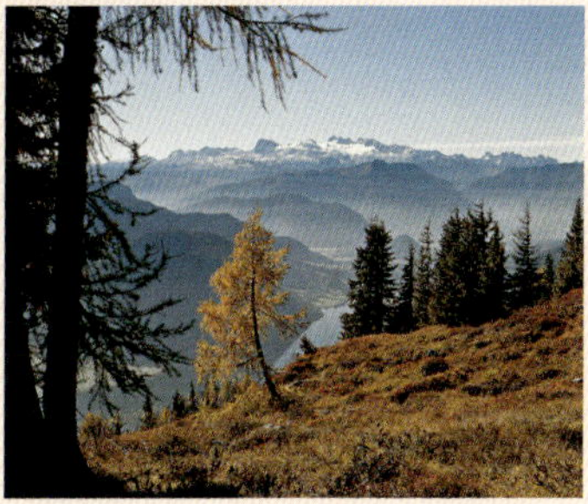

Traweng
Kurze, lohnende Bergtour auf einen Panoramapunkt über den Sonnenterrassen der Tauplitz. Trotz markierter Steiganlage nur eine Angelegenheit für geübte trittsichere Geher *(Tour 60, 4.00 Std.).*

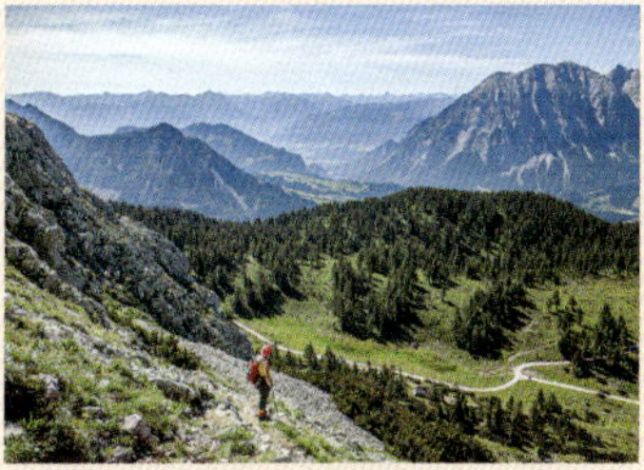

ALLGEMEINE HINWEISE

Anforderungen

Die meisten Wanderungen verlaufen auf gut instand gehaltenen, markierten Steigen und Wegen, sind also im alpinistischen Sinn leichte Unternehmungen. Andere Touren verlangen hingegen bergsteigerische Übung, Trittsicherheit, Schwindelfreiheit und Ausdauer. Um die jeweiligen Anforderungen besser einschätzen zu können, wurden die Nummern der Tourenvorschläge mit verschiedenen Farben versehen. Diese erklären sich wie folgt:

SCHWIERIGKEITSKATEGORIEN

■ = Leicht

Wanderungen auf markierten, meist gut trassierten Wegen und Pfaden. Einfach und in der Regel nur wenig anstrengend. Auch für Kinder und Senioren geeignet.

■ = Mittel

Bergwanderungen auf meist ausreichend markierten Pfaden und Steigen, die häufig schmal und steil angelegt sind und über kurze Abschnitte etwas ausgesetzt sein können. Trittsicherheit, etwas Schwindelfreiheit und Orientierungsvermögen nötig.

■ = Schwierig

Anspruchsvolle Bergtouren mit unmarkierten, zum Teil auch weglosen Passagen. Stellenweise können die Steige sehr ausgesetzt sein, manchmal wird die Zuhilfenahme der Hände notwendig (leichte Kletterei im Schwierigkeitsgrad I), an gesicherten Passagen ist mitunter ein Klettersteig-Set nötig. Nur für absolut trittsichere, schwindelfreie, konditionsstarke und alpin erfahrene Geher.

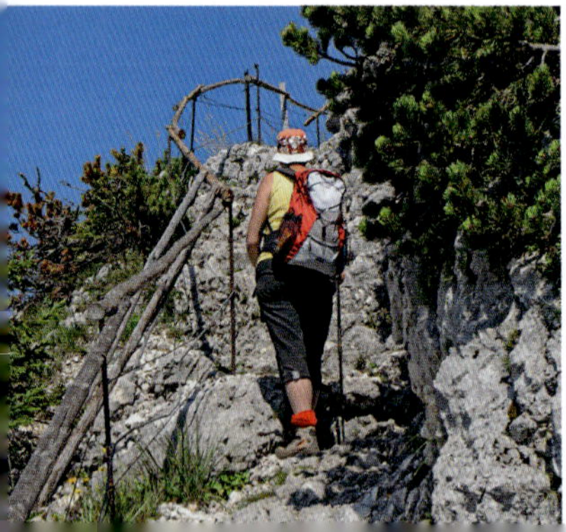

Gut abgesichert leitet der Normalweg auf den Trisselkogel (Tour 48) über die Steilstufe des »Großen Riebeisens« gipfelwärts.

Gehzeiten

Man beachte, dass sich die Zeitangaben (Gesamtgehzeit in der Titelzeile, in den Höhenprofilen auch Teilgehzeiten) nur auf die reine Gehzeit beziehen. Rasten, Verlangsamung der Gehgeschwindigkeit durch Übermüdung usw. sind darin

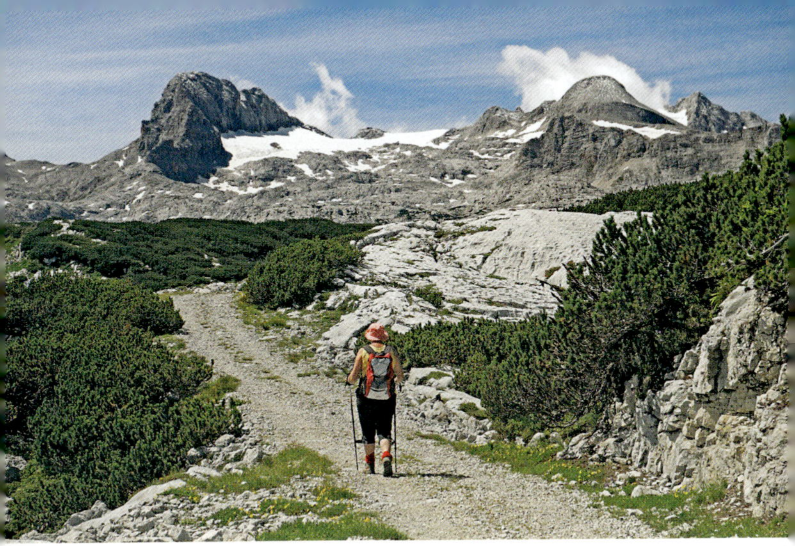

Auf dem »Heilbronner Weg« (Tour 36) im Bereich der Karrenhochfläche »Am Stein« im Dachsteingebiet. Blick nach Südwesten auf Koppenkarstein und Hoher Gjaidstein.

nicht enthalten. Wiederholte Pausen können in Summe die Gehzeit wesentlich verlängern. Zeitangaben sind auch subjektiv. Die Korrektur zur angeführten Gehzeit kann durch einen anfänglichen Zeitvergleich ermittelt werden (z. B.: 1 Std. im Buch entspricht 1.15 Std. persönlicher Gehzeit).

Höhenunterschied

Unter dieser Angabe ist jeweils die Summe der auf einer Tour im Anstieg bzw. im Abstieg zu bewältigenden Höhenunterschiede zu verstehen. Gegensteigungen werden also berücksichtigt.

Ausrüstung

Feste Schuhe mit Profilgummisohle, zweckmäßige Bekleidung sowie Rucksack mit Pullover, Regenschutz, Anorak und kleinerem Tourenproviant (Wasserflasche!) sind Voraussetzung.

Gefahren

Obwohl die meisten der hier angeführten Touren gebahnten Wegen oder Straßen folgen, ist an einzelnen abrutschbereiten Stellen, bei Querung steiler Hänge oder hart gefrorener Schneefelder sowie im steinschlaggefährdeten Gelände Vorsicht am Platze. Eine gewisse Gefahrenquelle sind auch sommerliche Gewitter sowie das lokale Vorkommen von Giftschlangen (Vipern).

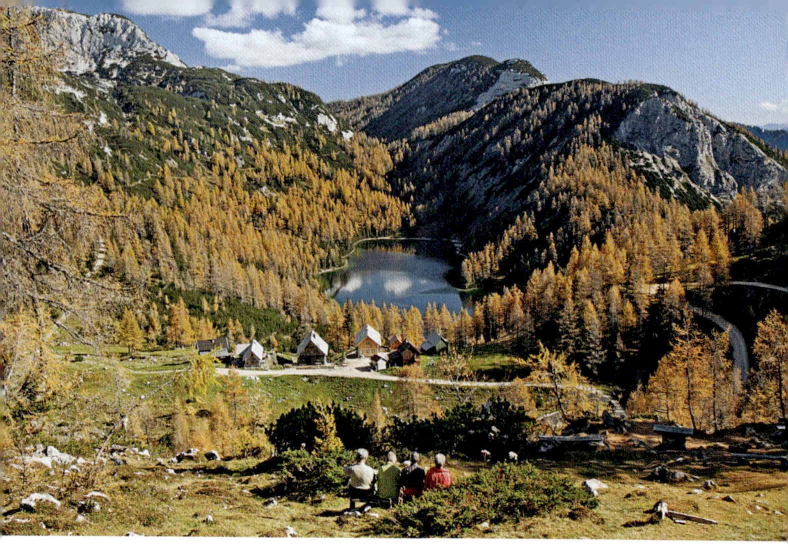

Steirersee und -seehütten (Tauplitzalm) im Spätherbst, dahinter der Roßkogel (Tour 61).

Bergrettung, Notruf

In Österreich kann über die Telefonnummer 140 (kostenlos, keine Vorwahl) die Bergrettung verständigt werden. Bei einem Handy ist unter Verwendung der Europäischen Notrufnummer 112 (ebenfalls kostenlos, keine Vorwahl) der gleichzeitige Zugriff auf alle Netzbetreiber möglich, auch wenn zuvor der PIN-Code nicht eingegeben wurde. Bei Wertkartenhandys kann der Notruf auch ohne Guthaben gewählt werden. Bei Smartphones besteht zudem die Möglichkeit, SOS-Meldungen an Notfallkontakte abzusetzen sowie nach Aktivierung eines Ortungsdienstes den eigenen Standort bekannt zu geben.

Bergbahnen

Von Stützpunkten, die mit Seil-, Sessel- oder Standseilbahn erreichbar sind, werden mehrfach Wanderungen im Abstieg beschrieben. Man beachte, dass diese Anlagen überwiegend nur während der sommerlichen Hochsaison (Juli bis September) in Betrieb sind, wobei die jährlichen Betriebszeiten nach der Lage der Wochenenden schwanken können. In der übrigen Zeit können solche Tourenziele bzw. Ausgangspunkte nur zu Fuß erreicht werden.

Öffentliche Verkehrsmittel

Viele Talorte und Ausgangspunkte sind mit öffentlichen Verkehrsmitteln erreichbar. Fahrplanauskünfte gibt es unter folgenden Internetadressen:

SYMBOLE

Symbole im Tourenkopf

- mit Bahn/Bus erreichbar
- Einkehrmöglichkeit
- für Kinder geeignet

Symbole im Höhenprofil

- Ort mit Einkehrmöglichkeit
- Einkehrmöglichkeit
- Parkplatz
- Bushaltestelle
- Bahnhof
- Standseilbahn Tal-/Bergstation
- Schiffsanlegestelle
- Skigebiet
- Fahrt mit Schiff
- Auf-/Abfahrt mit Seilbahn
- Auf-/Abfahrt mit Standseilbahn
- Kirche, Kapelle
- Gipfel
- Pass, Sattel
- Picknickplatz
- Aussichtsplatz
- Abzweigung
- Brücke
- Bildstock, Kreuz
- Wasserfall
- Quelle
- Bademöglichkeit

- Fahrpläne europaweit: www.fahrplan-online.de
- Fahrplan der ÖBB (Österreichische Bundesbahn): www.oebb.at
- Traunsee-Schifffahrt: www.traunseeschifffahrt.at
- Hallstätter-See-Schifffahrt: www.hallstattschifffahrt.at
- Grundlsee-Schifffahrt: www.schifffahrt-grundlsee.at

Im Anstieg auf den Großen Donnerkogel (Tour 32). Im Nordwesten die Osterhorngruppe mit dem Lammertal links.

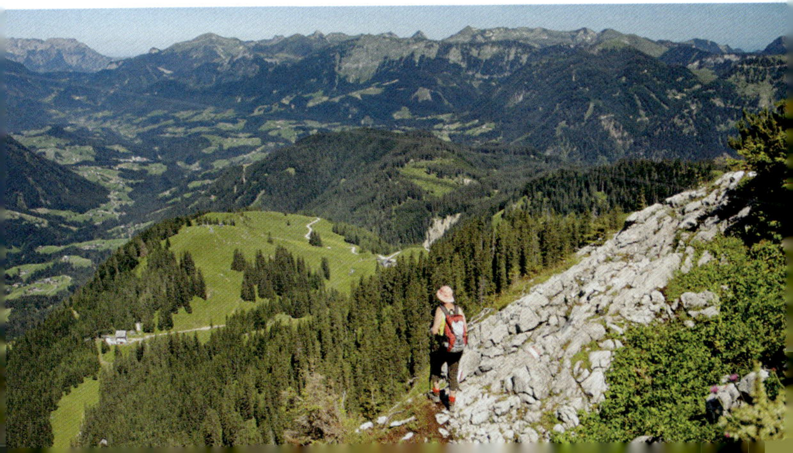

Der Umwelt zuliebe ...

Auch beim Wandern hinterlassen wir einen ökologischen Fußabdruck, aber im Einklang mit der Natur unterwegs zu sein, ist gar nicht so schwer!

VORBEREITUNG UND ANFAHRT

- Sich vorab informieren, worauf in Bezug auf Natur und Umwelt in der jeweiligen Wanderregion besonders zu achten ist.
- Soweit möglich mit Bahn und Bus anreisen, Wander- und Rufbusse nutzen.
- Ist eine Anfahrt mit dem Auto nötig, Fahrgemeinschaften bilden.
- Bei weiten Anfahrten Mehrtagestouren planen oder von einem Quartier vor Ort aus mehrere Touren absolvieren.
- Flugreisen möglichst reduzieren und durch Beiträge zu Klimaschutzprojekten kompensieren.

KLEIDUNG UND AUSRÜSTUNG

- Beim Kauf von Outdoor-Kleidung auf umweltfreundliche und faire Herstellung achten und Kleidungsstücke möglichst viele Jahre nutzen.
- Ausrüstung kann man eventuell auch gebraucht kaufen oder ausleihen.
- Reparieren statt neu kaufen.

VERPFLEGUNG

- Beim Einkauf Bio-Ware, regionale und saisonale Erzeugnisse bevorzugen.
- Hütten und Gasthäuser auswählen, die regionale Produkte verwenden.
- Auf Einwegflaschen und Plastikverpackungen verzichten, stattdessen wiederverwendbare Trinkflaschen und Brotzeitboxen benutzen.

ÜBERNACHTUNG

- Bei lokalen Anbietern buchen, damit Menschen vor Ort profitieren.
- Auf Hütten und in anderen Unterkünften Strom und Wasser sparen.

UNTERWEGS

- Wege benutzen und Abkürzer vermeiden.
- Sperrungen von Wegen und Schutzgebieten respektieren.
- Keine Blumen pflücken und keine Pflanzen entnehmen.
- Waldbrandgefahr beachten.
- Müll wieder mit nach Hause nehmen und dort entsorgen.
- Toilettengänge in freier Natur möglichst vermeiden.
- Lärm vermeiden.
- Hunde an die Leine nehmen.

ROTHER
BERGVERLAG

Bergwandern per Wanderbus oder Traunsee-Ruftaxi

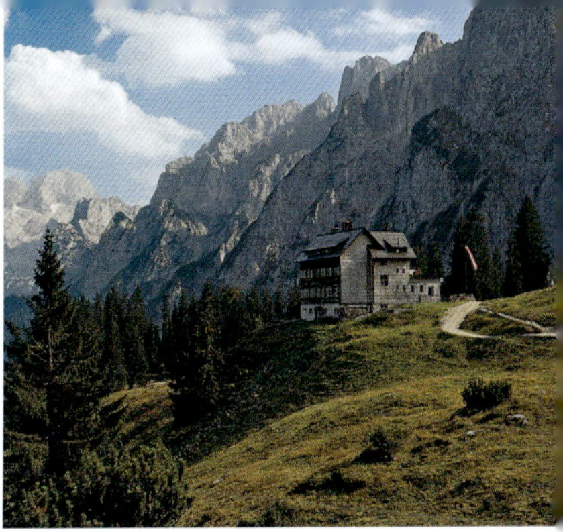

Die Gablonzer Hütte auf der Zwieselalm (Tour 30).

Der Parkplatz (Wendeplatz am Ende der Traunsteinstraße, 5,5 km ab Gmunden) im Bereich des Traunsee-Ostufers ist Ausgangspunkt für viele Unternehmungen im Traunstein-Gebiet. Er kann mit dem eigenen Kfz sowie per Wanderbus und Taxi erreicht werden. Am Wochenende ist die gesamte Traunsteinstraße Kurzparkzone (3 Stunden Parkdauer); daher wird empfohlen, das Auto in Gmunden oder am Parkplatz der Grünbergseilbahn zu parken und mit Wanderbus oder Taxi zum Umkehrplatz am Fuß des Traunsteins zu fahren.

Der **Wanderbus bzw. Shuttle (Linie 1)** fährt am Samstag, Sonn- und Feiertag (auch bei Schlechtwetter) im April und Oktober von Gmunden Seebahnhof (Busbahnhof) ab 5.30 Uhr, von Mai bis September ab 4 Uhr (Preis für Erwachsene einfache Fahrt: 5 €, Kinder bis 15 Jahre frei; Tel. +43 699 17064999).

Das **Traunsteintaxi (Linie 4)** fährt vom 1. Mai bis 31. Okt. täglich (also auch an Sonn- und Feiertagen) und im Stundentakt zwischen 5 und 20 Uhr zur vollen Stunde von Gmunden-Klosterplatz Richtung Umkehrplatz, zur halben Stunde in umgekehrter Richtung. Das Taxi muss spätestens 1 Stunde vor Fahrtantritt bestellt werden (Tel. +43 50422 1691, www.traunseetaxi.at; Preis für Erwachsene einfache Fahrt: 4 €, Kinder 6–14 Jahre 2 €, darunter frei; kein Fahrradtransport!). Will man das Taxi um 5 Uhr früh nehmen, muss am Vorabend spätestens um 20 Uhr bestellt werden.

Traunseeschiff (Linie 3): Es besteht ferner die Möglichkeit, ab Gmunden mit dem Traunseeschiff (Eder GmbH) bis zum Gasthof Hoisn zu fahren und dort die Wanderung zu beginnen.

Schutzhütten, Gaststätten, Restaurants, Jausenstationen

In den Kurzinformationen werden bei jeder Tour unter »Einkehr« alle an der Route gelegenen Stützpunkte und Einkehrmöglichkeiten mit Bewirtschaftungszeiten, Bettenzahlen, Telefonnummern und Internetadressen aufgeführt (bei den Hinweisen auf etwaige Ruhetage ist zu beachten, dass diese in den Monaten Juli und August oft nicht eingehalten werden!). Die angegebenen Bewirtschaftungszeiten sind Richtzeiten. Sie können je nach Lage der Wochenenden von Jahr zu Jahr etwas schwanken. Dies gilt auch für die Betriebszeiten von Beförderungsmitteln.

GPS-TRACKS UND KOORDINATEN DER AUSGANGSPUNKTE

Zu diesem Wanderführer stehen auf www.rother.de GPS-Tracks und Koordinaten der Ausgangspunkte zum kostenlosen Download bereit.
5. Auflage, Passwort: **438405spa**
Sämtliche GPS-Daten wurden vom Autor entweder im Gelände oder anhand einer digitalen Karte erfasst. Verlag und Autor haben die Tracks und Wegpunkte nach bestem Wissen und Gewissen überprüft. Dennoch können wir Fehler oder Abweichungen nicht ausschließen, außerdem können sich die Gegebenheiten vor Ort zwischenzeitlich verändert haben. GPS-Daten sind zwar eine hervorragende Planungs- und Navigationshilfe, erfordern aber nach wie vor sorgfältige Vorbereitung, eigene Orientierungsfähigkeit sowie Sachverstand in der Beurteilung der jeweiligen (Gelände-) Situation. Man sollte sich für die Orientierung auch niemals ausschließlich auf GPS-Gerät und -Daten verlassen.

Wetter

Auskünfte über das Berg- und Wanderwetter im Salzkammergut erhält man über den Österreichischen Rundfunk, Hörfunk und Fernsehen (auch Teletext), über Internet (www.zamg.ac.at) und über die persönliche Wetterberatung der Zentralanstalt für Meteorologie in Wien (Tel. 0900 566 566 1), in Salzburg/Oberösterreich (Tel. 0900 566 566 5) und in der Steiermark (Tel. 0900 566 566 8); wie die folgenden 0900-Nummern mit erhöhtem Tarif und nur innerhalb von Österreich zu erreichen.
Telefon-Tonbanddienste:

- Tonbanddienst des offiziellen Österreichischen Wetterdienstes: Oberösterreich Tel. 0900 911566 04, Salzburg Tel. 0900 911566 05, Steiermark Tel. 0900 911566 07, 5-Tages-Prognose für Gesamtösterreich: Tel. 0900 911566 10.
- Tonbanddienst des ÖAV: Ostalpenwetter Tel. 0900 911566 84, regionales Alpenwetter Tel. 0900 911566 81
- Online-Wettervorhersage der österreichischen und deutschen Alpenvereine: www.alpenvereinaktiv.com/de/bergwetter

Telefon

Von und nach Österreich gelten folgende Landeskennzahlen:

- aus Deutschland, Italien, Ungarn, Tschechien, Slowakei und der Schweiz nach Österreich: +43
- aus Österreich nach Deutschland +49, Italien +39, Ungarn +36, Tschechien +420, Slowakei +421 und in die Schweiz +41

Achtung: Außer bei Italien entfällt bei der darauffolgenden Ortsnummer die erste Null.

Der Gipfel des Trisselkogels (Tour 48) mit dem Altausseer See in der Tiefe.

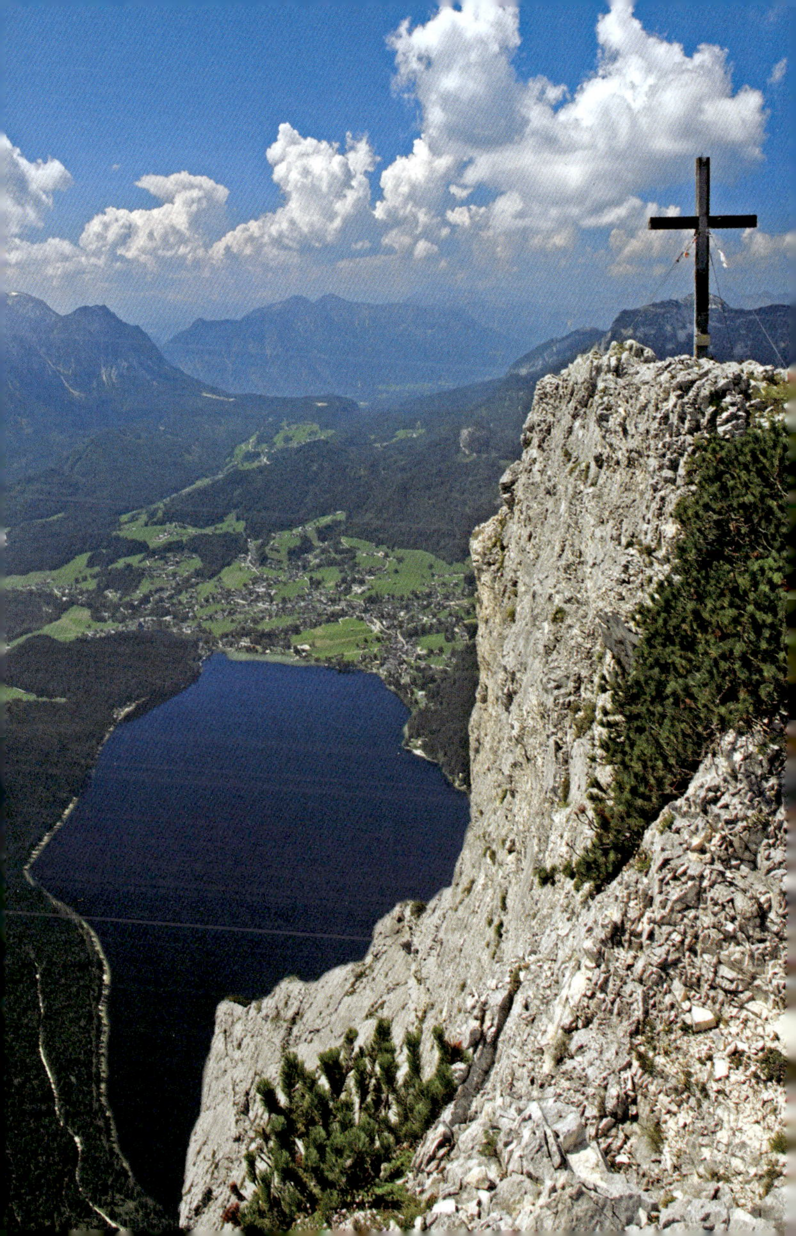

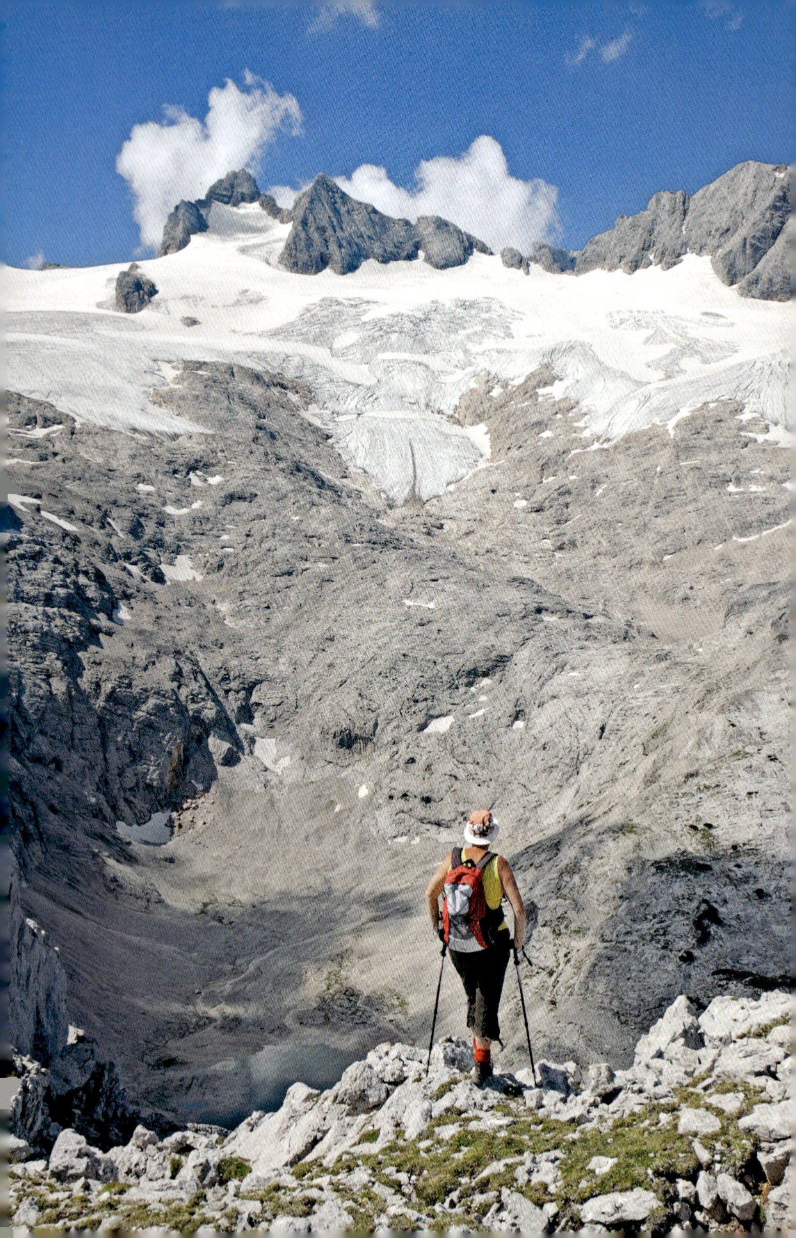

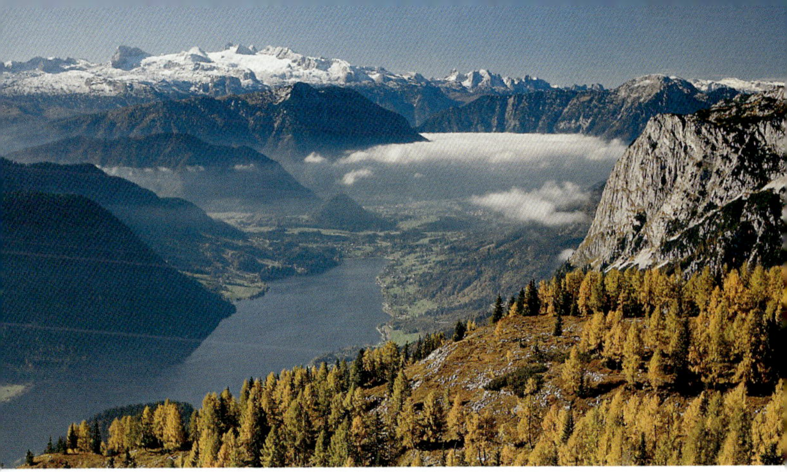

Oben: Im Herbst am schönsten: Grundlsee, Ausseer Talbecken und Dachstein von der Graswand (Tour 50).
Links: Am Taubenkogel (Tour 37) ist man König Dachstein und Hallstätter Gletscher zum Greifen nahe.

Karten

Als ergänzende Orientierungshilfe werden folgende Karten empfohlen:
Gedruckte Karten:

- Freytag&Berndt-Wanderkarte 1:50.000, Blätter WK 081, WK 082, WK 281, WK 282
- Kompass-Wanderkarte 1:50.000, Blätter WK 18, WK 19, WK 20, WK 68, WK 229
- Österreichische Karte 1:50.000 (Österreichisches Bundesamt für Eich- und Vermessungswesen), Blätter 3206, 3211, 3212, 3217, 3218, 4201, 4207, 4213

Digitale Karten:

- »Austrian Map online« (abruf- und ausdruckbar unter www.austrianmap.at) des Österreichischen Bundesamts für Eich- und Vermessungswesen (amtliche Österreichische Karte 1:50.000)
- »Tour Explorer 50 Österreich«, Version 6.0.8 von MagicMaps (amtliche Österreichische Karte 1:50.000 und Freytag&Berndt-Wanderkarte 1:50.000)

Literatur

- Franz Hauleitner: Wanderführer Salzkammergut West, Rother Bergverlag, 5. Auflage, München 2021
- Paul Werner u. a.: Klettersteigatlas Alpen, Rother Selection, Rother Bergverlag, 9. Auflage, München 2022
- Kurt Schall: Klettersteig-Atlas Österreich, Schall-Verlag, 6. Auflage, Wien 2021

GEBIETSÜBERBLICK

Das **Trauntal** und der **Pass Gschütt** bilden die Grenzlinie zwischen dem Band West und dem vorliegenden Band Ost des Salzkammergut-Wanderführers. Somit wird das hier gewürdigte Bergland im Westen durch das Tal der Traun, im Süden durch die Gipfelfluren von Gosaukamm, Dachstein und Grimming, im Norden durch das **Alpenvorland** flankiert. Die gewaltige Felsmasse des Toten Gebirges darf als östliche Begrenzung des Salzkammerguts angesehen werden, das jenseits der Linie Almtal – Tauplitz in die **Pyhrn-Priel-Region** um Pyhrnpass, Windischgarsten, Steyr- und Kremstal überleitet. Grob betrachtet konzentrieren sich die Tourengebiete um die ausladenden Plateauschollen des **Dachsteins** und des **Toten Gebirges**. Dabei wird politisch zwischen oberösterreichischem und steirischem Salzkammergut (Ausseerland) unterschieden.

Der fjordartig aus dem nördlichen Alpenvorland in das immer höher aufbauende Kalkgebirge eindringende **Traunsee** ist mit 191 Metern Tiefe der tiefste See Österreichs. Sein Westufer wird im Norden vom sanften Flysch-Mittelgebirge der **Oberösterreichischen Seehügel**, im Süden von den Steilflanken der Sonnsteine beherrscht und hat in dem auf einer Halbinsel gelegenen Ort **Traunkirchen** ein erstes Landschaftsjuwel des

Die Nordabstürze des Toten Gebirges über Almsee und Gasthof Seehaus (Tour 15).

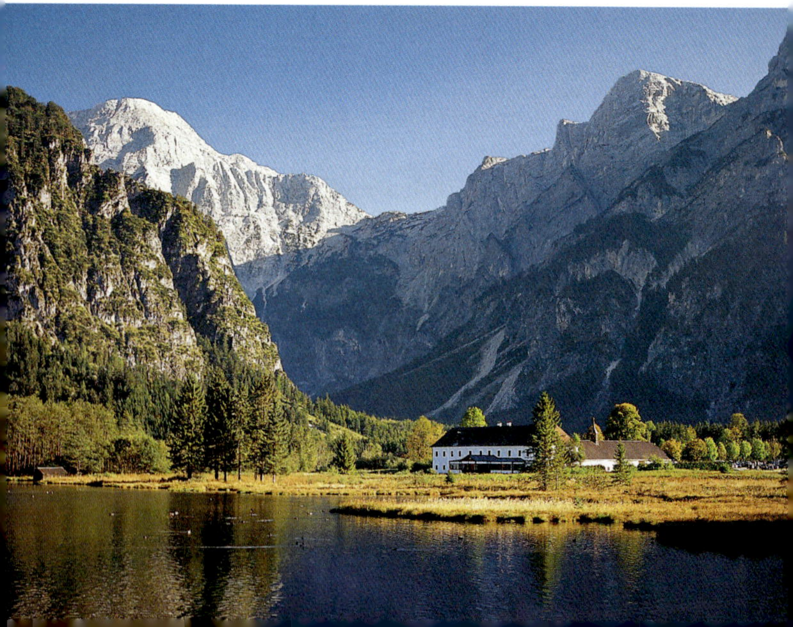

Salzkammerguts. Das weitgehend unzugängliche Ostufer steht hingegen ganz im Zeichen der senkrecht aus dem See aufsteigenden Wände des **Traunsteins** und des südlich anschließenden **Erlakogels** (auch »Schlafende Griechin«). Das reizende Städtchen **Gmunden** am Nordende des Sees ist eine der Eintrittspforten in das Gebiet. Eine aus dem Stadtgebiet auf den **Grünberg** führende Seilbahn und die Zubringerstraße zum Parkplatz unter den Traunstein-Wänden eröffnen eine Vielzahl lohnender Unternehmungen, wie den Besuch der **Kaltenbachwildnis** und des **Laudachsees**, aber auch Besteigung und Umrundung des gewaltigen Traunsteins selbst. Zur Traunsteingruppe im weiteren Sinn gehören auch der felsige Katzenstein, das Steineck sowie der bereits erwähnte, von **Ebensee** her zugängliche Erlakogel. Die östlich von ihm an den Abhängen des Gasselkogels gelegene **Gasselhöhle** gilt als eine der spektakulärsten Tropfstein-Schauhöhlen im Ostalpenraum.

Das **Almtal** bildet mit seinem berühmten See im Talschluss die Ostgrenze des zentralen Salzkammerguts. Man kann dort zwischen voralpin geprägten Streifzügen um den Ort **Grünau** (Zwillingskogel, Hochsalm, Kasberg) und anspruchsvollen Steilanstiegen in die Hochregion des Toten Gebirges (Großer Priel) wählen.

Von den aus dem Trauntal in das Tote Gebirge eindringenden Tälern birgt das nördlichste den malerischen **Offensee**. Von ihm lassen sich Ausflüge zum Almsee, auf den einsamen Steinberg, zur **Rinnerkogelhütte**, zum **Wildensee** und auf den **Rinnerkogel** sowie weiter talaus über das **Hochkogelhaus** auf den **Schönberg** unternehmen.

Die an der Mündung der Ischler Ache und des Rettenbachs in die Traun gelegene Kurstadt **Bad Ischl** ist zentral gelegener Hauptort des Salzkammerguts. Im Hintergrund des nach Osten gegen das Tote Gebirge vordringenden Rettenbachtales liegt die **Rettenbachalm**. Diese wiederum ist Ausgangspunkt für den beliebten Übergang zur **Blaa-Alm** (und weiter nach Altaussee) sowie für den Besuch von **Ischler Hütte** und **Schönberg**.

Die weite Senke des **Pötschenpasses** (auch »Pötschenhöhe«) zwischen Sandling und Sarstein trennt das oberösterreichische Salzkammergut, den Hallstätter See und das Becken von **Bad Goisern** vom steirischen Anteil, dem Ausseerland. Der weiter südlich wie ein norwegischer Fjord canyonartig in das darüber aufbäumende Dachsteinmassiv eingelagerte **Hallstätter See** darf mit dem benachbarten Gosautal als ein landschaftlicher Superlativ des Gebietes gelten. Mit seinen eng aneinandergeschmiegten Häusern und Kirchen überaus malerisch am Südwestufer gelegen, ist der Ort Hallstatt durch seinen Salzreichtum (Abbau seit über 4500 Jahren im darüber gelegenen Halltal) sowie durch ein ausgedehntes Gräberfeld mit Funden aus der älteren Eisenzeit (»Hallstattzeit«) bekannt.

Der östlich von Hallstatt in einer Talweitung gelegene Ort **Obertraun** hat durch die gewaltigen Höhlensysteme (**Mammuthöhle, Rieseneishöhle, Koppenbrüllerhöhle**) an den Nordabstürzen des Dachsteins sowie durch

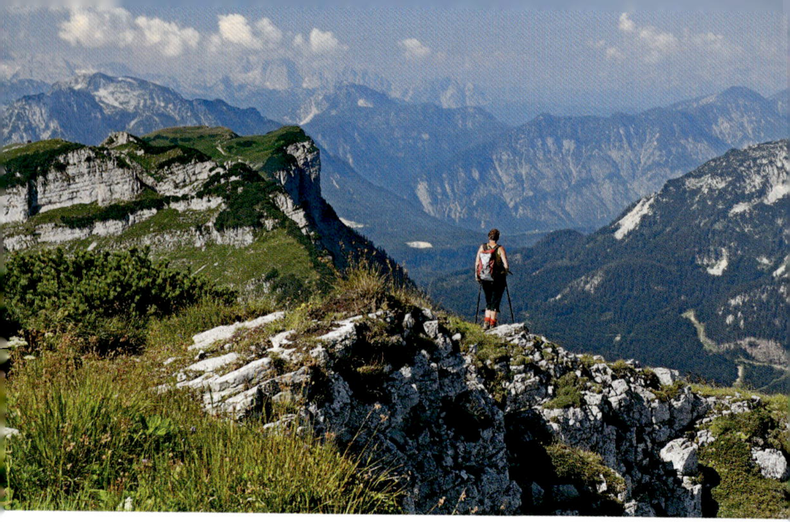

Am Bräuningzinken über Altaussee (Tour 45). Im Südwesten der Pötschenpass.

die Dachstein-Seilbahn auf den **Krippenstein** und zur **Dachstein-Hochfläche »Am Stein«** Bedeutung erlangt. Das bei Gosauzwang in den Hallstätter See mündende Gosautal birgt in seinem Hintergrund das millionenfach bestaunte Juwel des **Vorderen Gosausees**, in dem sich die (allerdings ständig schwindenden) Gletscher des Dachsteins eindrucksvoll spiegeln. Dort hat man die Möglichkeit, sich der Gletscherpracht in Richtung Adamekhütte zu Fuß zu nähern oder mit der Seilbahn auf die **Zwieselalm** zu fahren, um das Gebiet um den wildgezackten **Gosaukamm** zu erkunden.
Wer über die Pötschenhöhe in das **Ausseerland** einreist, wird von einem Landschaftsparadies aus sanften Waldbergen, grünen Wiesenmatten und wuchtigen Felsmassiven empfangen. Der in einem Kessel zentral gelegene Hauptort **Bad Aussee** bildet mit der Prominenten-Sommerfrische Altaussee weiter nördlich das Herz der Gegend. Um beide Orte scharen sich Berge mit verlockenden Namen: Sandling, Loser, Trisselkogel, Backenstein, Elm, Türkenkogel, Rötelstein, Zinkenkogel und Sarstein. Egal, ob man an den Ufern des **Altausseer Sees** und **Grundlsees** unterwegs ist oder auf einem der erwähnten Gipfel steht, immer ist der im gleißenden Gletschergewand dastehende Dachstein präsent.
Das durch eine Talenge der Traun getrennte äußere Ausseerland, das Talbecken um **Bad Mitterndorf** (Hinterbergtal), steht ganz im Banne des an der Grenze zum Ennstal isoliert aufragenden wuchtigen **Grimming**. Die lang gestreckte Höhenterrasse der **Tauplitzalm**, das größte Seenhochplateau Mitteleuropas, ist, mit Mautstraße und Sessellift-Zubringer ausgerüstet, das beliebteste Ausflugsziel der Gegend.

ORTE UND SEHENSWÜRDIGKEITEN

Altaussee

Am Westufer des gleichnamigen Sees prachtvoll gelegener Kur- und Erholungsort. Seit alters her Sommerfrische und Treffpunkt von Künstlern und Politikern. Berühmtes Narzissenfest im Mai. Altausseer Salzbergwerk »Salzwelten« auf dem Steinberg mit ganzjährigen Führungen (siehe S. 26).

Bad Aussee

An der Vereinigung der Traun-Zuflüsse in einem weiten Kessel zentral gelegener Hauptort des steirischen Salzkammerguts. Geburtsort von Anna Plochl (1804–1885), der späteren Gattin Erzherzog Johanns. Geografischer Mittelpunkt Österreichs. Schöner alter Ortskern mit dem Kammerhof (ehemaliges Salzamtsgebäude, 15. Jh.), dem Hoferhaus und dem Heimatmuseum. Sehenswert die alte Pfarrkirche (13. Jh.). Sole-Hallenschwimmbad.

Bad Ischl

Zentral gelegener Hauptort des Salzkammerguts. Kurstadt mit Solebad in einem Talbecken am Zusammenfluss von Traun, Ischler Ache und Rettenbach. Langjähriger Sommersitz Kaiser Franz Josephs I. und anderer Prominenz. Besichtigung der Kaiservilla, der Lehár- und der Brahmsvilla, der Traun-Esplanade und des Kurhauses. Berühmte Konditorei Zauner. Im Juli und August Operettenwochen.

Ebensee

Im Trauntal, am Südende des Traunsees gelegener alter Salinenort, in dem die Sole aus den Bergwerken in Altaussee und Hallstatt zu Salz verarbeitet wird. Sehenswert vor allem das Heimathaus mit berühmter großer Krippe (400 Figuren). Die Kalvarienbergkirche von Ebensee gilt als eine der schönstgelegenen des Salzkammergutes.

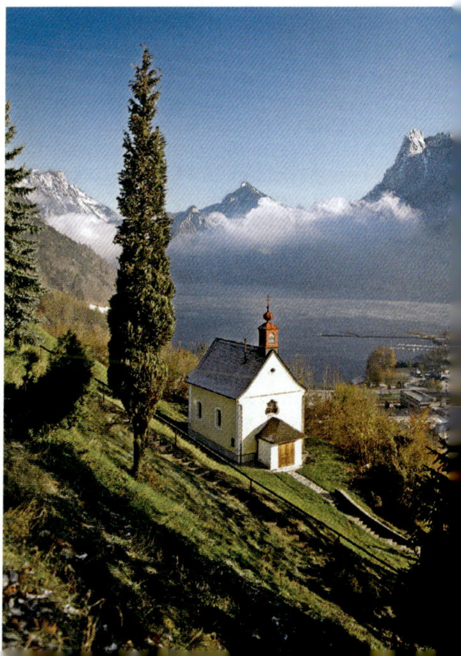

Am Kalvarienberg über Ebensee. Blick auf das Südende des Traunsees. Über der Kapelle der Hochkogel, am linken Bildrand der Traunstein.

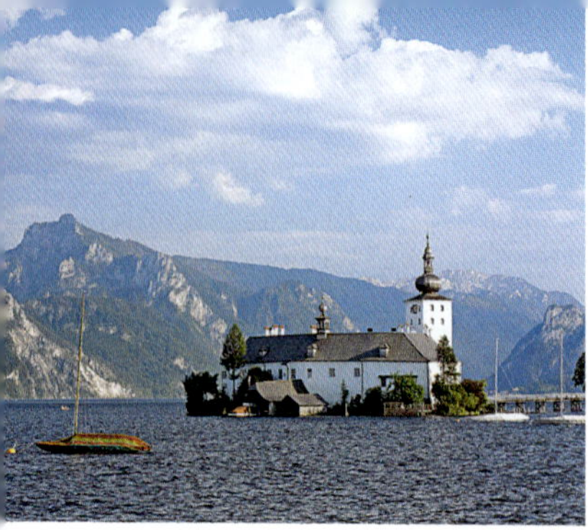

Das Schloss Ort bei Gmunden, dahinter links der Erlakogel (»Schlafende Griechin«).

Gmunden
Kurstadt am Nordende des Traunsees mit glanzvollem Ortsbild. Schon während der Monarchie renommierte Sommerfrische. Herrliche Esplanade!
Sehenswert sind die Pfarrkirche, das Rathaus, der Kammerhof, das malerisch auf einer Traunsee-Insel gelegene, durch eine Fernsehserie bekannte Seeschloss Ort sowie die Villa Toskana mit prächtigem Park. Berühmt ist auch die Gmundner Keramik mit weiß-grün geflammtem Dekor.

Hallstatt
Über 4000 Jahre alter Bergmannsort mit malerischem Ortskern. Sehenswert die katholische Kirche (Beinhaus), die evangelische Kirche, die Kalvarienbergkirche, der Friedhof, das Heimatmuseum und das prähistorische Museum. Auffahrt mit Standseilbahn auf den Hallstätter Salzberg (Ghf. Rudolfsturm, Gräberfeld, Salzbergwerk »Salzwelten Hallstatt«; siehe S. 26). Eine Attraktion ist die Fronleichnamsprozession am See. Seit 1998 ist die Hallstatt-Dachstein-Region mit den angrenzenden Gebieten des südlichen Salzkammerguts Bestandteil des Weltkultur- und Naturerbes der UNESCO.

Kremsmünster bei Steyr
Barockes Benediktinerstift, eine der großartigsten Klosteranlagen im süddeutschen Raum. Siebenstöckiger Sternwarteturm, das »erste Hochhaus Europas« (1759). Sehenswerte barocke Fischbehälter.

Pürgg-Trautenfels
An der Mündung des Hinterbergtales in das Ennstal, auf einer Terrasse gegenüber dem Grimming gelegener uralter Ort mit reichen Kunstschätzen, das »Kripperl der Steiermark«. Sehenswert sind die Pfarrkirche (gotisch umgebaute, ursprünglich romanische Pfeilerbasilika), die Johanneskapelle mit bedeutenden Fresken von 1160–1165 (»Katzen-und-Mäuse-Krieg«) sowie das in der Ennstalsohle gelegene stolze Schloss Trautenfels (1260 erstmals erwähnt, seit 1670 in seiner heutigen Form).

Scharnstein im Almtal
Im Schloss Scharnstein befindet sich das Strafrechtsmuseum (Österreichisches Kriminal-Museum) mit mittelalterlichen Foltergeräten.

Schlierbach
Alte Klostersiedlung im Kremstal, nördlich von Kirchdorf. Im berühmten Zisterzienserstift großartige Klosterkirche, ein Hauptwerk des österreichischen Barock (1700) mit reicher Stuck- und Freskendekoration. Sehenswerte Prunksäle (Bernhardisaal, Bibliothek). Stiftsgymnasium, Glaswerkstätten, bekannter Käsereibetrieb (»Schlierbacher Klosterkäse«) mit Führungen.

Steyr
Am Zusammenfluss von Enns und Steyr gelegene Kleinstadt mit reichen Kunstschätzen, aber auch mit modernen Wirtschaftseinrichtungen. Zu den Sehenswürdigkeiten gehören der Stadtplatz mit dem Rathaus (1786), einem der bedeutendsten Rokokobauten Österreichs, das Bummerlhaus (13. Jh.), die frühbarocke Marienkirche (17. Jh.), die Stadtpfarrkirche (1443–1522) mit 80 m hohem Turm, die Barockkirche St. Michael (1635–1675), das Schloss Lamberg (1727) und das im schottischen Stil errichtete Schloss Vogelsang (1877). Lohnender Besuch der 3 km entfernten Wallfahrtskirche Christkindl.

Traunkirchen
Am Traunsee-Westufer auf einer Halbinsel malerisch gelegener Ort mit ehemaligem Benediktinerinnenkloster. Schöne barocke Pfarrkirche (ehemalige Klosterkirche) mit berühmter Fischerkanzel. Auf einem Hügel die Johanneskapelle. Ausflug auf den Kalvarienberg (Malerweg) mit Blick zum

Der malerische, durch seine Kunstschätze berühmte Ort Pürgg am Grimming.

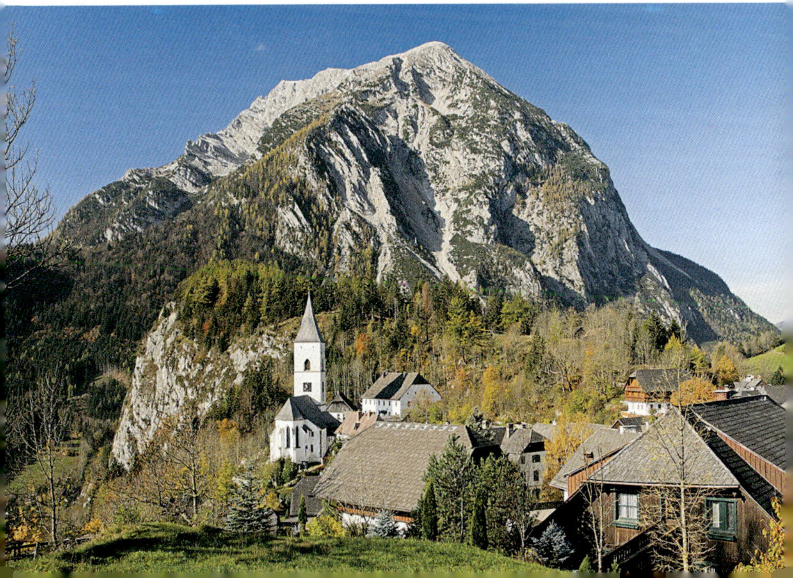

Ort und auf den imposanten Traunstein. Eine Attraktion ist die Fronleichnamsprozession, seit 1632 am See. Von Mai bis Oktober wird in Gaststätten die »Traunkirchner Wirtshausmusik« (Volksmusik) gepflogen.

AUSFLÜGE UND TIPPS FÜR WANDERFREIE TAGE

Agrarium
In der Nähe von Bad Wimsbach/Neydharting im Bereich der historischen Parkanlage von Schloss Almegg gelegener Erlebnispark mit 60 Themengärten aus Pflanzen-, Tier- und Abenteuerwelt, Zoo, Erlebnisrutsche, Schmankerlpark und Gasthaus. Vom 10./15. April bis 20./26. Oktober 10–17 Uhr geöffnet, im Juli und August täglich, sonst an Wochenenden, Feiertagen und Brückentagen, Bei Schlechtwetter veränderlich! Tel. +43 650 981 0071, www.agrarium.at.

Chorinskyklause bei Bad Goisern
Altes Stauwerk (1809–1819) zur Holztrift aus dem Weißenbachtal, nach dem Hofkammerpräsidenten Graf Chorinsky benannt. Die Klause kann über eine Forststraße jederzeit kostenlos besichtigt werden (1.30 Std. Gehzeit von Weißenbach), sie darf aber aus umwelttechnischen Gründen seit einigen Jahren nicht mehr geschlagen werden. Neben der Klause der bekannte Jagdtisch Kaiser Franz Josephs I.

Cumberland-Wildpark
Im Almtal südlich von Grünau gelegenes, 60 Hektar großes Gelände mit rund 500 Tieren (70 Arten), u. a. Waschbären, Braunbären, Luchse und Wölfe. Der Park ist ganzjährig geöffnet, von April bis Oktober 9–17 Uhr (Ausgang bis 19 Uhr möglich), November bis März 10–16 Uhr (Ausgang bis 17 Uhr), Tel. +43 7616 8425, www.wildparkgruenau.at.

Heilbäder und Sole-Hallenbäder
Altaussee (Natrium-Chlorid-Sulfatquelle), Bad Aussee und Bad Ischl (Salzsolebäder), Bad Mitterndorf/Grimming-Therme (warmes Mineralbad), Bad Mitterndorf/Bad Heilbrunn (Moorwasser-Heilbad).

Narzissenblüte im Ausseerland
Besonders schön im Bereich der Gößler Wiesen (Tour 54) und am »Wiesenweg« zur Blaa-Alm (Tour 43). Berühmt ist das alljährlich Ende Mai stattfindende Narzissenfest in Bad Aussee mit Bootskorso am Altausseer See oder am Grundlsee.

Salzbergwerke (»Salzwelten«)
Ganzjährig Führungen in den Bergwerken Altaussee (November und Dezember geschlossen), Hallein und Hallstatt (beide 5./10. Januar bis 1./5. Februar geschlossen). Mit Rutschbahnen und Bootsfahrten über beleuchtete Salzseen bilden sie ein ideales Ausweichprogramm vor allem mit Kindern. Tel. +43 6132 2002400 (Info-Line), www.salzwelten.at.

Schauhöhlen
Geführte Höhlenbesichtungen gibt es in der Dachstein-Mammuthöhle und in der Dachstein-Rieseneishöhle, beide südlich von Obertraun bei der Dachsteinbahn-Station Schönbergalm, in der Koppenbrüllerhöhle bei Obertraun sowie in der Gassel-Tropfsteinhöhle bei Ebensee.
Informationen über die drei Dachstein-Höhlen: Tel. +43 50 140, www.dachstein-salzkammergut.com/sommer;
Informationen über die Gasselhöhle: Tel. +43 680 1127544, www.gasselhoehle.at.

INFORMATIONEN, FREMDENVERKEHRSÄMTER

Zentrale Informationsstelle

- Österreich-Werbung, Urlaubsservice, Mo. bis Fr. 9–13 Uhr, Tel. 00800 400 200 00 (gebührenfrei aus Österreich, Deutschland und der Schweiz), urlaub@austria.info, www.austria.info
- Steirische Tourismus GmbH, St. Peter Hauptstraße 243, 8042 Graz, Tel. +43 316 40030, www.steiermark.com

Regionale Informationsstellen

Oberösterreich:

- Oberösterreich Tourismus, Freistädter Straße 119, A-4041 Linz, Tel. +43 732 221022; tourismus@oberoesterreich.at, www.oberoesterreich.at
- Salzkammergut Tourismus, Salinenplatz 1, A-4820 Bad Ischl, Tel. +43 6132 26909, www.salzkammergut.at
- Tourismusverband Dachstein-Inneres Salzkammergut, Kirchengasse 4, A-4822 Bad Goisern, Tel. +43 6135 8329, http://dachstein.salzkammergut.at
- Tourismusverband Traunsee-Almtal, Toscanapark 1, A-4810 Gmunden, Tel. +43 7612 74451, www.traunsee.at

Steiermark:

- Tourismusverband Ausseerland-Salzkammergut, Bahnhofstraße 132, A-8990 Bad Aussee, Tel. +43 3622 54040 0, www.ausseerland.at
- Tourismusmarketing GmbH Schladming-Dachstein, Ramsauerstraße 756, A-8970 Schladming, Tel. +43 3687 23310, www.schladming-dachstein.at

Das Dachsteinmassiv von Nordwesten, vom Augstsee über Altaussee (Tour 44).

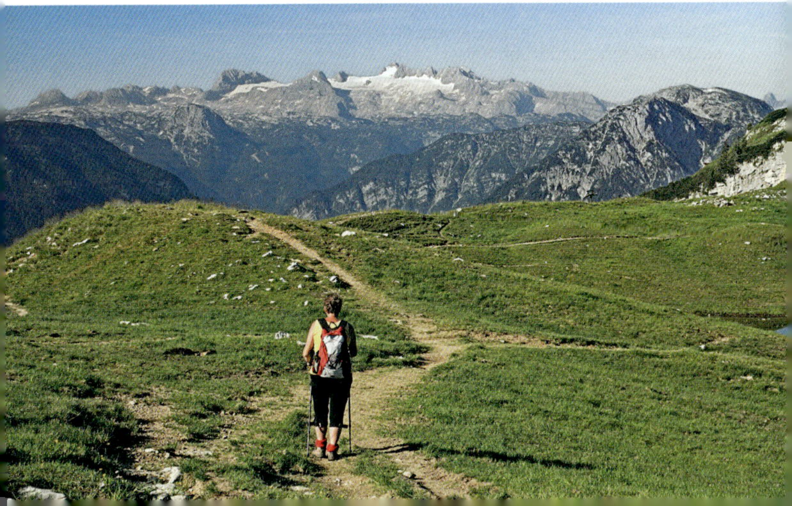

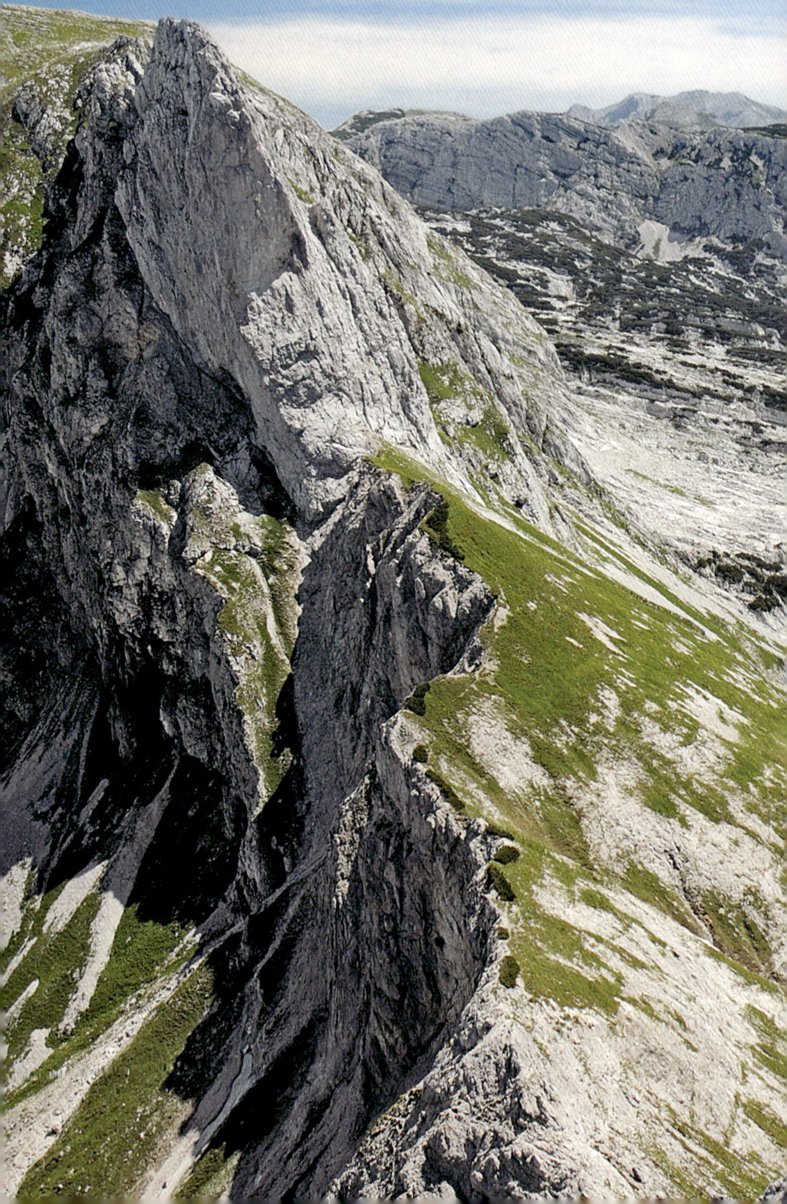

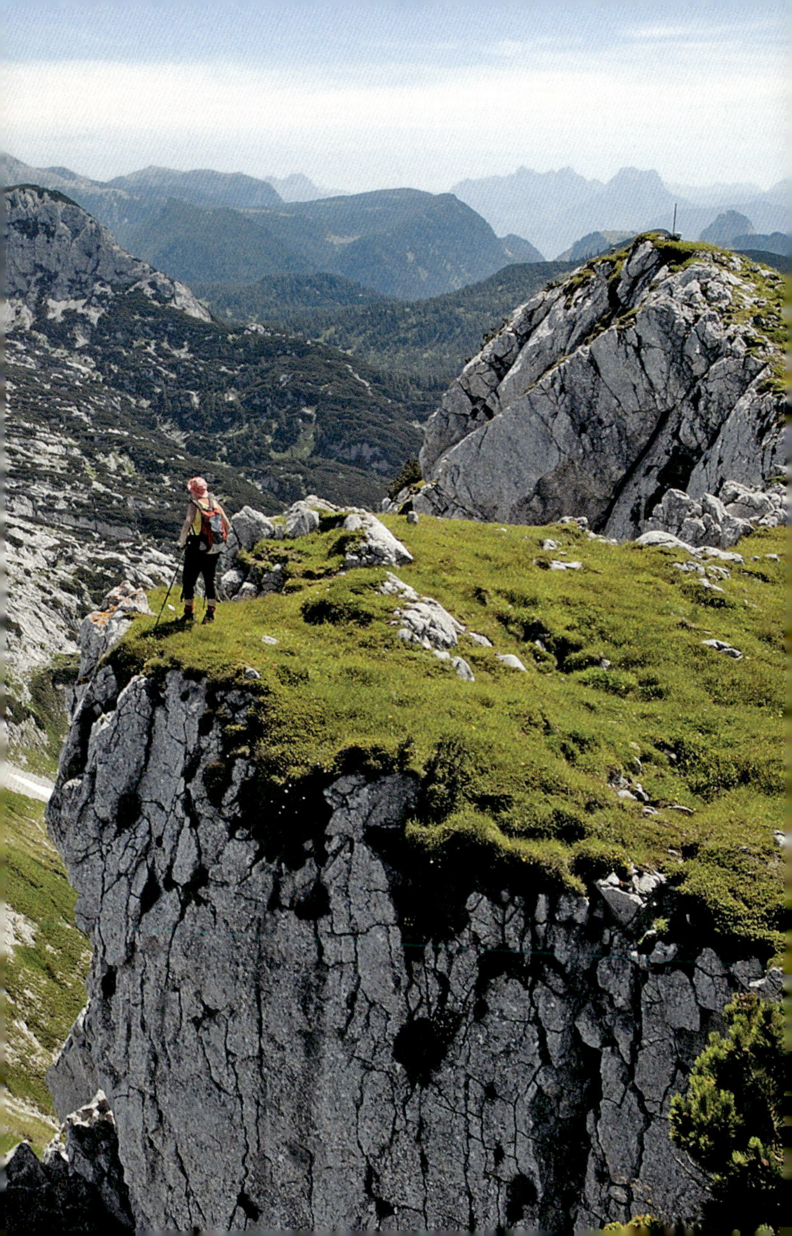

↗ 30 m | ↘ 580 m | 7.3 km

1 Grünberg, 984 m

2.00 h

Schau- und Wandergenüsse am Gmundner Hausberg

Eine 60-Personen-Gondelbahn aus dem Stadtgebiet von Gmunden auf den bewaldeten Grünberg schafft die Möglichkeit, ohne Kraftaufwand zur Bergeshöhe zu gelangen. Vor dem langen Talabstieg vertrauen wir uns natürlich dem im Sommer 2018 eröffneten 1,5 Kilometer langen Baumwipfelpfad an. Auf ihm wird zwanzig Meter über dem Grund, also in »Baumhöhe«, der Gipfelbereich des Grünbergs umrundet. Höhepunkt ist die Besteigung des 39 Meter hohen Aussichtsturmes – mit 75 Meter langer Tunnelrutsche – über eine stufenlose, also auch rollstuhl- und kinderwagentaugliche Wegspirale. Die Panoramaterrasse oben erschließt eine grandiose Schau über Alpenvorland und Traunsee bis zu Gletschern des Dachsteins.

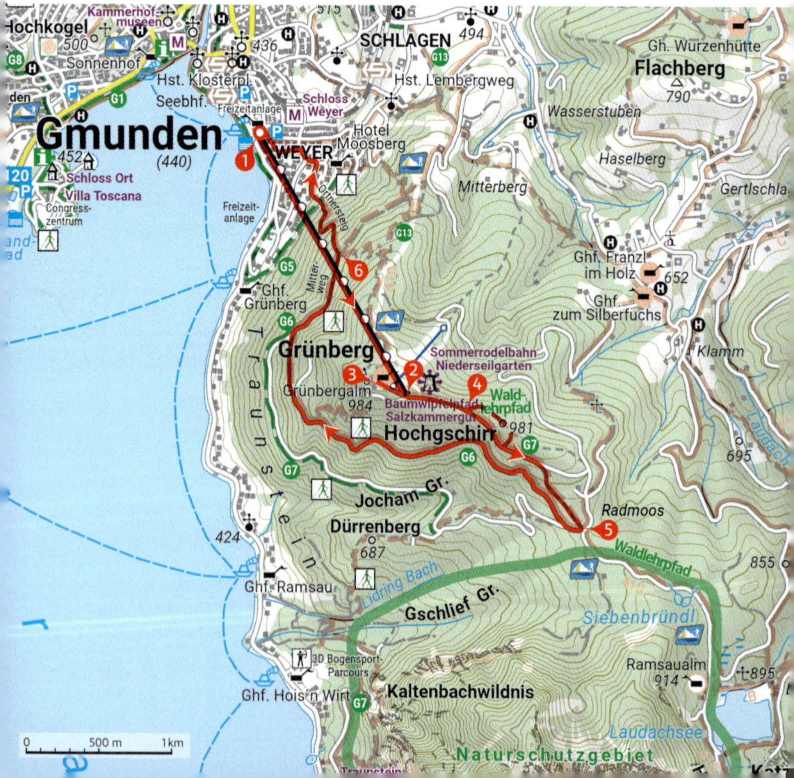

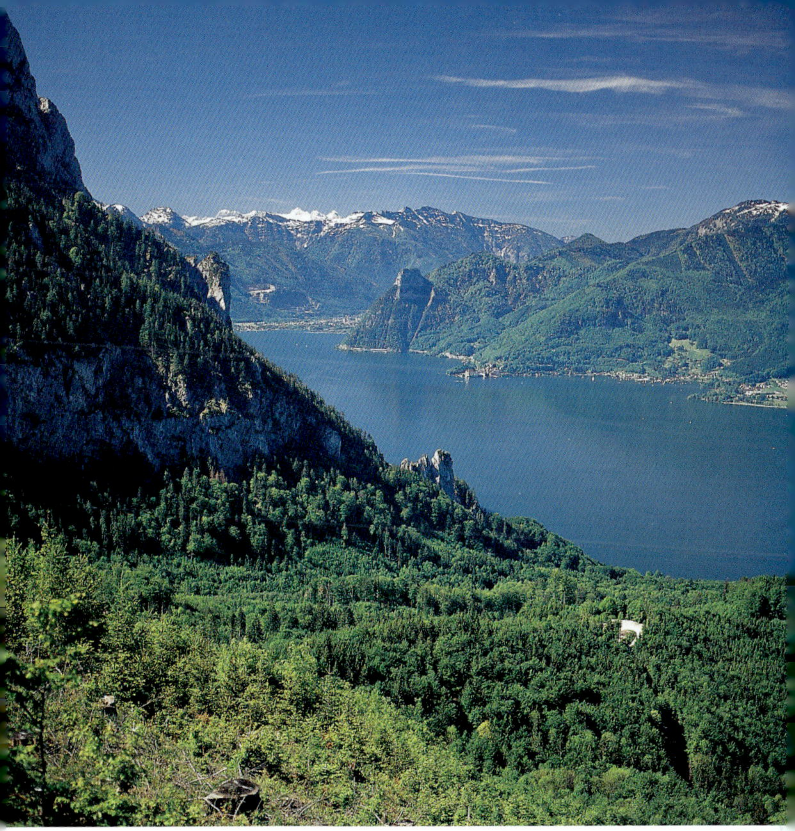

Am Gipfel des Grünbergs liegt einem der Traunsee in seiner ganzen Länge zu Füßen.

Ausgangspunkt: Talstation Grünberg-Seilbahn, 430 m, in Gmunden, Ortsteil Weyer. Bergstation, 975 m, knapp östlich des Grünberg-Gipfels. Durchgehender Betrieb zwischen 1./5. April und 10./15. Nov. 9–18.30 Uhr, zwischen 1. Juni und 10. Sept. bis 19.30 Uhr, jeweils zur vollen und halben Stunde, bei Bedarf alle 15 Min.; www.gruenberg.info.
Anforderungen: Leichte, kurze Tour, auch für Kinder und Senioren geeignet.
Einkehr: Grünbergalm (18 B., mit der Grünbergbahn geöffnet, Tel. +43 699 11998551 und +43 7612 77798, www.gruenbergalm.at).
Hinweise: Die Begehung des 1,5 km langen Baumwipfelpfads (Maut, Gehzeit rund 1 Std.) startet knapp südwestlich unterhalb der Grünbergalm, führt im Linksbogen um den Gipfelbereich herum und endet nach Besteigung des Aussichtsturms östlich der Grünbergbahn-Bergstation. Als weitere Attraktionen gibt es eine 1,4 km lange Sommerrodelbahn, einen Abenteuerspielplatz und einen Niederseilgarten (Hindernisparcours).

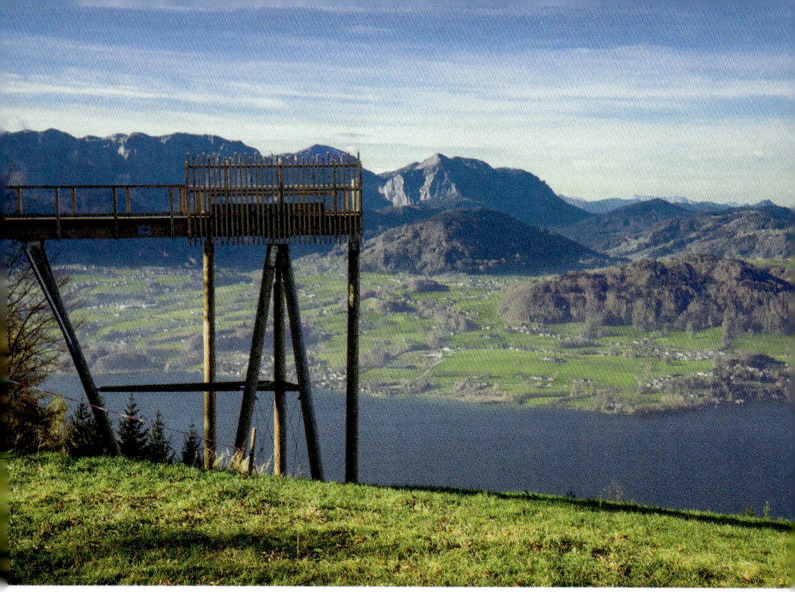

Blick vom Baumwipfelpfad am Grünberg über den Traunsee hinweg auf das Höllengebirge.

Nach der Auffahrt mit der Seilbahn von der **Talstation** in **Gmunden** ❶ gehen wir von der **Grünbergbahn-Bergstation** ❷ den breiten Fußweg nach Westen aufwärts zur **Grünbergalm** ❸, 984 m (Traunseeblick!).
Zurück zur **Grünbergbahn-Bergstation** ❷ und dort den Fußweg Nr. 410 (»Waldlehrpfad«), rechts unterm Baumwipfelpfad-Aussichtsturm vorbei, über den Südostrücken des Grünbergs nach Osten hinab in den **Sattel** ❹, 955 m, vor dem Hochgschirr. Rechts haltend, die Hochgschirr-Südflanke querend, auf breitem Fußweg in Südostrichtung weiter, später teils in Kehren steiler bergab und eben in den **Waldsattel Radmoos** ❺, 870 m. Die querende Forststraße 20 m nach rechts zur nächsten Querstraße und diese rechts haltend bald zu einer Verzweigung. Rechts den »Mitterweg« (Nr. 04 und 21), an der bewaldeten Südflanke des Grünbergs entlang, nach Nordwesten empor zu einer Anhöhe, danach in Westrichtung eben und abwärts weiter, schließlich nach rechts in die Westflanke des Berges hinein und dort hinab zu einer Teilung. Halb links auf Fahrweg bei stärkerem Gefälle in Nordrichtung abwärts, später auf Fußweg zu breitem Querweg. Auf ihm an den Waldhängen weiter bergab und unter der Grünbergbahn durch zu einer **Verzweigung** ❻, 670 m. Links den breiten Weg Nr. 03 und 04 (»Ortnersteig«) durch Hochwald in Kehren steil nach Norden hinab zu querendem Fahrweg. Diesen rechts haltend zum Oberrand der Gmundner

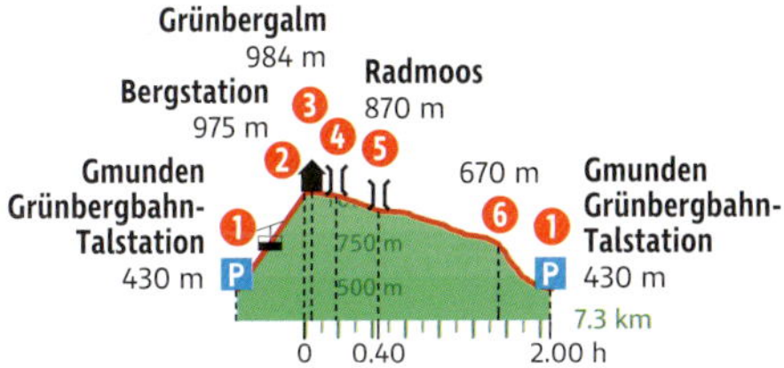

Wiesen und dort nach 100 m zu Verzweigung. Links auf begrüntem Fußweg zwischen den Gärten einiger Privathäuser nach Nordwesten abwärts, zuletzt über eine Stiege hinab zur Asphaltstraße »Am Sonnenhang« und diese westwärts zum Parkplatz an der **Grünbergbahn-Talstation 1**.

Vom Aussichtsturm am Grünberg ergeben sich faszinierende Einblicke in die malerische Salzkammergut-Landschaft.

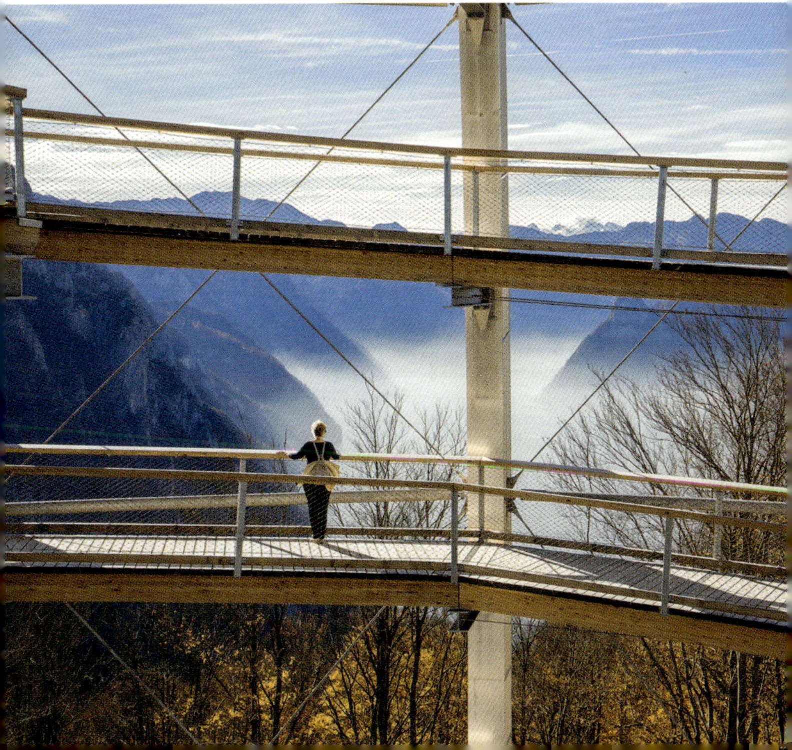

↗ 225 m | ↘ 225 m | 3.0 km

2 Kaltenbachwildnis

1.45 h

Felsromantik zu Füßen des Traunsteins

Das Miniaturgebirge der Kaltenbachwildnis am Nordwestfuß des Traunsteins hat dem etwas zu bieten, der ohne große Mühe Einblick in eine wildromantische Felslandschaft gewinnen möchte. Die aus einem alten Murbruch entstandene Schlucht mit ihren Wänden und abenteuerlich geformten Türmen gilt als einer der schönsten Klettergärten im Umkreis von Gmunden. Der Rundwanderweg führt mitten durch dieses Felslabyrinth und gewährt wundervolle Tiefblicke zum Traunsee.

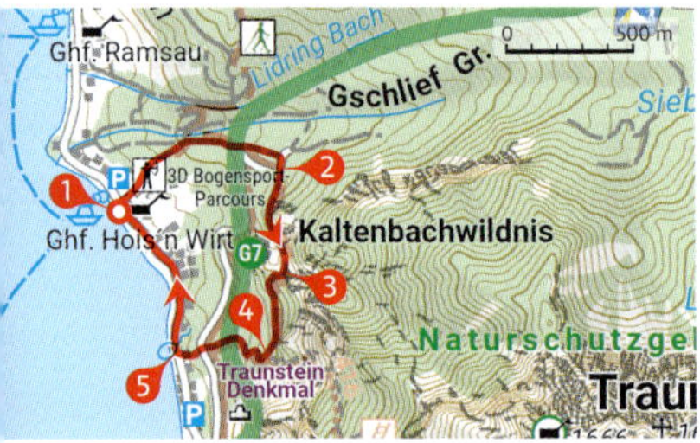

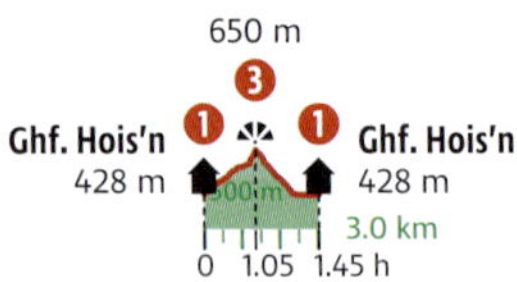

Ausgangspunkt: Ghf. Hois'n, 428 m (Bushalt, Schiffsanlegestelle; Parken nur für Gäste, Dauerparken entlang der Zufahrtstr. von Gmunden nur wochentags!), am Ostufer des Traunsees, nordwestlich unterm Traunstein, 4 km von Gmunden. Siehe »Bergwandern per Wanderbus oder Traunsee-Ruftaxi«, Einleitung, S. 15.
Anforderungen: Leichte Wanderung. Auch für Kinder und Ungeübte geeignet.
Einkehr: Seegasthof Hotel Hois'n (30 B., 1. März – 31. Okt. tägl. geöffnet, Tel. +43 7612 77333, www.hoisnwirt.at).

Vom **Ghf. Hois'n** ❶ auf asphaltiertem Weg über Wiesen in Windungen nach Nordosten aufwärts, später durch Wald in Ostrichtung weiter zu querender Forststraße. Diese nach rechts, dann auf Fußweg rechts ab ❷ und südwärts um eine Ecke herum in die **Kaltenbachwildnis**. Hier (asphaltierter Weg, betonierte Stiegen, Abzäunung) an der linken Seite der Schlucht zunächst unter den senkrechten Wänden des Adlerhorstes durch, dann in Windungen und Kehren, an Tümpeln und Wasserfällen vorbei, durch das Türmelabyrinth empor zu einem bewaldeten Felskamm mit Holzhüttchen, dem **höchsten Punkt** ❸, 650 m, des Rundweges. Links oberhalb in einer Felsnische schöner Rastplatz (Bank) mit Tiefblick zum Traunsee. Westwärts einige Kehren durch Wald abwärts, dann in langer Querung bewaldeter Hänge nach links (Süden) hinunter zum **Hernlersteig** ❹, Weg Nr. 416. Auf ihm durch Wald nach rechts (Westen) hinab zur **Traunsee-Ostuferstraße** ❺ und diese rechts zurück zum **Ghf. Hois'n** ❶.

Rast am höchsten Punkt des Weges durch die Kaltenbachwildnis.

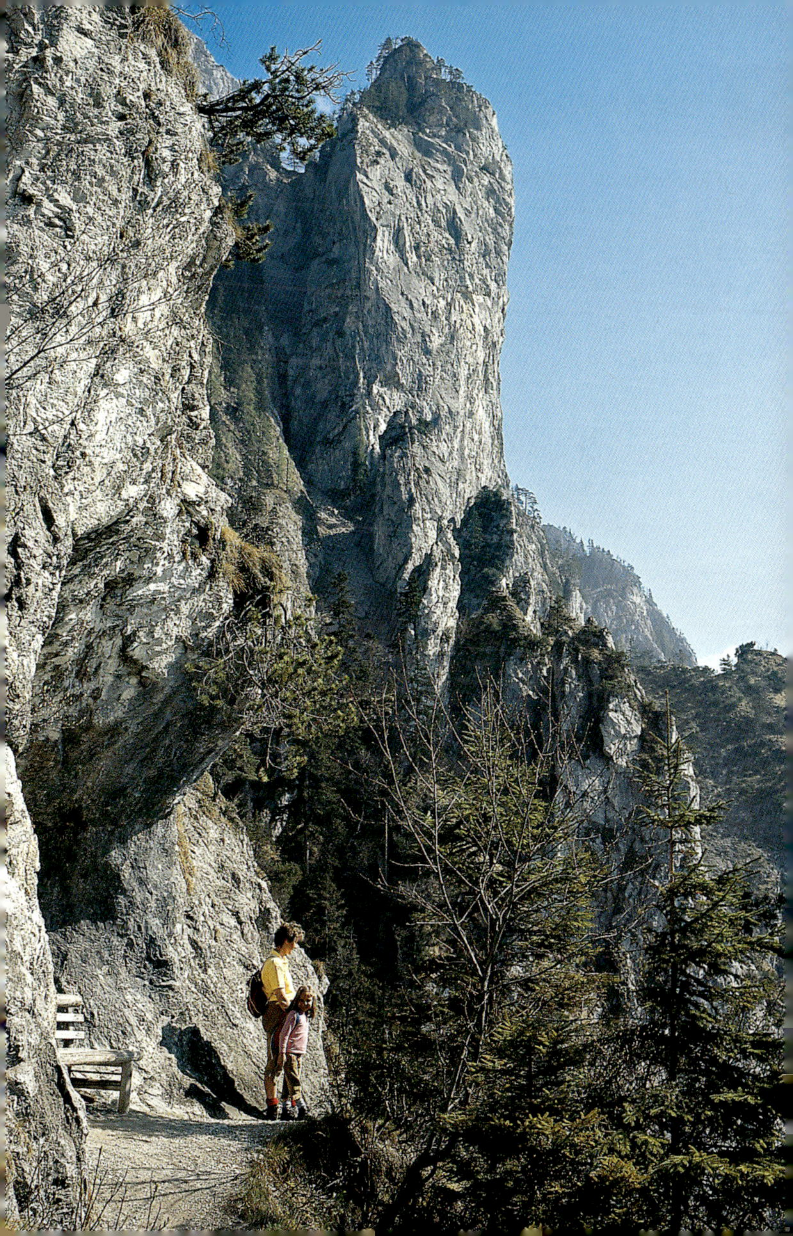

↗ 100 m | ↘ 100 m | 3.7 km

3 Miesweg

1.15 h

Originelle Mini-Steiganlage am Ostufer des Traunsees

Wer eine Vorliebe für originelle Steiganlagen hat, wer dem Traunsee ganz nah sein möchte, ja vielleicht sogar ein Bad in seinen kühlen Fluten riskieren will, für den ist der Miesweg gerade das Richtige. Die kurze Anlage führt am Ostufer des Sees unter den Westwänden des gewaltigen Traunsteins entlang und hatte früher als Zugang von Gmunden in das Lainautal Bedeutung. Der 1963 durch den Bau einer Forststraße zerstörte Steig wurde 1979 wiederhergestellt. Er ist der Prototyp einer – praktisch gesehen – heute bedeutungslosen Anlage, die aber ihrer landschaftlichen Schönheit und Originalität wegen immer noch interessant ist. Die Begehung der an senkrechten Wänden knapp überm See befestigten Holzstege des Miesweges bereitet auch mit Kindern großes Vergnügen.

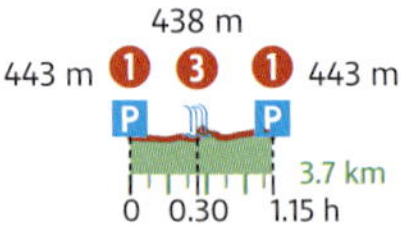

Ausgangspunkt: Wendeplatz (Parkplatz) am Südende der Traunsteinstraße am Traunsee-Ostufer, 443 m (Bushalt), 5,5 km von Gmunden. Siehe » Bergwandern per Wanderbus oder Traunsee-Ruftaxi«, Einleitung, S. 15.
Anforderungen: Unschwierige Wanderung, bergsteigerische Gewandtheit und Trittsicherheit sind jedoch erforderlich!
Einkehr: Seegasthof Hotel Hois'n (30 B., 1. März – 31. Okt. tägl. geöffnet, Tel. +43 7612 77333, www.hoisnwirt.at) an der Straße nach Gmunden. Unterwegs keine Einkehr.

Vom **Wendeplatz (Parkplatz)** ❶ auf dem breiten Uferweg (nicht der links verlaufenden Straße folgen), an blumengeschmückten Häusern und der aufgelassenen Jst. Moaristidl vorbei, zu einem Badeplatz und weiter zur **Lainau-Forststraße.** Bei einem Tunneleingang zweigt rechts der **Miesweg** ❷ ab. Auf dem an senkrechten Wänden entlang-

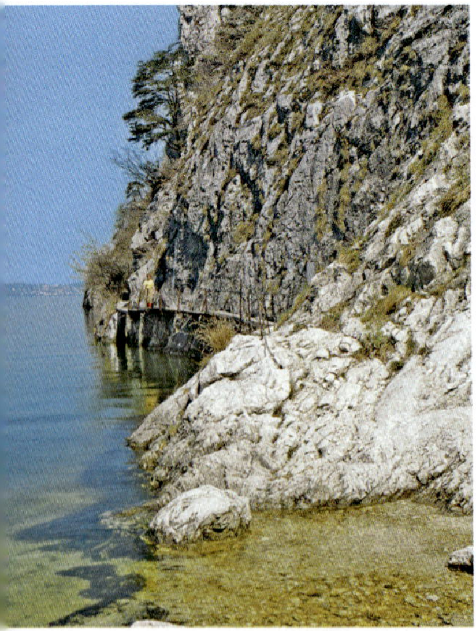

Auf den an senkrechten Wänden befestigten Holzstegen wandert man direkt über den Fluten des Traunsees.

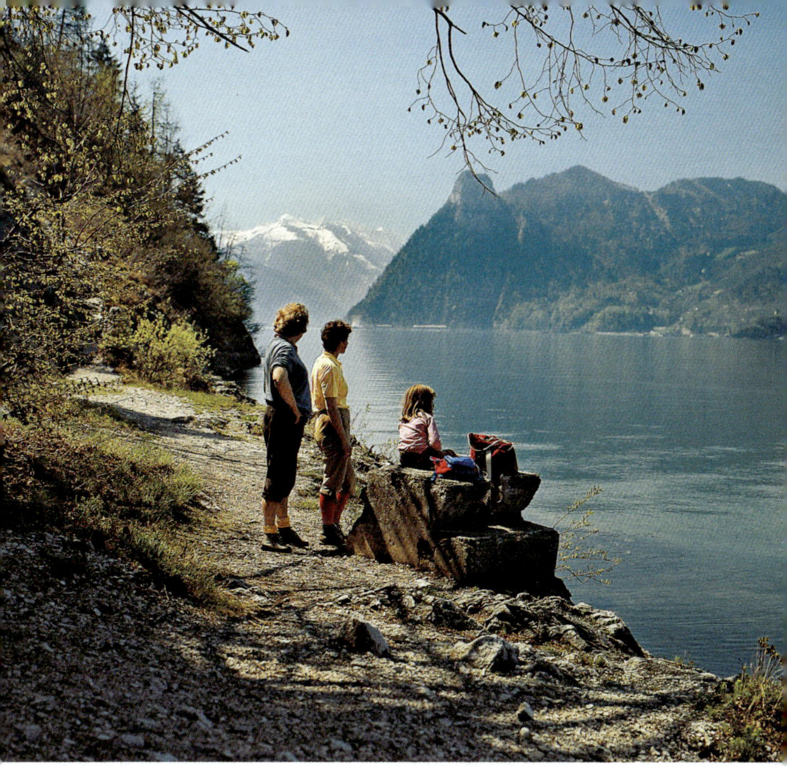

Vom Miesweg ergeben sich reizvolle Ausblicke über den fjordartigen Traunsee.

führenden, durch Drahtseile beiderseits gesicherten Steig (Holzstege, Eisenklammern) geht es im Auf und Ab zu einem **Wasserfall** ❸ mit Rastplatz. Nun über eine steile, schrofige Wand in Kehren teils über Stufen (»Lainaustiege«) empor und wieder zur Straße, die bei der **Lainaubrücke** ❹, 480 m, erreicht wird.

Rückweg: Der Straße folgend nach links (Norden) über den Lainaubach, dann durch zwei Tunnel, zuletzt durch Wald zurück zum **Parkplatz** ❶.

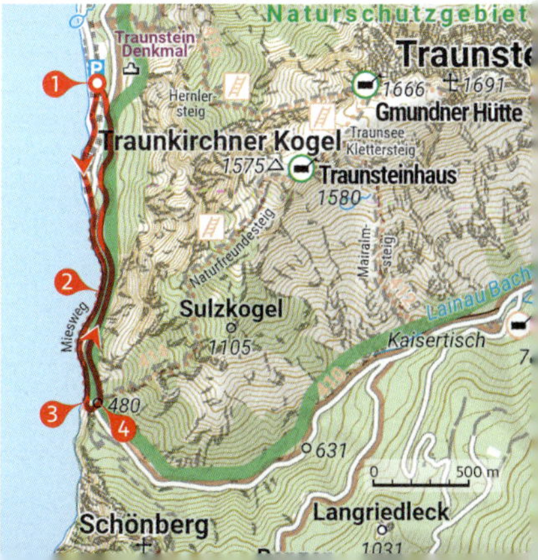

↗ 580 m | ↘ 580 m | 11.3 km

4 Kleiner Schönberg, 895 m, und Mairalm

4.00 h

Mehr als nur eine Ausweichtour

Fällt eine Traunstein-Besteigung wegen Misslaune des Wettergottes ins Wasser, so kommt als Alternative, nicht als Notlösung, die hier propagierte Schönberg-Mairalm-Runde zum Zug. Den Beginn macht der berühmte Miesweg (siehe Tour 3) am Traunseeufer entlang, danach geht es durch eine steile Waldflanke auf den kreuzgeschmückten Felszacken des Kleinen Schönbergs, der einen spektakulären Tiefblick auf die Wasserfläche des Traunsees bietet. An der später berührten Jausenstation Mairalm trifft man u. a. auf absteigende »Traunstein-Bezwinger«, mit denen man, kaum weniger glücklich, den Rückweg durch das Lainautal antritt.

Im Anstieg auf den Kleinen Schönberg. Tiefblick auf den südlichen Traunsee.

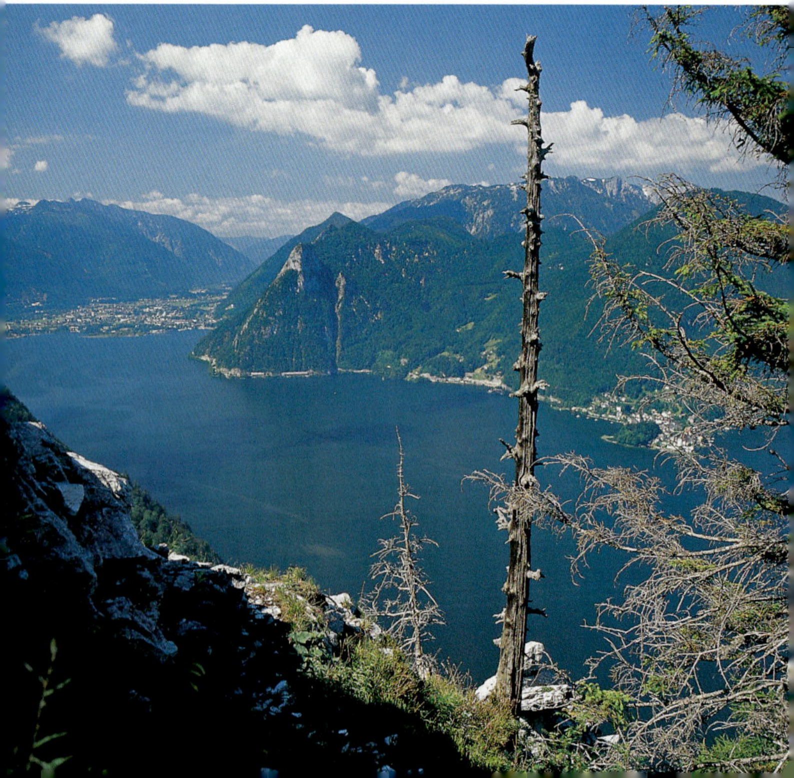

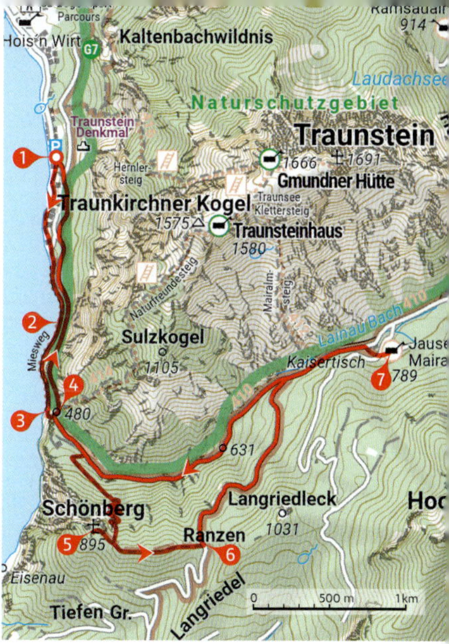

Ausgangspunkt: Wendeplatz (Parkplatz) am Südende der Traunsteinstraße am Traunsee-Ostufer, 443 m (Bushalt), 5,5 km von Gmunden. Siehe »Bergwandern per Wanderbus oder Traunsee-Ruftaxi«, Einleitung, S. 15.
Anforderungen: Unschwierige Tour auf Forststraßen und teils exponierten Steigen. Trittsicherheit und Schwindelfreiheit unbedingt nötig.
Einkehr: Jst. Mairalm (keine Nächtigung, März und April am Wochenende, 1. Mai – 1. Nov. tägl. ab 10 Uhr, an Sonn- und Feiertagen bei Schönwetter ab 9 Uhr geöffnet, Tel. +43 680 1227525, www.moaralm-gmunden.at), Seegasthof Hotel Hois'n an der Straße nach Gmunden (30 B., 1. März – 31. Okt. tägl. geöffnet, Tel. +43 7612 77333, www.hoisnwirt.at).
Variante: Im Rückweg kann man, statt der Lainau-Forststraße, wie auf dem Hinweg schöner auch wieder dem Miesweg folgen, was die Tour um 15 Minuten verlängert.

Vom **Wendeplatz** ❶ auf dem Uferweg (nicht links der Lainaustraße folgen) zu einem Badeplatz und wieder zur Straße. Vor einem Tunnel rechts ab und auf dem gesicherten **Miesweg** ❷ zu einem **Wasserfall** ❸, danach eine Wand hoch zur **Lainaubrücke** ❹, 480 m, an der Mündung des gleichnamigen Tales und dort wieder zur Straße, der wir nach rechts folgen. An der rechten Seite des Lainautales im Wald aufwärts zu einer Verzweigung. Hier rechts ab und auf bezeichnetem Steig (keine Nummer) die steile, felsdurchsetzte Waldflanke in Kehren empor in eine Scharte am Schönbergkamm mit querendem Steig. Auf dem licht bewaldeten Felsgrat etwas exponiert nach rechts hoch, dann, eine Erhebung (Gedenkkreuz) rechts umgehend, an einem Drahtseil hinab in die nächste Scharte. Gegen einen Felsturm aufwärts und diesen rechts umgehen (Drahtseile), danach über gestuften Fels hinaus zu dem allseits in Wänden abfallenden Gipfel des **Kleinen Schönbergs** ❺, 895 m (Kruzifix mit Buch), eines luftigen Aussichtsthrons über dem Traunsee, den man wie aus einem Flugzeug überblickt.
Zurück zur »Scharte am Schönbergkamm« und dort den bezeichneten Steig (keine Nummer) am Waldrücken geradeaus über einige Aufschwünge hinweg nach Osten empor zur Kuppe P. 910. Jenseits hinab in den **Sattel »Ranzen«** ❻, 835 m, mit querender Forststraße. Diese an den Waldhängen des Langriedlecks nach links (Nordosten) abwärts in das **Lainautal**. Dort die querende Naturstraße (Weg Nr. 410) rechts des meist trockenen Bach-

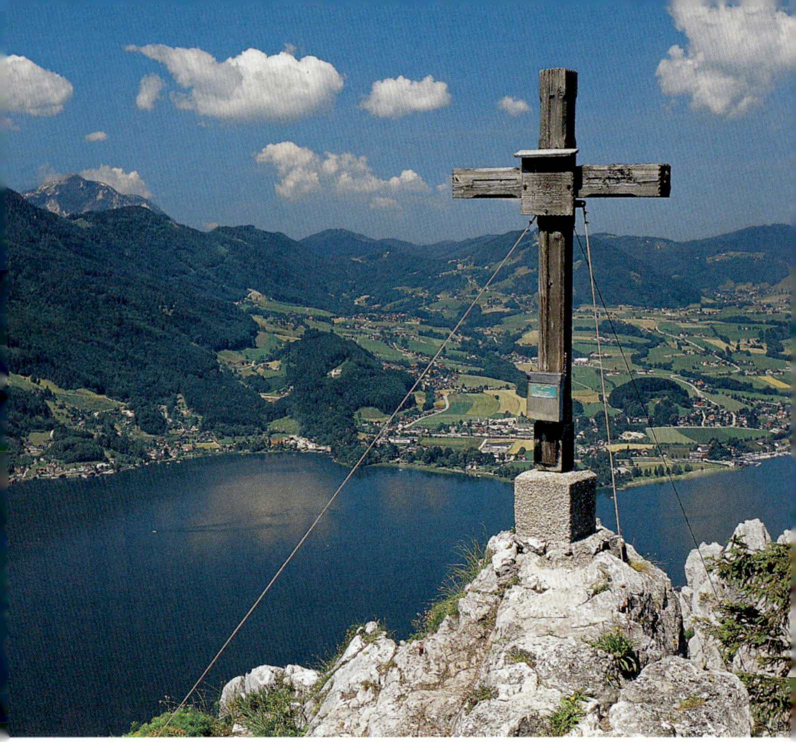

Das luftig postierte Gipfelkreuz am Kleinen Schönberg.

betts aufwärts zur Sitzgarnitur **»Kaisertisch«** an der Linksabzweigung des Mairalmsteigs (Nr. 412) auf den Traunstein. Die Straße weiter bergauf zur Talverflachung (Haus). Auf Fußweg durch Wald und über Wiesen kurz nach rechts empor zur **Jst. Mairalm** 7, 789 m.
Für den **Rückweg** folgt man der Lainau-Forststraße (Weg Nr. 410) an der linken Talseite hinab zur **Lainaubrücke** 4, 480 m. Über die Brücke, dann durch zwei Tunnel auf der Straße zurück zum **Parkplatz** 1.

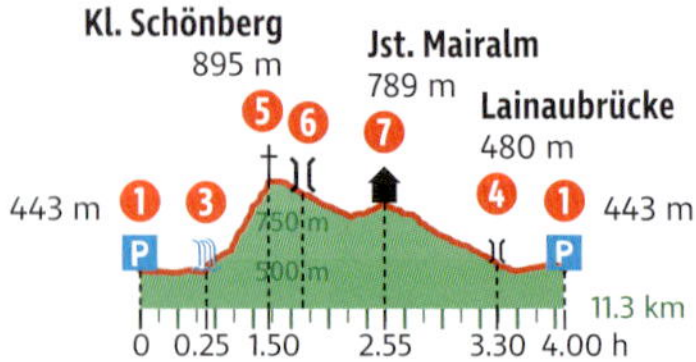

↗ 1360 m | ↘ 1360 m | 14.6 km

6.45 h

Traunstein, 1691 m: Mairalmsteig

5

Der einfachste Anstieg auf das »Oberösterreichische Matterhorn«

Der mächtig über dem oberösterreichischen Voralpenland aufragende Traunstein gilt als eines der Wahrzeichen des Salzkammerguts. Er ist einer der imponierendsten, am häufigsten bestiegenen Berge des Salzkammerguts, sein Besuch daher für viele ein unbedingtes Muss. Die hier gewürdigte Südroute aus dem inneren Lainautal ist der einfachste Anstieg am Berg. Trotzdem verlangt die Begehung der markierten, an den exponierten Stellen gesicherten Steiganlage bergsteigerisches Können und Ausdauer. Dass sich an ihr schon etliche schwere Bergunfälle ereignet haben, möge weniger Geübte zur Vorsicht mahnen!

Die bewirtschaftete Mairalm im inneren Lainaugraben, darüber der Katzenstein (Tour 8).

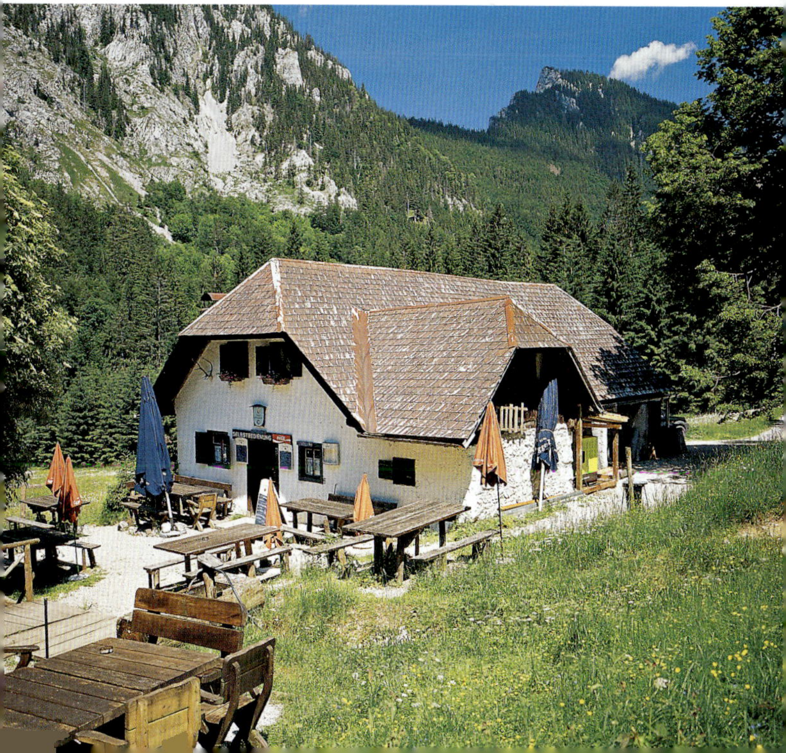

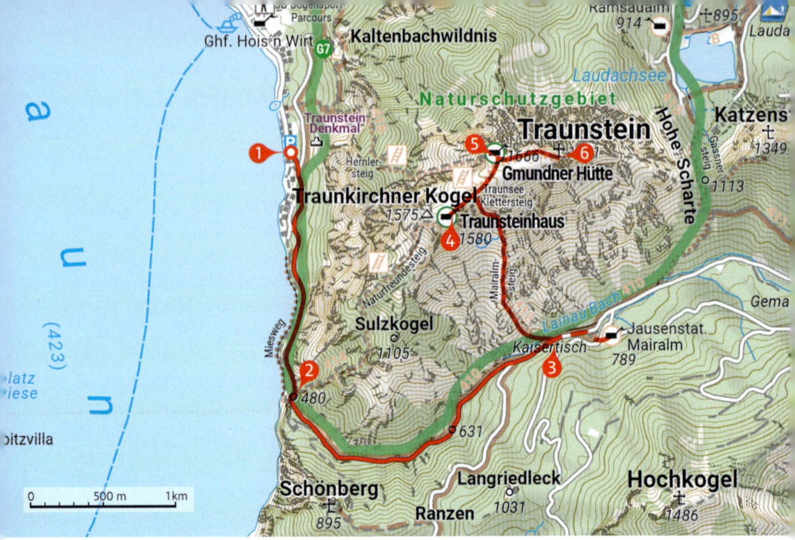

Ausgangspunkt: Wendeplatz (Parkplatz) am Südende der Traunsteinstraße am Traunsee-Ostufer, 443 m (Bushalt), 5,5 km von Gmunden. Siehe »Bergwandern per Wanderbus oder Traunsee-Ruftaxi«, Einleitung, S. 15.
Anforderungen: Lange, anstrengende Tour mit beachtlicher Anstiegshöhe und etlichen exponierten Passagen. Nur für trittfeste, schwindelfreie Geher bei sicherem Wetter.
Einkehr: Traunsteinhaus (43 Zimmerlager in Doppelkojen, im April an Schönwetter-Wochenenden, 1. Mai – 1. Nov. tägl. geöffnet, Tel. +43 7612 65010, www.traunsteinhaus.at), Gmundner Hütte (12 B., 31 L., 1. Mai – 26. Okt. geöffnet, Tel. +43 699 12643190, www.gmundner-huette.at), Jst. Mairalm (kleiner Abstecher; keine Nächtigung, März und April am Wochenende, 1. Mai – 1. Nov. tägl. ab 10 Uhr, an Sonn- und Feiertagen bei Schönwetter ab 9 Uhr geöffnet, Tel. +43 680 1227525, www.moaralm-gmunden.at), Seegasthof Hotel Hois'n an der Straße nach Gmunden (30 B., 1. März – 31. Okt. tägl. geöffnet, Tel. +43 7612 77333, www.hoisnwirt.at).
Hinweise: Wegen des Besucherandrangs wird von einer Besteigung des Traunsteins an Frühjahrs- und Herbstwochenenden abgeraten.
Vom Kaisertisch lohnt der kurze Abstecher zur Jst. Mairalm (789 m; siehe Tour 4); 15 Min. gesamter zusätzlicher Zeitaufwand.

Vom **Wendeplatz (Parkplatz)** ❶ auf der Lainau-Forststraße unterhalb der Traunstein-Westwand durch Wald nach Süden aufwärts zur Verzweigung beim **Gedenkstein** an die Traunstein-Opfer. Die Straße weiter zu einer Anhöhe, danach bergab zum Traunseeufer und dort zum Eingang in den ersten von zwei hintereinanderfolgenden Tunneln (Rechtsabzweig des »Miesweges«, siehe Tour 3). Durch die beiden Tunnel aufwärts in das **Lainautal** und dort zur **Lainaubrücke** ❷, 480 m. (Vor der Brücke zweigt links der Naturfreundesteig (Tour 6) auf den Traunstein ab, gleich nach ihr mündet von rechts unten der Miesweg ein.)

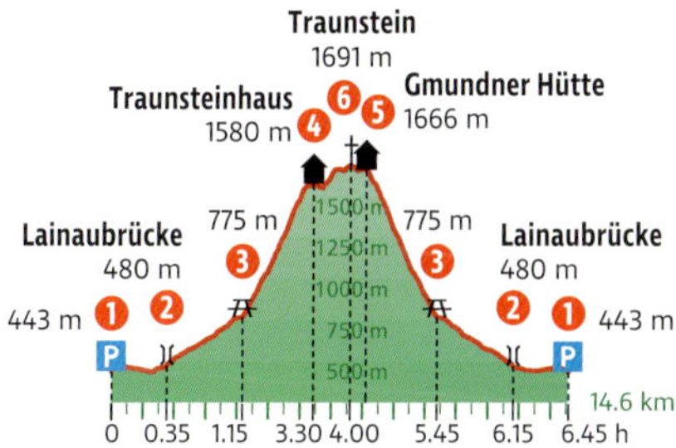

Weiter entlang der Straße (Weg Nr. 410) an der rechten Seite (orografisch links) des Lainautals im Wald vorerst nach Osten, dann nach Nordosten aufwärts zur Linksabzweigung des **Mairalmsteigs** beim **»Kaisertisch«** ❸, 775 m (Sitzgarnitur, Tafeln; auf der Straße weiter bergauf zur Jst. Mairalm). Über den Lainaubach und jenseits den gut trassierten Steig Nr. 412 über den Waldhang in vielen Kehren nach Norden empor zur Baumgrenze und weiter zum **»Bründl«**. Nun im steilen schrofigen Gelände zum Steilaufschwung der **»Kette«**. Dort an Drahtseilen über Felsabsätze und Platten in Serpentinen empor in einen Sattel, 1540 m, am Traunsteinplateau. Aus der Senke links hinauf zu dem am Traunkirchner Kogel stehenden **Traunsteinhaus** ❹, 1580 m. Zurück in den Sattel und den bezeichneten Fußweg Nr. 412 anfangs durch einen Graben, dann über einen steilen begrünten Hang nach Nordosten aufwärts zur **Gmundner Hütte** ❺, 1666 m, am Fahnenkogel und in Ostrichtung weiter zum Gipfel des **Traunsteins** ❻, 1691 m. – **Abstieg** entlang der Anstiegsroute.

Schloss Ort und Traunstein von der Traunsee-Esplanade in Gmunden.

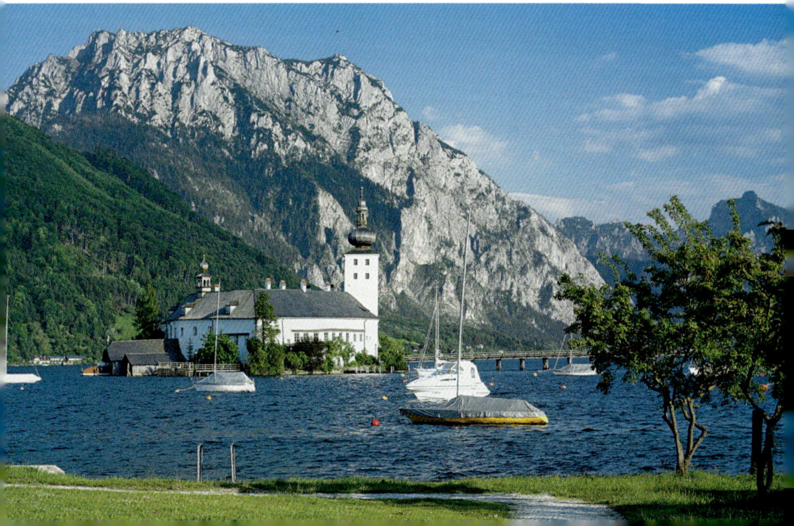

TOP

6 Traunstein, 1691 m: Naturfreundesteig

↗ 1360 m | ↘ 1360 m | 9.9 km

5.45 h

Paradetour auf den Wächter des Salzkammerguts

Weniger als Klettersteig als von landschaftlicher Seite ist der Naturfreundesteig am Traunstein ein Juwel unter den gesicherten Anlagen des Salzkammerguts. Er führt über den steilen Südwestrücken zur Höhe und beschert Geübten ein Fest der Augen. Unvergleichlich, wie sich im Laufe des Anstiegs der Blick in die Runde weitet, die spiegelglatte Fläche des Traunsees in der Tiefe versinkt und König Dachstein wie eine Fata Morgana in Erscheinung tritt. Für den Abstieg wählen wir den etwas weniger anspruchsvollen, von der Gmundner Hütte durch die Traunstein-Westflanke führenden Hernlersteig, dessen Begehung trotz solider Sicherungen, der stark geglätteten Felsen wegen, trockene Verhältnisse und Achtsamkeit erfordert.

Ausgangspunkt: Wendeplatz (Parkplatz) am Südende der Traunsteinstraße am Traunsee-Ostufer, 443 m (Bushalt), 5,5 km von Gmunden. Siehe »Bergwandern per Wanderbus oder Traunsee-Ruftaxi«, Einleitung, S. 15.
Anforderungen: In jeder Hinsicht anspruchsvolle Tour für ausdauernde, trittfeste Geher mit Klettersteig-Erfahrung. Verwendung von Klettersteigset und Steinschlaghelm empfohlen. Freie Kletterstellen im Grad I. Nur bei sicherem Wetter!
Einkehr: Traunsteinhaus (43 Zimmerlager in Doppelkojen, im April an Schönwetter-Wochenenden, 1. Mai – 1. Nov. tägl. geöffnet, Tel. +43 7612 65010, www.traunsteinhaus.at), Gmundner Hütte (12 B., 31 L., 1. Mai – 26. Okt. geöffnet, Tel. +43 699 12643190, www.gmundnerhuette.at), Seegasthof Hotel Hois'n an der Straße nach Gmunden (30 B., 1. März – 31. Okt. tägl. geöffnet, Tel. +43 7612 77333, www.hoisnwirt.at).
Hinweis: Wegen des Besucherandrangs wird von einer Besteigung des Traunsteins an Frühjahrs- und Herbstwochenenden abgeraten.

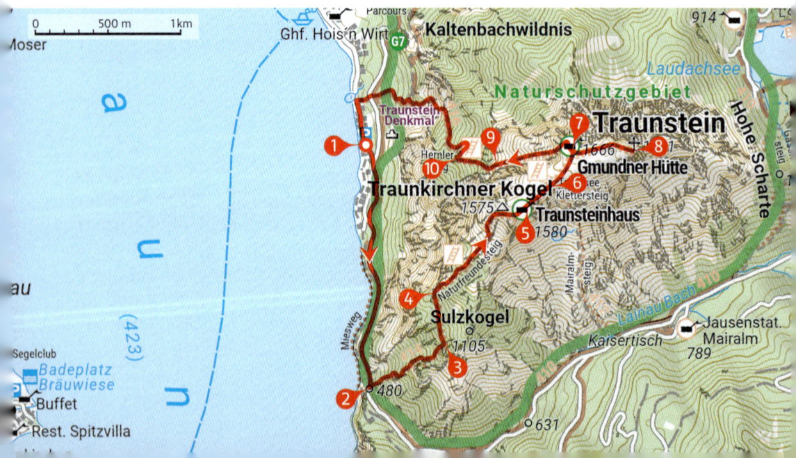

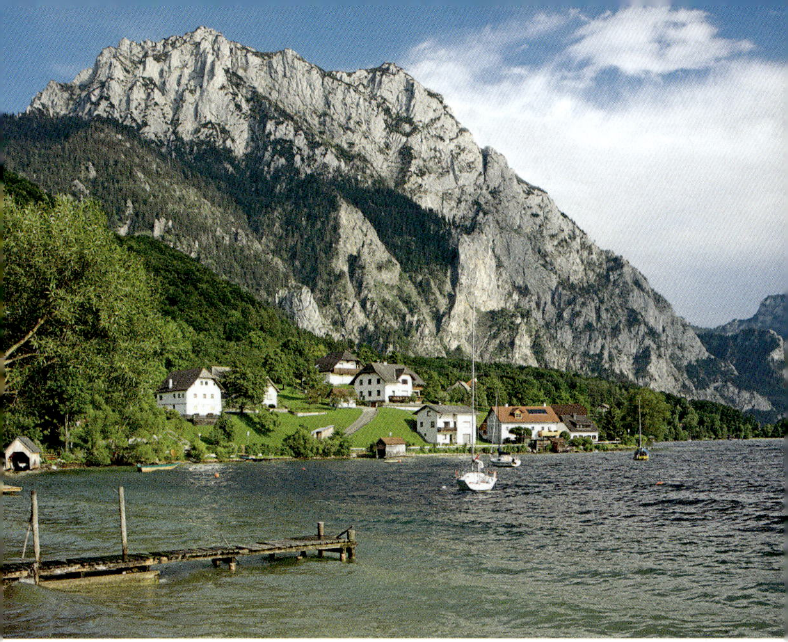

In steilen Wandfluchten ragt der Traunstein 1300 Höhenmeter über dem Traunsee auf. Der Naturfreundesteig folgt dem felsigen Südwestrücken rechts im Bild.

Vom **Wendeplatz** ❶ auf der Lainau-Forststraße unterhalb der Traunstein-Westwand südwärts über eine Anhöhe hinweg zum Traunseeufer, danach durch zwei Tunnels zur **Lainaubrücke** ❷, 480 m, im Lainautal. Vor dieser zweigt links der **Naturfreundesteig** (Weg Nr. 414) ab. Auf ihm an Drahtseilen über steile Felsen ausgesetzt bergauf, dann kurz durch Wald zu einer Querung (Drahtseil). Durch Bergwald in Kehren weiter in die **Sulzkogelscharte** ❸, danach über eine Metallleiter (8 m) und eine ausgesetzte steile Rampe (Trittbügel) mit abschließender luftiger Querung zu einem Flachstück. In urwaldartigem Gelände weiter in die Scharte **»Überstieg«** ❹, 1020 m, wo von links der aufgelassene alte Zugang durch die Westwand einmündet. Durch lichten, felsdurchsetzten Kiefernwald in anregender Turnerei (Drahtseile) steil hinauf zur **»Hohen Rast«** (Bank). Anfangs noch durch Wald, später über Schrofen und Geröll, schließlich über den sich verschmälernden Rücken unter den steilen Gipfelaufbau. Über Geröll nach links empor unter die Wände. Zur Rechten einer Schlucht an festem Fels (Drahtseil) 30 m hoch, dann um eine ausgesetzte Kante (**»Böses Eck«**) an Drahtseil nach links in eine bisher verborgene Rinne (Drahtseil). Durch sie nach rechts (Osten) empor zu einer Scharte. Steil nach links aufwärts, dann

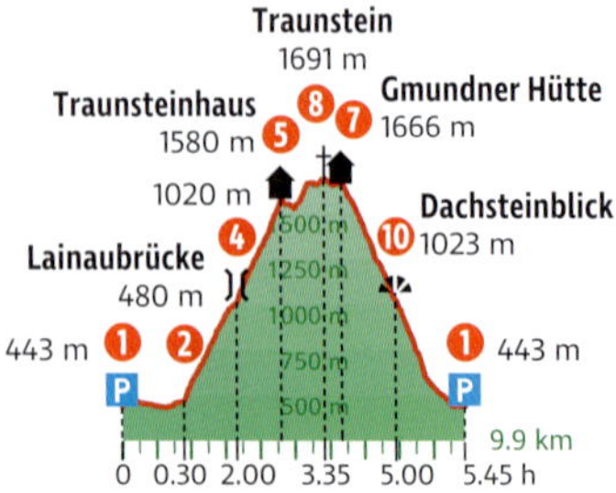

durch ein Felsenfenster (**»Felstor«**) an den Gipfelgrat und auf diesem über latschenbewachsene Schrofen (Drahtseile) auf den Traunkirchnerkogel mit dem **Traunsteinhaus** ❺, 1580 m. Durch Latschen und lichten Nadelwald nach Nordosten hinab in einen Sattel mit dem von rechts einmündenden **Mairalmsteig** ❻, Weg Nr. 412. Auf ihm links haltend anfangs durch einen Graben, später über einen steilen begrünten Hang empor zu der am Fahnenkogel stehenden **Gmundner Hütte** ❼, 1666 m. In Ostrichtung weiter zum Gipfel des **Traunsteins** ❽, 1691 m.

Abstieg: Zurück zur **Gmundner Hütte** ❼. Dort rechts den **Hernlersteig** (Weg Nr. 416) durch eine Rinne durch eine Rinne (Drahtseil), später an ihrer linken Begrenzungsrippe über latschenbewachsene Felsen (Eisenstiege, Drahtseil) nach Norden hinunter, schließlich durch begrüntes Gelände zu ausgeprägter Schulter. Nach links (Süden) gegen den Brandgraben zunächst in Kehren, dann durch eine 35 m hohe Rinne (gute Tritte, Drahtseil) steil und ausgesetzt abwärts und nach links in eine Schlucht. Durch sie (Drahtseil) 10 m steil bergab, dann nach links in den nach Westen abfallenden Brandgraben. An seiner rechten Seite über steile Felsen (Drahtseile) und durch Latschen ziemlich tief hinab zur Schulter **»Hohe Rast«** ❾, 1225 m. Einzigartiger Tiefblick zum Traunsee und Aufblick in die Nordwände des Traunkirchnerkogels.

An der rechten Seite des Brandgrabens (Drahtseile) weiter bergab, später um eine Felskante nach rechts herum in den Wald und dort auf gut trassiertem Steig in Kehren hinunter zum Absatz **»Dachsteinblick«** ❿, 1023 m. Den bewaldeten Steilhang in Kehren nach rechts (Norden) abwärts, dann unter einer Felswand (Eisenleitern) bergab, schließlich durch Gesträuch in den Sattel vor der Felsgruppe des Dreibrüderkogels. Ohne den Sattel zu überschreiten, durch Wald nach links (Westen) in Kehren zum Querweg durch die Kaltenbachwildnis. Diesen in weiten Kehren hinab zur Traunsee-Ostuferstraße und auf ihr 300 m nach links zum **Wendeplatz (Parkplatz)** ❶.

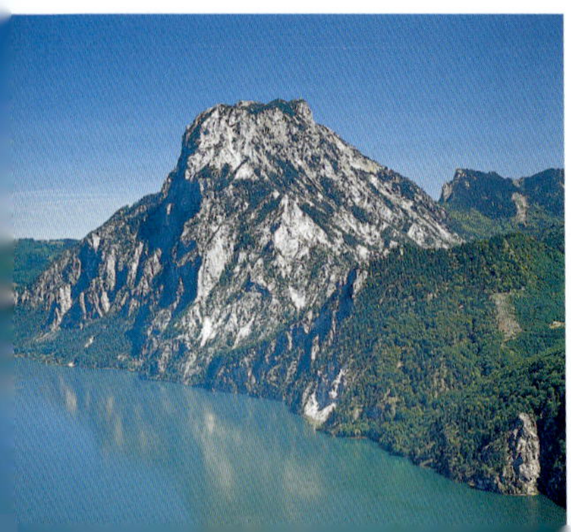

Traunsee und Traunstein von Südwesten, vom Gipfel des Kleinen Sonnstein. Rechts im Bild erkennt man die Hohe Scharte und den Katzenstein (Tour 7, Variante).

↗ 260 m | ↘ 810 m | 12.4 km

3.45 h

Traunstein-Umrundung 7

Ein Tag im Schatten des Riesen

Als östliches Bollwerk der Salzkammergutberge ragt der Traunstein volle 1200 Meter über den Fluten des fjordartigen Traunsees auf. Kaum weniger lohnend als seine Besteigung ist die hier gewürdigte Umrundung von dem per Seilbahn erreichbaren Grünberg aus. Am gesicherten Steilanstieg zur Hohen Scharte wird bergsteigerische Übung gefordert, sonst handelt es sich um ein einfaches Unternehmen, das vor allem landschaftlich beeindruckt.

Ausgangspunkt: Grünbergbahn-Talstation, 430 m, in Gmunden, Ortsteil Weyer. Auffahrt zur Bergstation östlich des Grünberg-Gipfels. Durchgehender Betrieb zwischen 1./5. April und 10./15. Nov. 9–18.30 Uhr, zwischen 1. Juni und 10. Sept. bis 19.30 Uhr, jeweils zur vollen und halben Stunde, bei Bedarf alle 15 Min.; www.gruenberg.info.
Endpunkt: Seegasthof Hotel Hois'n an der Traunsteinstraße (Traunsee-Ostufer), 428 m. Rückfahrt nach Gmunden mit Schiff (1. Mai bis 26. Okt. zwischen 10.15 und 18.20 Uhr mehrmals tägl.) oder Bus (beide mehrmals täglich).
Anforderungen: Wegen des Nordanstiegs zur Hohen Scharte anspruchsvolle Tour. Nur für trittfeste, schwindelfreie Geher bei trockenen Verhältnissen.
Einkehr: Grünbergalm (18 B., mit der Grünbergbahn geöffnet, Tel. +43 699 11998551 und +43 7612 77798, www.gruenbergalm.at), Jst. Ramsaualm (15 B., 1. April – 31. Okt. geöffnet, Tel. +43 720 316847 oder +43 664 9329694, www.laudachsee.com), Jst. Mairalm (keine Nächtigung, März und April am Wochenende, 1. Mai – 1. Nov. tägl. ab 10 Uhr, an Sonn- und Feiertagen bei Schönwetter ab 9 Uhr geöffnet, Tel. +43 680 1227525, www.moaralm-gmunden.at), Seegasthof Hotel Hois'n (30 B., 1. März – 31. Okt. tägl. geöffnet, Tel. +43 7612 77333, www.hoisnwirt.at).
Variante: Von der Hohen Scharte kann der Katzenstein, 1349 m, auf bezeichnetem Steig lohnend bestiegen werden; gesamter zusätzlicher Zeitaufwand 1.45 Std.

Von der **Grünberg-Talstation** ❶ Auffahrt zur **Bergstation** ❷ mit Abstecher zur **Grünbergalm** ❸, 984 m. Von der **Bergstation** ❷ mit den Fußweg Nr. 410, unterm Baumwipfelpfad-Aussichtsturm vorbei, ostwärts hinab in den **Sattel** ❹, 955 m, vor dem Hochgschirr. Die Hochgschirr-Südflanke querend weiter, später in Kehren steiler bergab und eben in den **Sattel Radmoos** ❺, 870 m. Auf der querenden Forststraße 20 m nach rechts zur nächsten Querstraße und diese (»Waldlehrpfad«) links haltend, an der Quelle **»Siebenbründl«** vorbei, südostwärts bergauf, später mehr nach rechts (Süden) und leicht fallend zu den Wiesen am **Laudachsee** ❻, 914 m (Jst. Ramsauer Alm). Auf Forststraße (Weg Nr. 410) oberhalb des Sees im Wald nach Süden, dann hinab zum Seeufer, dort weiter zu Verzweigung und geradeaus aufwärts zum Ende des Fahrwegs. Rechts auf dem **»Gassnersteig«** den steilen Waldhang in Kehren nach Westen empor unter die Felsen. Auf gesichertem Steig (Drahtseil-Geländersicherung, Eisenklammern,

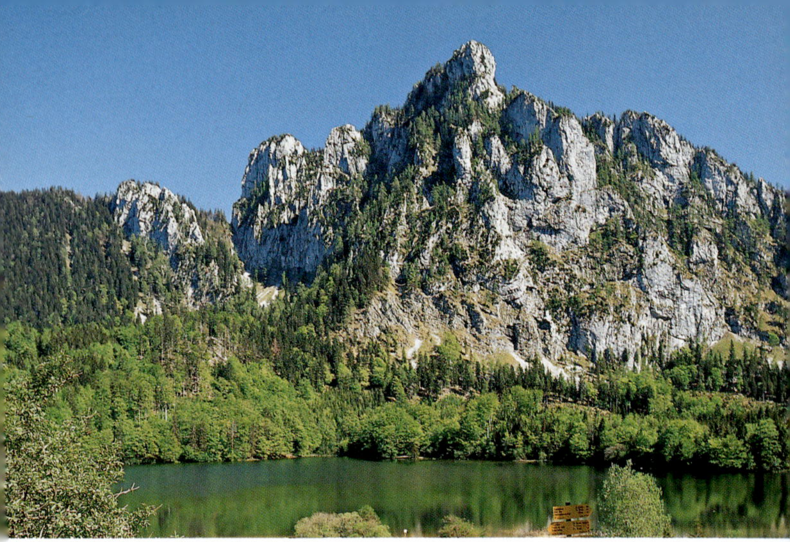

Der steilfelsige Katzenstein über dem idyllischen Laudachsee.

kurze Leiter) die gegliederte Wand schräg nach links empor in die **Hohe Scharte** ❼, 1113 m (Verzweigung), zwischen Traunstein und Katzenstein. Jenseits (Weg Nr. 410), eine Waldstraße traversierend, nach Süden hinunter in das **Lainautal**. Dort auf der Forststraße rechts haltend talauswärts zu der links über der Talsohle gelegenen **Jst. Mairalm** ❽, 789 m. Die Forststraße (Weg Nr. 410) an der linken Seite des Tals im Wald nach Westen, am **Kaisertisch** ❾ vorbei und abwärts zur **Lainaubrücke** ❿, 480 m (Traunseeblick!). Über die Brücke, dann durch zwei Tunnel zum **Traunsee-Ostuferparkplatz** ⓫, 443 m (Bushalt), am Südende der Traunsteinstraße. Entlang der Straße nach Norden zum **Seegasthof Hotel Hois'n** ⓬, 428 m. Per Schiff, Bus oder Taxi (siehe »Bergwandern per Wanderbus oder Traunsee-Ruftaxi« Einleitung S. 15) zurück nach **Gmunden** ❶.

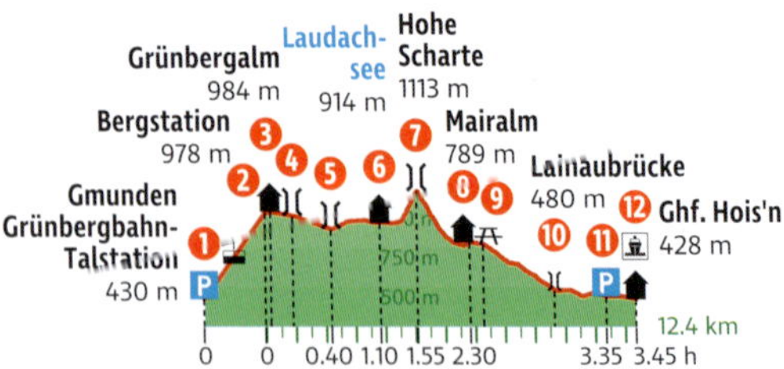

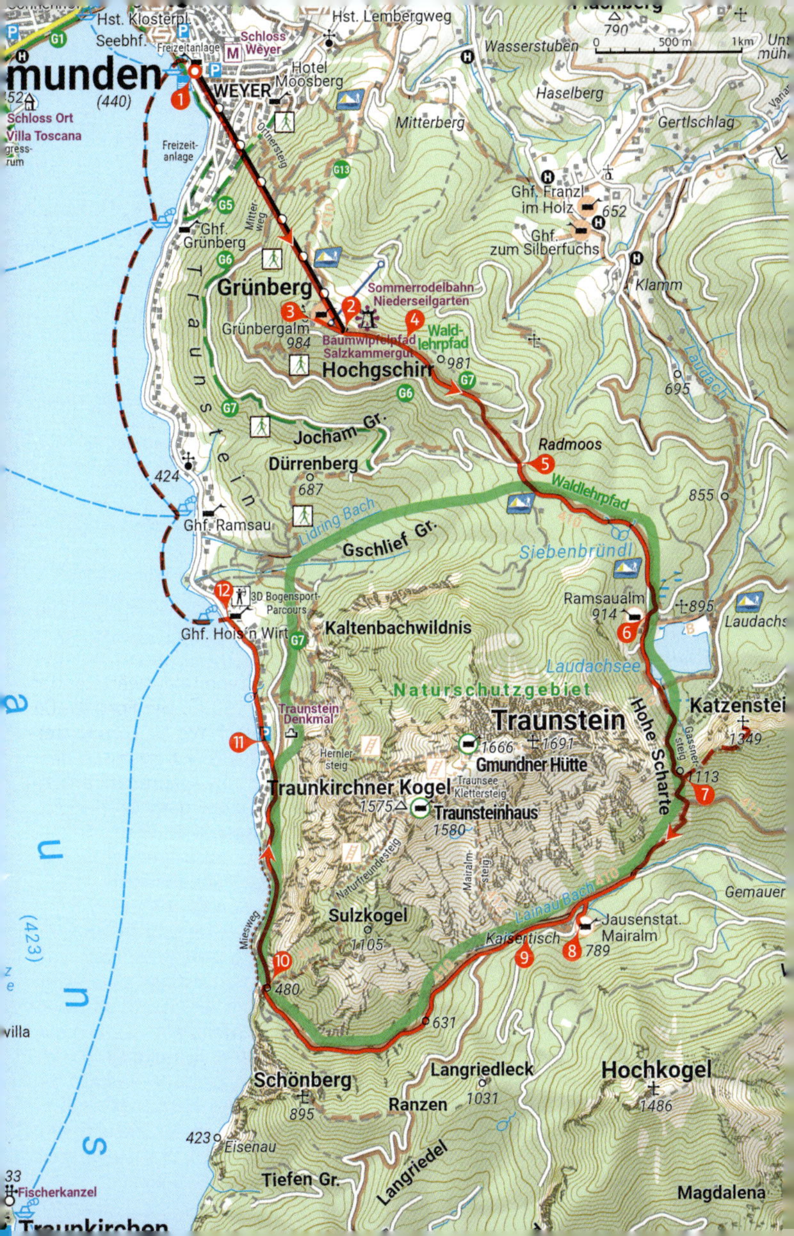

Hst. Klosterpl.
Seebhf.
Freizeitanlage
Schloss Weyer
Hst. Lembergweg
790
Wasserstuben
0
500 m
1 km
munden
(440)
WEYER
Hotel Moosberg
Schloss Ort
Villa Toscana
Freizeit-anlage
Ortnersteig
Mitterberg
Haselberg
Gertlschlag
Ghf. Franzl im Holz
652
Ghf. zum Silberfuchs
Ghf. Grünberg
Mitterweg
Grünberg
Sommerrodelbahn
Niederseilgarten
Klamm
Traunstein
Grünbergalm
984
Baumwipfelpfad Salzkammergut
Wald-lehrpfad
Hochgschirr
981
Laudach
695
Jocham Gr.
Dürrenberg
687
Radmoos
424
Waldlehrpfad
855
Ghf. Ramsau
Lidring Bach
Gschlief Gr.
Siebenbründl
3D Bogensport-Parcours
Ramsaualm
914
895
Laudachsee
Ghf. Hois'n Wirt
Kaltenbachwildnis
Naturschutzgebiet
Katzenstein
1349
Traunstein Denkmal
Traunstein
Hohe Scharte
Gassnersteig
1113
Hernlersteig
1666
1691
Gmundner Hütte
Traunkirchner Kogel
Traunsee Klettersteig
1575
Traunsteinhaus
1580
Naturfreundesteig
Mairalmsteig
Gemauer
Lainau Bach
Sulzkogel
1105
Jausenstat. Mairalm
Kaisertisch
789
(423)
Miesweg
480
631
villa
Schönberg
895
Langriedleck
1031
Ranzen
Hochkogel
1486
423
Eisenau
Langriedel
Tiefen Gr.
Fischerkanzel
Magdalena

↗ 780 m | ↘ 780 m | 12.8 km

8 Katzenstein, 1349 m

5.00 h

Kecker Felsnachbar des Traunsteins

Wer auf dem beliebten Traunstein-Rundweg (siehe Tour 7) über die Hohe Scharte in das Lainautal wechselt, geht vielleicht an ihm vorbei, übersieht die abzweigende Wegspur auf den Katzenstein – ein zwar weniger bekanntes, aber lohnendes Gipfelziel im Traunseeland. Der schöne Anstieg und das Gipfelpanorama mit Prachtblick auf den nahen Traunstein stellen die Qualitäten des Berges unter Beweis. Für seine Besteigung sind bergsteigerische Übung und trockenes Wetter nötig.

Ausgangspunkt: Parkplatz »Franzl im Holz«, 652 m (Bushalt), am Wiesensattel zwischen Grünberg und Flachberg, 5,5 km östlich von Gmunden.
Anforderungen: Anspruchsvolle Tour für geübte Geher bei trockenen Verhältnissen.
Einkehr: Ghf. »Franzl im Holz« (keine Nächtigung, ganzj. geöffnet außer zwei Wochen im Nov., Donnerstag Ruhetag; Tel. +43 7612 62645), Jst. Silberfuchs (keine Nächtigung, ganzj. geöffnet, Mo. und Di. Ruhetag, Tel. +43 7612 62646, www.gasthaus-silberfuchs.at), Jst. Ramsaualm (15 B., 1. April – 31. Okt. geöffnet, Tel. +43 720 316847 oder +43 664 9329694, www.laudachsee.com). Grünbergalm (18 B., mit der Grünbergbahn geöffnet, Tel. +43 699 11998551 und +43 7612 77798, www.gruenbergalm.at) an der Variante.
Hinweis: Man kann die Tour auch an der Grünbergbahn-Bergstation (Auffahrt von Gmunden, oben lohnende Begehung des 1½ km langen Baumwipfelpfads mit Riesenrutsche vom Aussichtsturm; Maut, Gehzeit rund 1 Std) starten und von dort auf Weg Nr. 410 zum Sattel Radmoos gelangen; gesamte Zeitersparnis 30 Min.

Vom **Parkplatz »Franzl im Holz«** ❶ auf Asphaltstraße (Weg Nr. 08 und 09), an der **Jst. Silberfuchs** vorbei, über Wiese nach Südwesten empor in den Wald und dort (Naturstraße) zu einer Verzweigung. Links auf unmarkiertem Fahrweg aufwärts, später in langer Hangquerung über dem Laudachtal nach Südosten empor zu einer Forststraße. Diese nach links in den Sattel **Radmoos** ❷, 870 m (Verzweigung), und 20 m weiter zu querender Straße. Auf ihr (»Waldlehrpfad«, Weg Nr. 410), an der Quelle **»Siebenbründl«** vorbei, nach links (Süden) hoch, dann abwärts zur **Ramsaualm** ❸, 914 m.
Auf Forststraße (Weg Nr. 410) im Wald nach Süden weiter und hinab zum **Laudachsee**. An seinem Ufer zu einer Verzweigung und geradeaus aufwärts zum Ende des Fahrwegs. Rechts auf dem **»Gassnersteig«** einen steilen Waldhang in Kehren nach Westen empor unter die Felsen. Auf gesichertem Steig (Drahtseil-Geländersicherung, Eisenklammern, kurze Leiter) die gegliederte Wand schräg nach links hinauf in die **Hohe Scharte** ❹, 1113 m (Verzweigung), zwischen Traunstein und Katzenstein. Links ab und auf bezeichnetem Steig (keine Nummer) in der Südseite des Katzenstein-Westgrats an Waldhängen eben und abwärts in eine Scharte. In der Südseite des Kamms weiter, dann über Felsstufen (leichte Kletterstellen, Drahtseile) steil

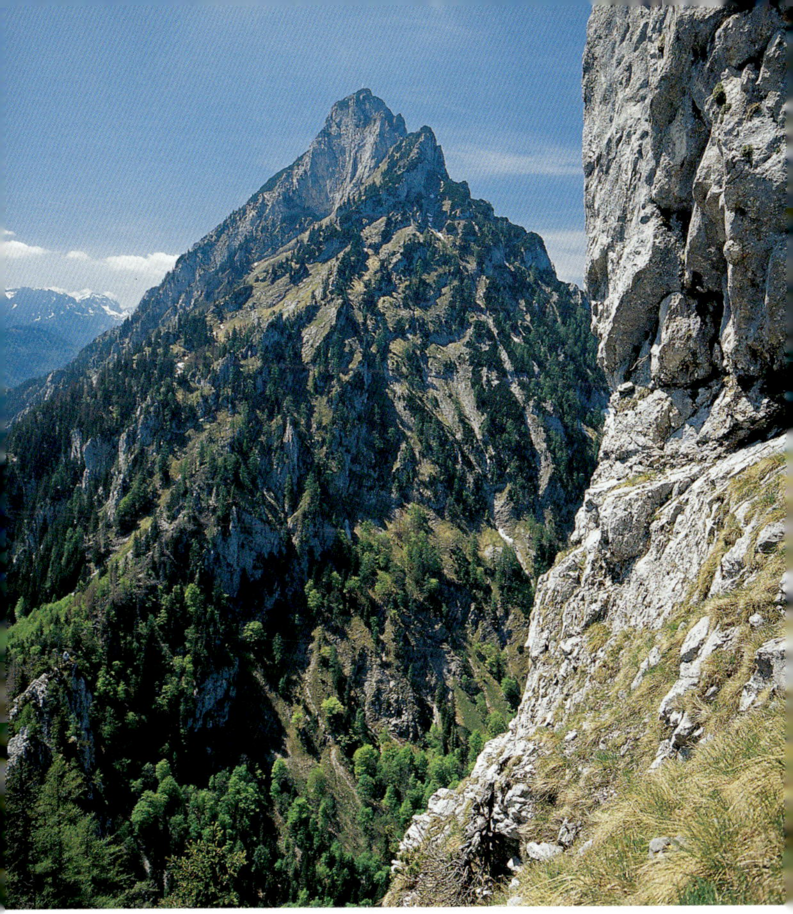

Der Traunstein vom östlich benachbarten Katzenstein.

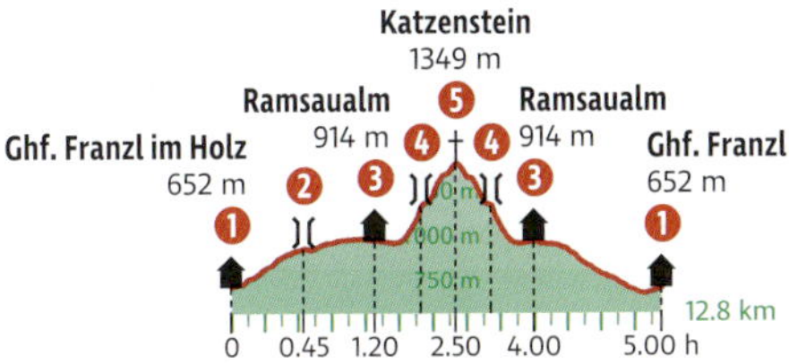

auf eine felsige Erhebung (Bänke) empor. Jenseits an Drahtseilen hinab in die Scharte beim **»Katzensteinfenster«**. Am Fuß der Gipfelwand im Wald eben nach Osten, später (große Felsnische) nach Norden empor an den Gipfelkamm. Über diesen links haltend zum höchsten Punkt des **Katzensteins** 5, 1349 m (Kruzifix mit Buch, Bank).
Abstieg auf der gleichen Route zurück zur **Ramsaualm** 3 am Laudachsee. Von dort auf Forststraße (Weg Nr. 10) durch Wald vorerst in Ost-, später

Laudachsee und Ramsaualm vom Gipfel des Katzenstein.

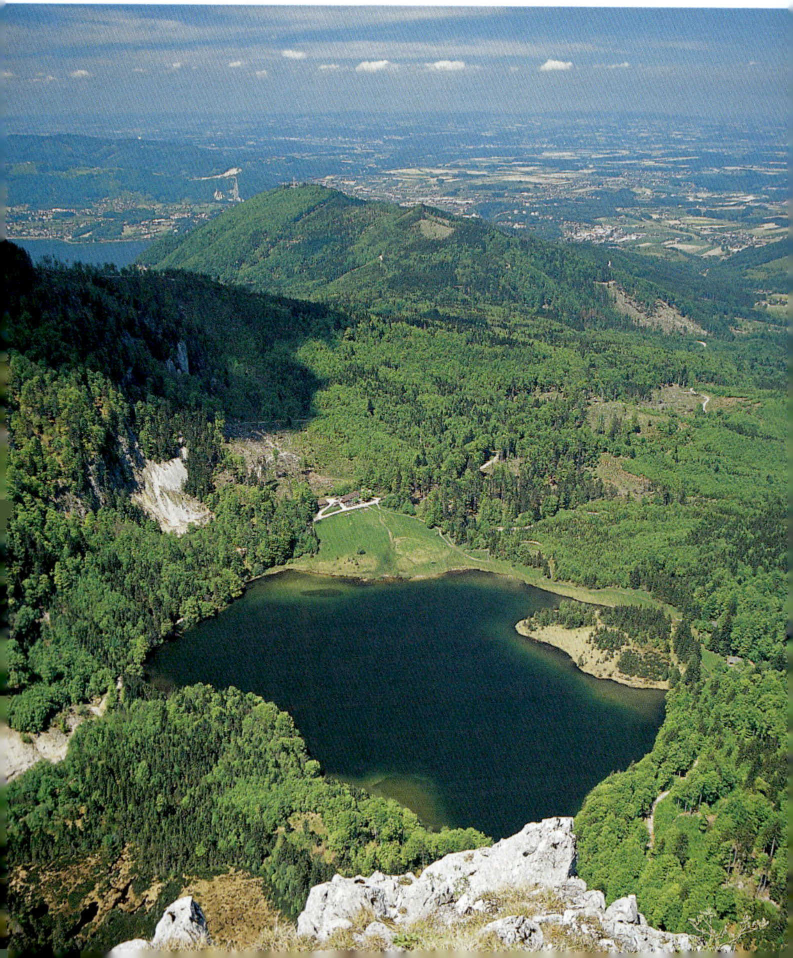

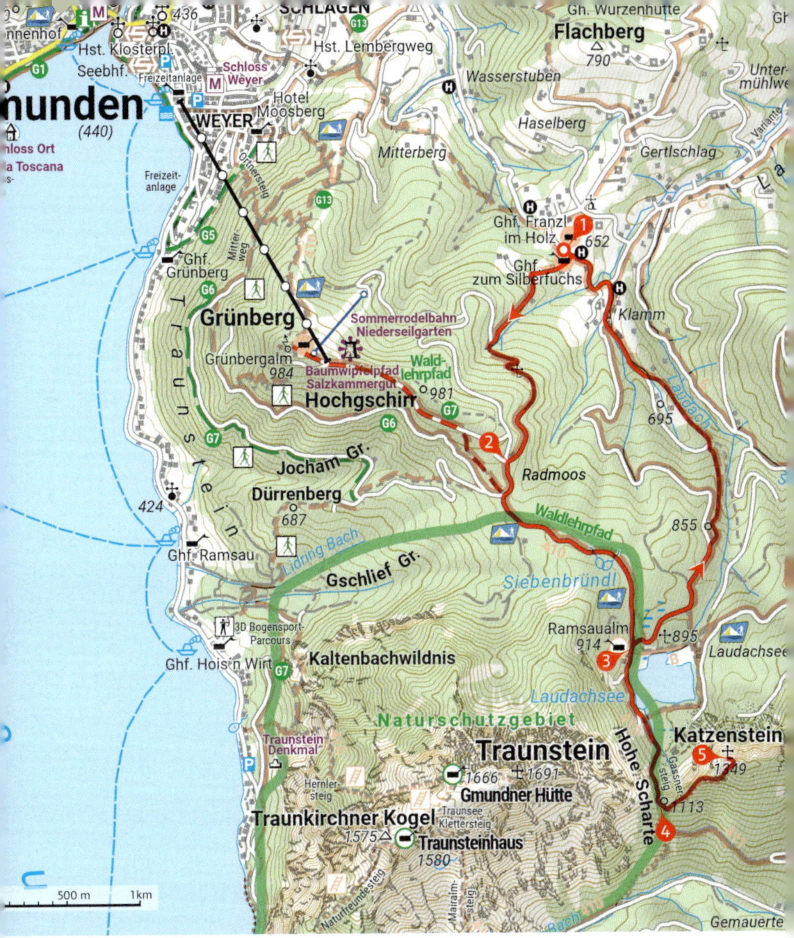

in Nordostrichtung hinab zu einer Verzweigung. Rechts auf breitem Weg nach Norden abwärts, dann links über der in einem engen Waldgraben fließenden Laudach hinab zu querender Forststraße. Geradeaus den breiten Waldweg über einen Waldrücken bergab zu Verzweigung. Nach links (!) über einen Bach zu einer Forststraße und diese hinunter zu den Häusern **»In der Klamm«**, 645 m. Auf der Asphaltstraße 100 m nach Norden zur Linksabzweigung eines Wiesenwegs. Diesen nordwärts empor zu einer Asphaltstraße und auf ihr zum **Parkplatz »Franzl im Holz« ❶**.

↗ 630 m | ↘ 630 m | 7.9 km

3.30 h

9 Steineck, 1418 m

Anstiegsmühen ohne Reue

Wer als Durchschnittswanderer nach einem formidablen, leicht und rasch erreichbaren Panoramaberg Ausschau hält, ist mit dem Steineck, zwischen Traunsee und Almtal gelegen, gut beraten. Allerdings sollte man an Wochenenden früh dran sein, denn sonst ist der Waldparkplatz am Ende des Güterwegs Dürrnberg vom Halsgraben-Sattel her voll belegt!

Ausgangspunkt: Kleiner Parkplatz, 801 m, 300 m nach dem Hof Oberdürrnberg, südlich oberhalb des Halsgraben-Sattels und von dort über den asphaltierten Güterweg Dürrnberg zu erreichen, 12,5 km von Gmunden, 6 km von Scharnstein.
Anforderungen: Mittellange Bergtour auf zwar unbezeichneten, aber gut beschilderten Wegen und Steigen. Trittsicherheit und etwas Ausdauer nötig.
Einkehr: Keine.
Variante: Man kann auch am Halsgraben-Sattel (618 m; Bushalt an der B 120) starten, was die Tour insgesamt um 1.00 Std. verlängert.

Vom Steineck präsentiert sich der im Westen aufragende Traunstein besonders attraktiv.

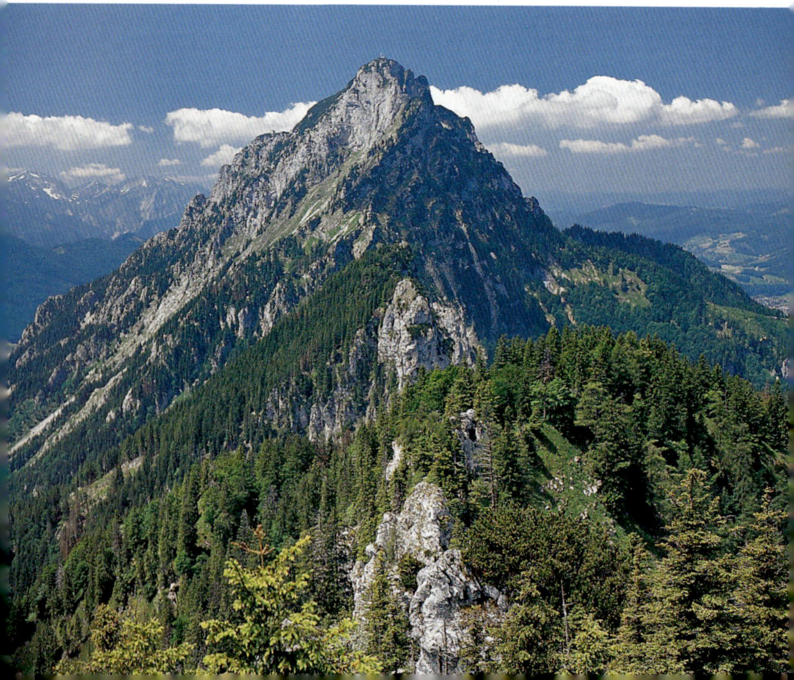

Vom **Parkplatz Oberdürrnberg** ❶, die bewaldete Hochriedel-Ostflanke querend, auf Forststraße nach Südwesten empor in einen **Sattel** ❷, 980 m, mit Verzweigung. Links haltend nach 30 m zur nächsten Teilung und nochmals links zur dritten Verzweigung noch vor **dem Jagdhaus Schrattenau**, 981 m. Die Forststraße nach rechts (Süden) bergauf zur Linkskurve bei alter Schottergrube, 150 m danach zur nächsten Verzweigung. Rechts ab und auf unbezeichnetem Jagdsteig (Steinmänner) im felsdurchsetzten Bergwald hoch, später um den Nordostrücken des Schrattensteins nach rechts herum in seine Südseite. Dort teils in Kehren hoch, später am licht bewaldeten Rücken selbst, Felsbildungen umgehend (kurze luftige Band-Passage), unter die Gipfelflanke. Zunächst eben nach links, dann etwas anstrengend die steile Flanke, an einem Gedenkkreuz vorbei, durch Wald und Latschen hoch, später im schrofigen Gelände zur **Gipfelscharte** mit Verzweigung. Auf Steig an der Nordseite eines Gratturmes eben nach links und um eine Ecke nach rechts herum in seine Ostseite. Am licht bewaldeten Kamm im Auf und Ab in eine Scharte. Jenseits über Felsstufen und durch Latschen auf den **Steineck-Südostgipfel** ❸, »Trapez«, 1410 m (Kruzifix, Buch). Zurück in die Gipfelscharte und jenseits auf einem Steig den begrünten Kamm empor auf den **Steineck-Nordwestgipfel** ❹, »Hauptgipfel«, 1418 m (Kreuz mit Buch).

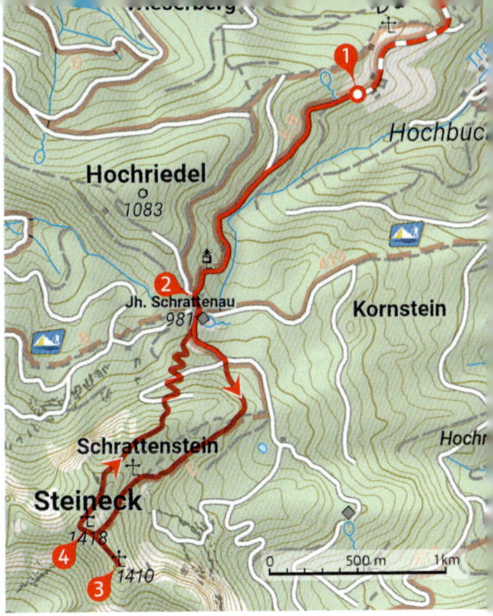

Den Westgrat (Steig) durch lichten Wald und Latschen bergab, bald aber nach rechts in die Nordseite. Dort, einem Waldrücken folgend, hinab in den Sattel vor dem Schrattenstein und gleich jenseits zu einer Teilung. Links haltend quer durch die bewaldete Ostflanke an den Nordostrücken des Berges. Dort auf schlechtem Steig durch Wald und über Felsstufen hinab in einen Sattel und jenseits auf eine Anhöhe, wo sich der Steig nach links in die Westseite wendet. Einen sehr steilen Waldhang bergab, dann weniger steil nach rechts (Nordosten) hinunter, zuletzt über einen Geröllhang (alte Schottergrube) zur Forststraße. Weiter auf bekannter Route zum **Parkplatz Oberdürrnberg** ❶ zurück.

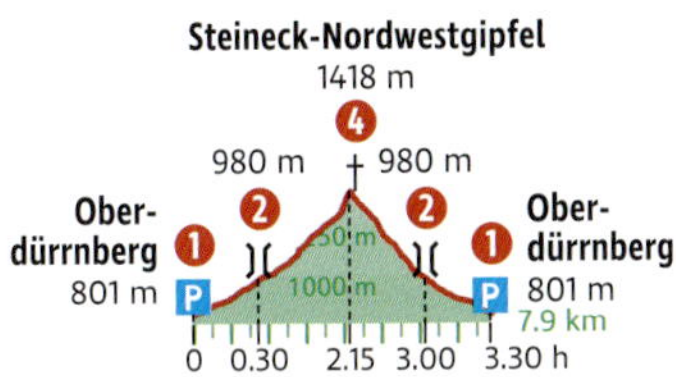

↗ 1150 m | ↘ 1150 m | 7.9 km

10 Erlakogel (»Schlafende Griechin«), 1575 m

5.30 h

Der große »Stille« am Traunsee

Wer kennt sie nicht, die einem ruhenden Frauenkopf gleichende Silhouette des Erlakogels? Seltener besucht als der nahe Traunstein, wartet der Erlakogel mit weniger geläufigen Einblicken und noch unberührter Natur auf. Gipfelfreuden schenkt er allerdings nur jenen, die mit dem anstrengenden 1150-Meter-Anstieg zurechtkommen, der von Ebensee (Rindbach) über die Spitzlsteinalm auf den kreuzgeschmückten Gipfel führt. Die Waldzerstörung im Gipfelbereich des Erlakogels geht auf den Sturm Kyrill zurück, der 2007 mit unvorstellbarer Gewalt durch das Salzkammergut gefegt ist.

Ausgangspunkt: Rindbach, 425 m (begrenzte Parkmöglichkeit, im Sommer mautpflichtiger Parkplatz beim Seebad), an der Mündung des Rindbachtales in das Trauntal, 2 km östlich von Ebensee gelegener Ortsteil.

Anforderungen: Unschwierige, aber anstrengende Bergtour auf bezeichneten Wegen und Steigen. Trittsicherheit und Schwindelfreiheit sowie sicheres Wetter nötig.

Einkehr: Keine.

Aus dem Ortszentrum von **Rindbach** ❶ (Jugendherberge) durch die Rindbachstraße nach Südosten zu einer Verzweigung. Links ab und auf Weg Nr. 421 über den Bach. Jenseits zwischen den Häusern an den Bergfuß des Erlakogels und dort in den Wald (Gletscherschliffe). In Windungen und Kehren über den Erlakogel-Südwestrücken steil bergauf, später an den Südhängen des Spitzlsteins nordostwärts gegen den **Brunngraben** hoch. An seiner linken Seite, eine Forststraße kreuzend, durch Wald wieder steiler

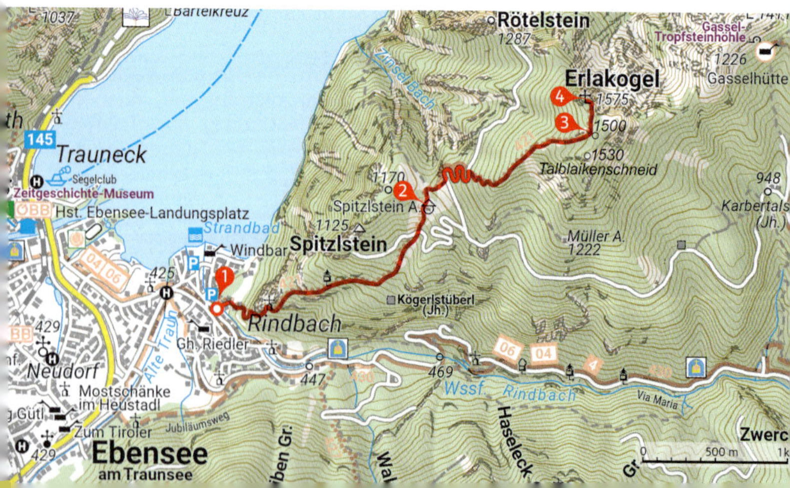

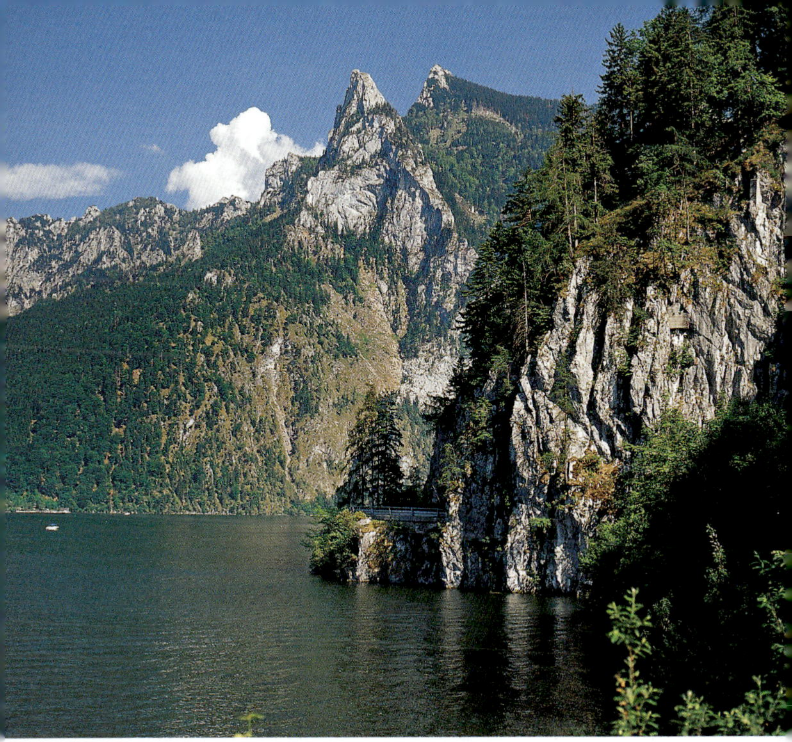

Gasseltürme und Erlakogel (rechts) vom Westufer des Traunsees.

nach Norden empor zu den Wiesen der **Spitzlsteinalm** ❷, 1060 m (Quellen), südlich unterm Sattel zwischen Spitzlstein und Erlakogel. Nach Norden hinauf in den erwähnten **Sattel** ❸, 1500 m, und dort auf Weg Nr. 421, die Kehren einer Forststraße abkürzend und fünfmal kreuzend, nach Osten hoch. Die steilen Hänge in Kehren weiter bergauf an den felsigen Südwestrücken. Über ihn empor in die Senke zwischen Talblaikenschneid und Erlakogel, 1500 m, danach nordwärts weniger steil in die Ostseite des Gipfelaufbaus hinein. Dort über Felsabsätze und -bänder teils exponiert empor zum Gipfel des **Erlakogels** ❹, 1575 m (Gipfelkreuz, Buch).

Abstieg nach **Rindbach** ❶ entlang der Anstiegsroute.

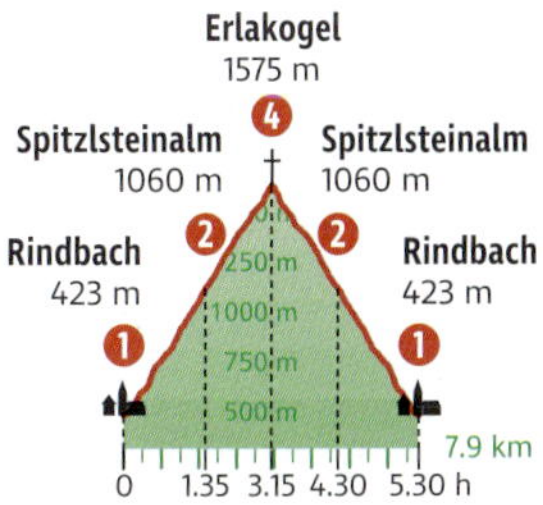

↗ 965 m | ↘ 965 m | 15.1 km

11 Gasselhöhle und Gasselkogel, 1411 m

6.30 h

Naturwunder bei Ebensee

Höhlen gibt es viele im Salzkammergut, naturgemäß die meisten an den Kalkschollen des Dachsteins und des Toten Gebirges. Zu den bekanntesten gehört die Gasselhöhle im Massiv des Erlakogels östlich von Ebensee mit märchenhaft filigranen Tropfsteinbildungen. Auf dem langen Zugang durch das Rindbachtal sorgt das Schaustück des Rindbachfalls für Abwechslung. Der über der Höhle aufragende Gasselkogel bietet eine unerwartet schöne Rundsicht und lohnt allemal den Besuch, wenngleich im steilen Rasen- und Felsgelände bergsteigerische Übung nötig ist.

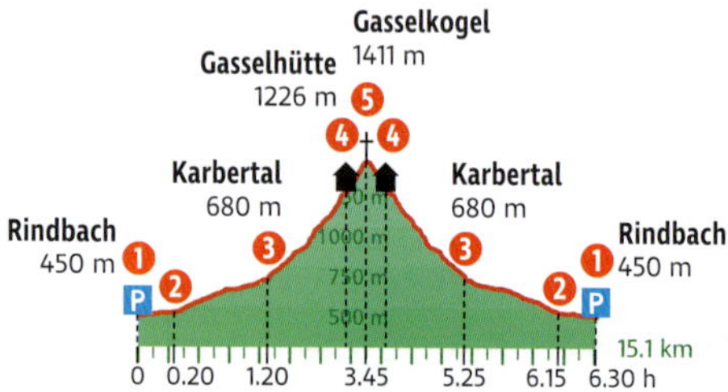

Der steilflankige Erlakogel (»Schlafende Griechin«) vom Gasselkogel betrachtet.

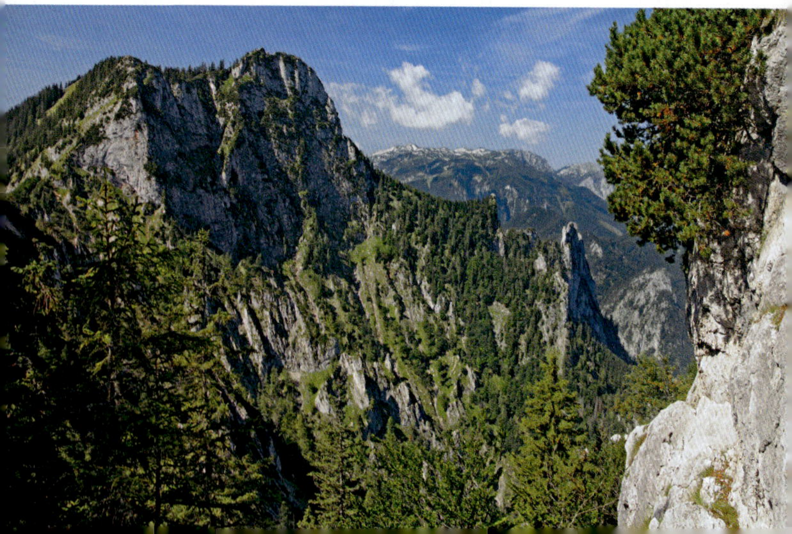

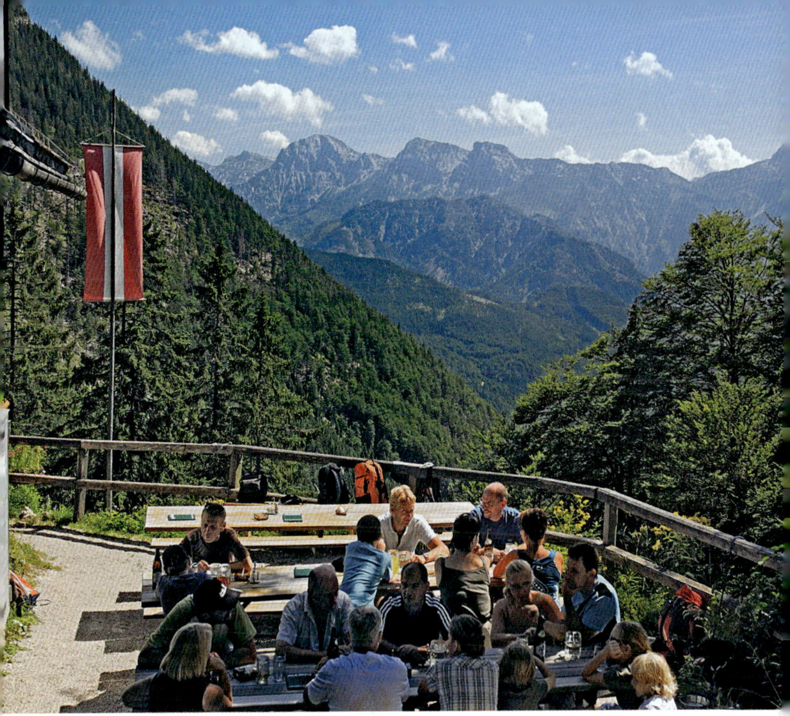

Auf der Terrasse vor der Gasselhütte.

Ausgangspunkt: Im Ortsteil Rindbach östlich von Ebensee Parkplatz Rindbachtal, 450 m, bei der Schießstätte am Taleingang, etwas oberhalb der Straße, 2 km vom Ortszentrum Ebensee (30 Min. Gehzeit).
Anforderungen: Bis zur Gasselhütte einfache Wanderung auf Forststraßen und bezeichneten Fußwegen. Am exponierten Gipfelanstieg sind bergsteigerische Übung (eine Kletterstelle im Grad I) und trockenes Wetter nötig.
Einkehr: Gasselhütte (keine Nächtigung, 1. Mai – 15. Sept. an Wochenenden und Feiertagen 9–16 Uhr bei jedem Wetter geöffnet, Tel. +43 680 1127544).
Variante: Kurz vor der Rindbachbrücke zweigt geradeaus der Fußweg zum Rindbach-Wasserfall ab, der auf einer Brücke traversiert wird. Jenseits über Felsstufen (Stiegen) und durch Wald wieder zur Forststraße empor; 35 Min. vom Parkplatz.
Hinweise: Führungen durch die Gasselhöhle gibt es vom 1. Mai bis 15. Sept. an Wochenenden und Feiertagen stündlich zwischen 9 und 16 Uhr. In dieser Zeit verkehrt ein Shuttlebus bis ins obere Karbertal (12 km, 590 m Höhenunterschied), danach 45 Min. Fußanstieg bis zur Hütte). Abfahrt ab Ebensee-Gemeindeamt zur vollen Stunde, ab Parkplatz Rindbachtal 5 Minuten später. Der Shuttlebus verkehrt nur nach telefonischer Voranmeldung (Tel. +43 680 4446510, www.gasselhoehle.at)!

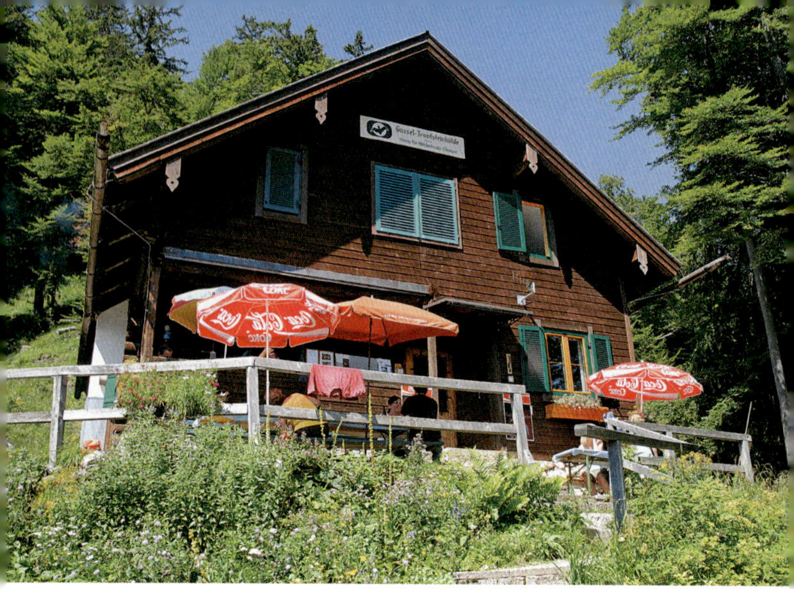

Die Gasselhütte neben dem Eingang in die Gassel-Tropfsteinhöhle.

Vom Parkplatz in **Rindbach** ❶ die Forststraße mit Weg Nr. 404 und 430 durch Wiesen und Wald ostwärts talein zur **Brücke** ❷ nach links (geradeaus zum Rindbach-Wasserfall; siehe Variante) über den Bach. Jenseits

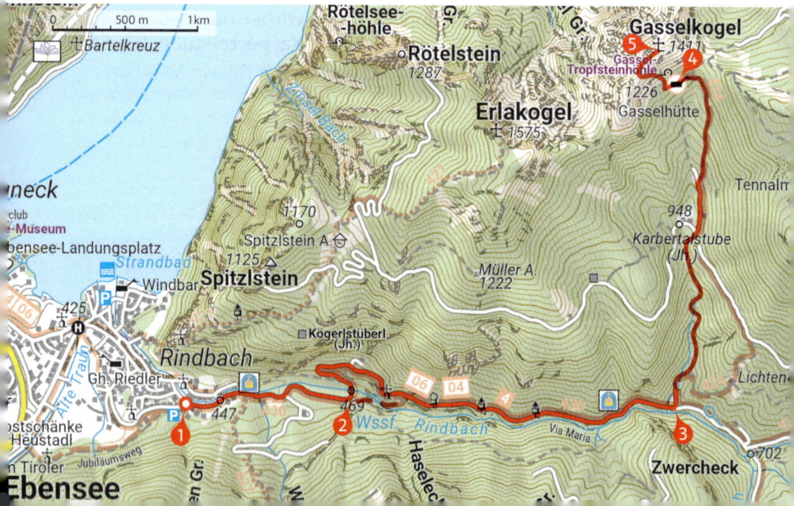

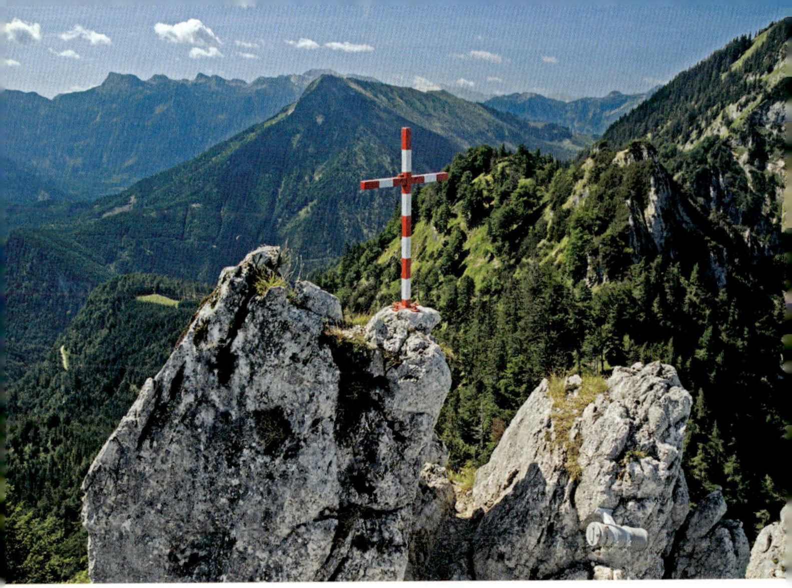

Gipfelkreuz am Gasselkogel, im Süden dahinter Eibenberg und Totes Gebirge.

in weit ausholender Rechtskehre aufwärts, dann an der Waldflanke nach Osten empor zur Rechtseinmündung des Wasserfall-Weges. Entlang der Forststraße in Ostrichtung weiter und durch eine Verengung zur Mündung des **Karbertals** ❸, 680 m. Links ab und auf gerölligem Fußweg (Nr. 424) den wilden Talgraben, an Tümpeln und Kaskaden vorbei, nach Norden steil hoch zu querender Forststraße, 970 m, nahe der **Karbertalstube**. Die Straße wird traversiert, danach auf Fahrweg zu einem Wendeplatz angestiegen. Rechts ab und auf Fußweg (Rotpunktmarkierung) an der rechten Seite des Karbertals steil nach Norden hoch, später, die Grabensohle querend, im Linksbogen aufwärts und über eine Holzstiege zur **Gasselhütte** ❹, 1226 m, am Eingang in die **Gasselhöhle**.

Von der Hütte (Steigbeginn unterhalb der Toilette) den mit roten Punkten und Steinmännern markierten Pfad an steiler Waldflanke nach Westen hoch, später über Steilrasen (Vorsicht!) nach rechts empor in einen Sattel am Höhenrücken zwischen Erlakogel und Gasselkogel. Den Kamm, an einem Felsturm vorbei, nach rechts aufwärts, dann in seine linke Flanke und dort an Steilrasenhängen empor zur Schulter unter dem Gipfelfelsen. Gegen diesen hinauf in einen Kamin und durch ihn (Klemmblock, gute Griffe und Tritte) auf den **Gasselkogel** ❺, 1411 m (Metallkreuz und Buch). Großartige Rundsicht mit Tiefblick zum Traunsee.

Abstieg entlang der Anstiegsroute.

↗ 10 m | ↘ 10 m | 4.3 km

12 Um den Offensee

1.15 h

Wanderung um einen weniger populären Salzkammergutsee

In einem weiten Talkessel an der Nordseite des Toten Gebirges gelegen, gehört der dunkle und etwas düster wirkende Offensee zu den weniger bekannten und besuchten Gewässern des Salzkammerguts. Seine Umrundung bietet Gelegenheit, die versteckten Reize des von dichten Wäldern gesäumten Kleinods kennenzulernen.

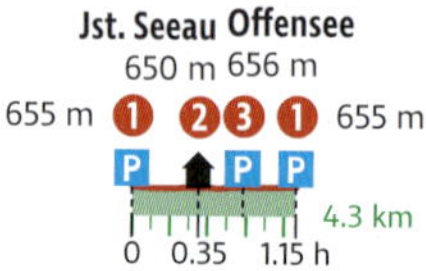

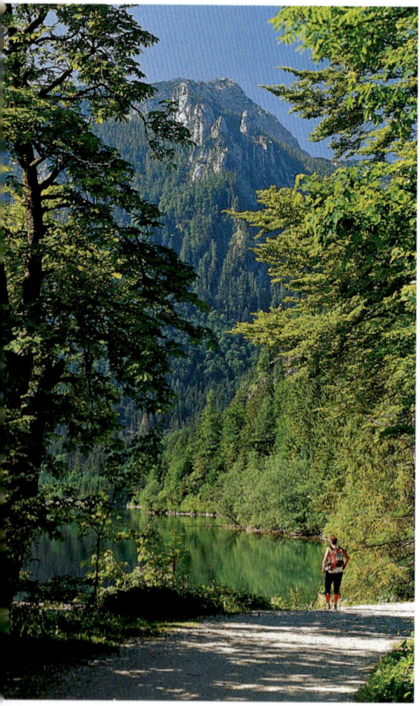

Ausgangspunkt: Schlossparkplatz Offensee, 655 m, nördlich des Offensees, am Ende der Asphaltstraße (Schranke und Fahrverbot) aus dem Trauntal her, 13 km von Ebensee und 22 km von Bad Ischl.
Anforderungen: Kurze, bequeme Wanderung auf bezeichneten Fuß- und Fahrwegen.
Einkehr: Jst. Seeau (keine Nächtigung, geöffnet ab 15. April an den Wochenenden, 1. Mai – 10./15. Okt. bei Schönwetter durchgehend geöffnet, Tel. +43 664 1122970).
Hinweis: Im Offensee besteht Bademöglichkeit.

Vom **Schlossparkplatz Offensee** ❶ auf bezeichneter Naturstraße südwärts zum Jagdschloss (rechts), dann am bewaldeten Westufer des dunkelgrünen Sees eben zum südlichen Seeufer und dort im Linksbogen zu einer Straßenteilung (Rechtsabzweigung zur Rinnerhütte). Die bezeichnete Uferstraße ostwärts weiter zu einer Rechtskurve. Auf dem links abzweigenden **»Waldweg Seeau«** über die Wiese gerade fort zur **Jst. Seeau** ❷, 650 m. Schöner Blick nach Norden über den See hinweg gegen den Eibenberg.
Auf schönem Waldweg direkt am Seeufer zum südöstlichen Seewin-

Unterwegs am Westufer des Offensees.

Der in dichte Wälder eingebettete Offensee wird vom breiten Touristenstrom noch weniger berührt.

kel und dort zu querender Forststraße (Rechtsabzweigung von Weg Nr. 420 zum Almsee). Die Straße links haltend durch Wald nahe am Seeufer nach Norden zum **Großparkplatz Offensee** ❸, 656 m. Auf Asphaltstraße im Wald eben weiter zur nördlichen Seewiese. Dort links ❹ von der Straße ab und auf breitem Weg, am ehemaligen Restaurant Offensee vorbei, nach Westen zum **Schlossparkplatz** ❶.

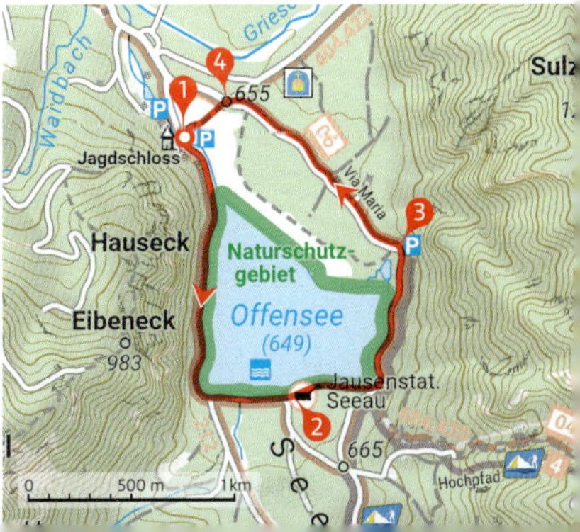

↗ 950 m | ↘ 950 m | 10.4 km

13 Zwillingskogel, 1402 m

5.00 h

Mit Muskeleinsatz auf einen Grünauer Hausberg

Mit dem Hochsalm ist der Zwillingskogel einer jener Berge um Grünau, deren Besteigung zu den »Pflichtaufgaben« im Almtal gehört. Doch muss sein Scheitel mit einem anspruchsvollen 900-Meter-Anstieg »erkauft« werden. Diese Route hat ihre Tücken, sie erfordert Kondition und Trittfestigkeit, wofür man oben mit prächtigen Ausblicken gegen das Tote Gebirge und auf den felsgewaltigen Traunstein belohnt wird.

Ausgangspunkt: Ortszentrum von Grünau im Almtal, 528 m (Parkplätze, Bushalt, Endstation der Almtalbahn), beliebte Sommerfrische und Wintersportort.
Anforderungen: Anstrengender Steilanstieg im felsdurchsetzten Waldgelände. Durchgehend markierte, aber teils schlecht trassierte Wege und Steige (bereits mehrere Unfälle!). Nur für geübte, trittfeste Geher bei trockenen Verhältnissen. Unterwegs kein Wasser!
Einkehr: Gastbetriebe in Grünau. Unterwegs keine Einkehr.
Hinweis: Vorsicht mit Kindern im Gipfelbereich des Zwillingskogels (Wandabbrüche nach Norden!).

Das Gipfelkreuz am Zwillingskogel mit dem Traunstein im Westen dahinter.

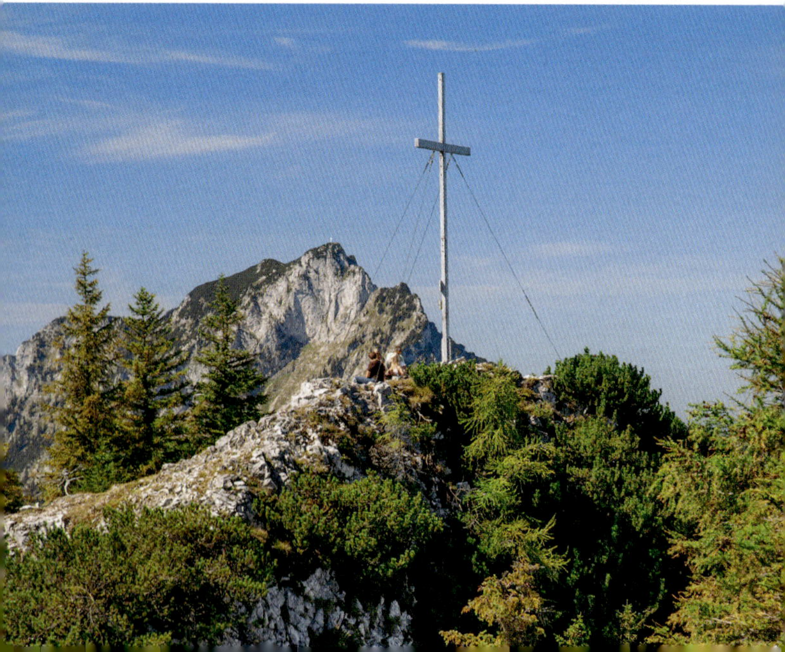

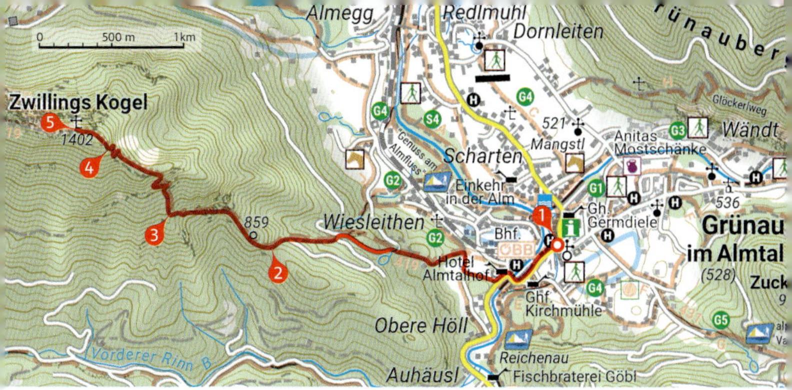

Von **Grünau** ❶ die Straße zum Almsee nach Südwesten zur Brücke über die Alm und jenseits zur Teilung beim Hotel-Restaurant **Almtalhof**. Die Durchfahrtsstraße noch 50 m weiter zur nächsten Verzweigung. Rechts den Fahrweg Nr. 419 nach Westen aufwärts zu großer Wiese, dort am Waldrand eben zu einer Forststraße und diese rechts zur Verzweigung am Nordrand der Wiese. Links den Karrenweg im Wald steil nach Westen hoch, dann weniger steil nach rechts in einen Sattel. Auf bezeichnetem Steig nordwestwärts empor zur Forststraße und auf ihr (bei Verzweigung links!) zu einer Kehre. Rechts ab und auf Steig an der linken Seite eines Waldgrabens steil hinauf in einen **Sattel** ❷, 790 m, am Zwillingskogel-Südostrücken. Jenseits auf bezeichnetem Steig an den Abhängen einer Kammerhebung (P. 859 m) empor in den **Sattel**, 862 m, nach ihr. Nun nach links in die Südseite des Berges und dort auf schlechtem Steig (Vorsicht!) in langer Querung steiler Waldhänge zu einer **Schulter** ❸, 1000 m.
Die steile Waldflanke oberhalb von ihr in Kehren hoch unter eine graue Wand. Über die steile Schrofenzone (Perlon-Halteseil) links von ihr, danach in einer Kehre empor an den licht bewaldeten oberen **Südostrücken**. Über ihn unter einen Steilaufschwung und nach links in die Südseite. Über ein Wandl (Seil) aufwärts, dann wieder nach rechts an den Rücken und diesen empor an den großteils baumfreien Gipfelkamm. Über diesen oder links von ihm über Felsstufen im Auf und Ab zum **Ostgipfel** ❹, 1402 m. Hinab in eine Scharte, dann südlich unter dem Westgipfel vorbei zu einer Verzweigung und hier über Felsstufen steil nach rechts empor auf den **Zwillingskogel-Westgipfel** ❺, 1402 m, dem Hauptgipfel (Kruzifix und Buch).
Abstieg auf der Anstiegsroute.

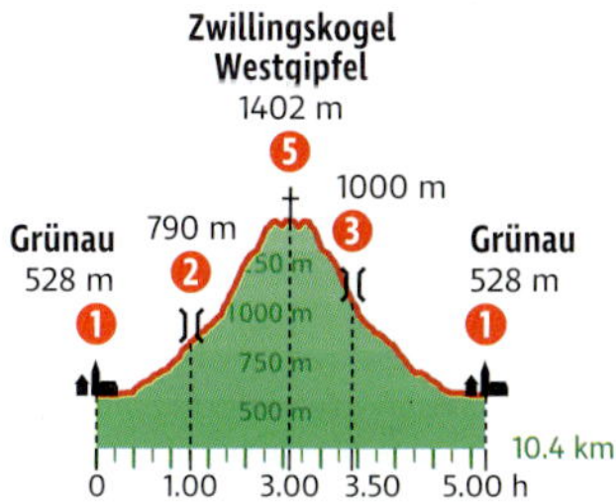

↗ 720 m | ↘ 720 m | 11.4 km

14 Kasberg, 1747 m

5.15 h

Aussichtspodium vor dem Toten Gebirge

Kennern war der Kasberg schon immer ein Begriff. Er galt und gilt seiner günstigen Position wegen als ideale Aussichtswarte und wunderbarer Skiberg. Wer heute mit dem Auto bis zum Hochberghaus fährt – die alte Kasbergstraße aus dem inneren Almtal zur Sepp-Huber-Hütte bleibt für den Kfz-Verkehr gesperrt – kann den Berg von dort in knapp drei Stunden besteigen. Prächtige Ausblicke gegen das Alpenvorland und später auf die Nordabstürze des Toten Gebirges werden ihn dabei begleiten.

Ausgangspunkt: Parkplatz Hochberghaus, 1132 m, auf der Farrenaualm, am Ende der asphaltierten Mautstraße aus dem Grünaubachtal, 6 km ab Mautstelle, 8 km ab Grünau. Für Gäste des Hochberghauses keine Maut.

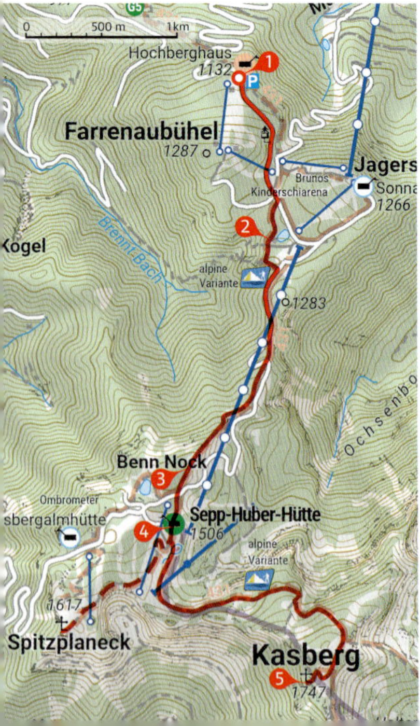

Anforderungen: Unschwierige, aber lange Tour. Trittsicherheit nötig. Vorsicht bei Nebel!

Einkehr: Hochberghaus (42 B., 5./10. Mai – 26. Okt. tägl. geöffnet, Tel. 43 660 32 22 373 und +43 7616 8477, www.hochberghaus.at), Sepp-Huber-Hütte (20 L., 25. Mai / 1. Juni – 31. Okt. geöffnet, Tel. +43 7616 8228, https://www.facebook.com/Sepp-Huber-H%C3%BCtte-336882299808370).

Variante: Von der Sepp-Huber-Hütte kann das Spitzplaneck (1617 m; Almseeblick) auf unbezeichnetem Steig bestiegen werden; 1 Std. zusätzliche Gehzeit.

Vom **Parkplatz Hochberghaus** ❶ die Forststraße mit Weg Nr. 431 an der Ostseite des Farrenaubühels im Wald nach Süden aufwärts zu einer Anhöhe, dann, mehrere Lifttrassen kreuzend, hinab in die Mulde zwischen Jagerspitz und Farrenaubühel. Rechts ab und auf Fußweg durch Wald eben und aufwärts zur **Jagdhütte Farrenau** ❷, 1180 m (Traunsteinblick). In Südrichtung wieder zur Straße und auf ihr an der rechten Seite (Westseite) des Kasberg-Nordrückens zur nächsten Verzweigung. Links den Steig Nr. 431 über den bald aufsteilenden Waldrücken, an einer Sessellift-Stütze vorbei,

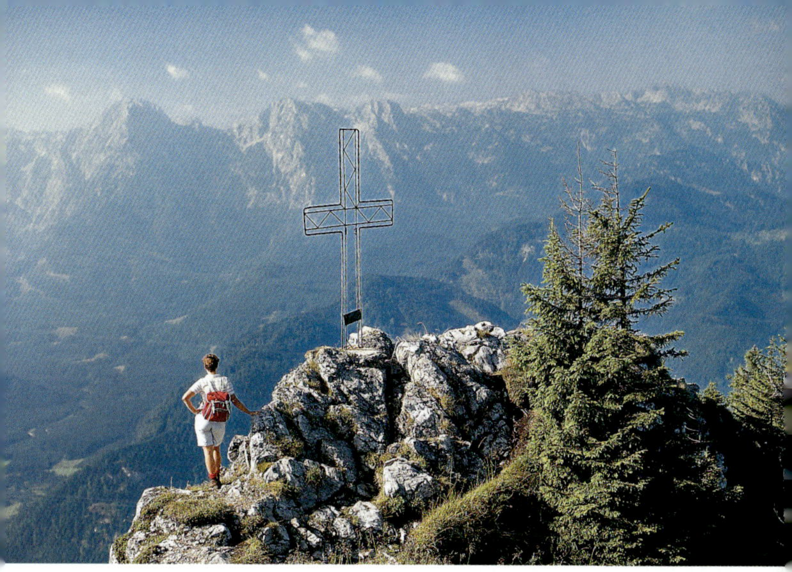

Rast am Spitzplaneck, einem lohnenden Seitengipfel des Kasbergs.

hoch, später durch Latschen und lichten Wald zum Gipfel des **Benn Nock** ❸, 1510 m. Im parkähnlichen Wald eben nach Süden, dann kurz bergab zu kreuzender Naturstraße und auf dem Fahrweg über eine Wiese aufwärts zur **Sepp-Huber-Hütte** ❹, 1506 m, auf der **Kasbergalm**.

Auf dem Weg Nr. 431 am rechten Rand der Wiesenmulde nach Süden empor unter den Westrücken des Kasberges und nach links in seine Nordflanke hinein. Über diese durch dichten Latschenbestand (zwei drahtseilgesicherte Felspassagen) nach Osten hoch, zuletzt durch eine Latschengasse nach rechts empor an den Nordostrücken des Berges. Dort vorerst noch durch Latschen, dann über Karrenplatten und durch grüne Dolinenmulden hinauf zur Linksabzweigung von Weg Nr. 433 und weiter zum Gipfel des **Kasberges** ❺, 1747 m (Metallkreuz mit Buch).

Abstieg auf derselben Route.

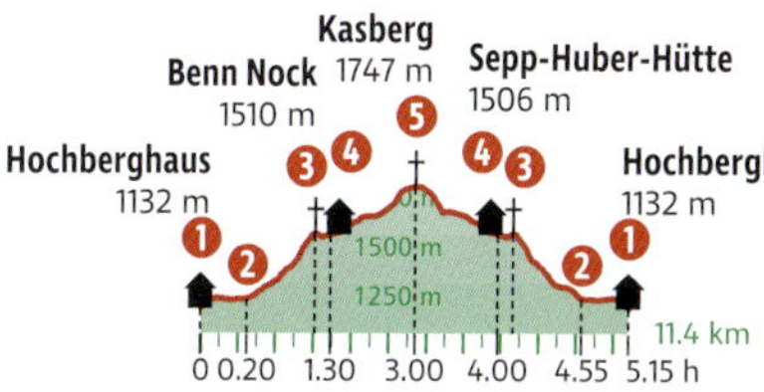

TOP

15 Ameisstein, 776 m, und Almsee-Ostuferweg

↗ 200 m | ↘ 200 m | 8.8 km

3.00 h

Traumhafter Panoramaberg mit genussreichem Rückbringer

Verglichen mit den die Zweitausendmetermarke übersteigenden Recken des Toten Gebirges ist der nur 776 Meter hohe Ameisstein im Hintergrund des Almtales ein recht bescheidener Geselle. Wäre da nicht sein Gipfelpanorama, das mit grandioser Schau auf die türkisfarbene Oberfläche des Almsees und die himmelragenden Massive von Rotgschirr und Almtaler Sonnenuhr darüber aufwartet – ein Landschaftsbild von seltener Schönheit und Harmonie! Wir überschreiten die steile, felsig-bewaldete Höhe beim Gasthof Seehaus startend in Nordrichtung und kehren, vorbei an Aussichtspunkten und einladenden Badeplätzen, entlang des Almsee-Ostufers zum Ausgangspunkt zurück.

Ausgangspunkt: Großparkplatz, 590 m (Bushalt), beim Gasthof Seehaus im Hintergrund des Almtales, am Südufer des Almsees. 14,5 km von Grünau im Almtal.

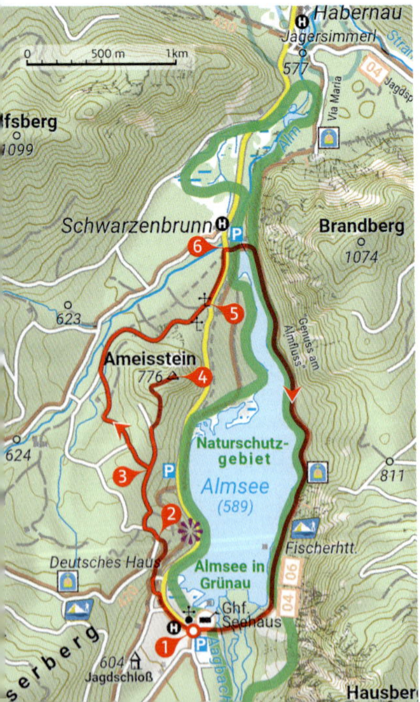

Anforderungen: Einfache Wanderung auf teils unbezeichneten (Ameisstein) Fahr- und Fußwegen. Orientierung am Ameisstein z. T. durch Steinmänner. Trittsicherheit im Gipfelbereich nötig (Vorsicht mit Kindern!).

Einkehr: Gasthof Seehaus (Appartement für 2–4 Personen, 1. Mai – 1. Nov. geöffnet, außer an Feiertagen Mo. und Di. Ruhetag, Tel. +43 7616 8366, www.gasthof-seehaus.at).

Hinweis: Von Gipfelkreuz am Ameisstein kann man auf nach Süden bzw. Osten abzweigenden kurzen Stichwegen zu zwei Aussichtspunkten (Vorsicht auf Steilabstürze!) mit atemberaubenden Tiefblicken sowohl nach Süden gegen den Almsee (und die darüber aufragenden Nordabstürze des Toten Gebirges) als auch nach Norden gegen die Talenge der Habernau gelangen.

Vom **Großparkplatz Ghf. Seehaus** **1** auf dem Fußweg rechts der Zufahrtsstraße westwärts eben durch Wiesen, dann im Rechtsbogen zum Deutschen Haus (Tafeln, kein Gastbetrieb mehr), wo die Straße nach links traversiert wird. (5 Min. ab Start). Gleich nach dem Haus rechts

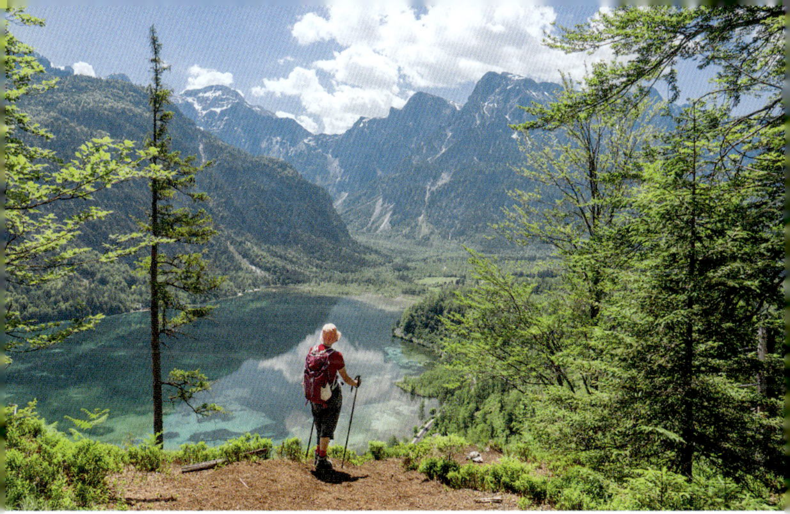

Tiefblick vom Ameisstein auf den Almsee mit den Nordabstürzen des Toten Gebirges darüber.

ab und die Forststraße mit Weg Nr. 420 nordwärts (Richtung Offensee) in den Wald und dort auf Fußweg an den Hängen aufwärts, später in einigen Kehren nach links (Westen) empor auf den flachen Möserberg-Waldrücken mit querender **Forststraße** ❷, 660 m (links zum Offensee). Auf der unbezeichneten Straße nach rechts und um eine Ecke herum, danach leicht bergab zur nächsten Verzweigung. Die nach rechts abzweigende Straße in Nordrichtung abwärts, später eben zu einer **Verzweigung** ❸, 650 m, bei großem Steinmann. Die Straße geradeaus im lichten Wald aufwärts zu einer vierten Verzweigung (zwei Steinmänner). Rechts ab und auf Fahrweg kurz empor an den Ameisstein-Südrücken, wo der Fahrweg endet. Nun auf Fußweg (stark erodiertes Steiggefüge, wohl Folge fehlender Wegtrassierung bzw. Markierung) den licht bewaldeten Rücken steil bergauf an den quer laufenden Gipfelkamm und diesen nach rechts (Osten) auf einen Vorgipfel, danach ab und auf zum bewaldeten Gipfel des **Ameisstein** ❹, 776 m, mit kleinem hölzernen Gipfelkreuz.

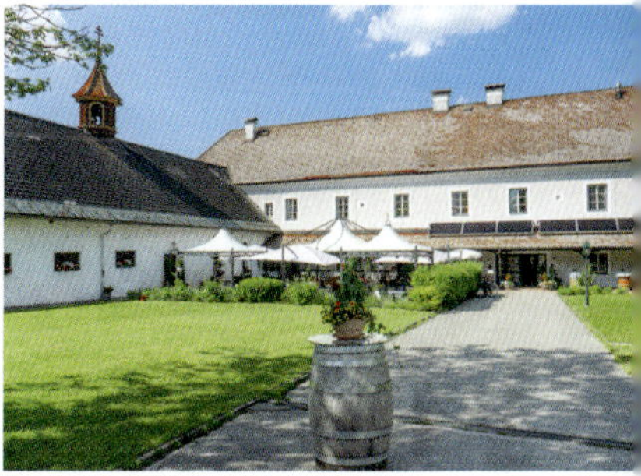

Der Gasthof Seehaus am Südufer des Almsees.

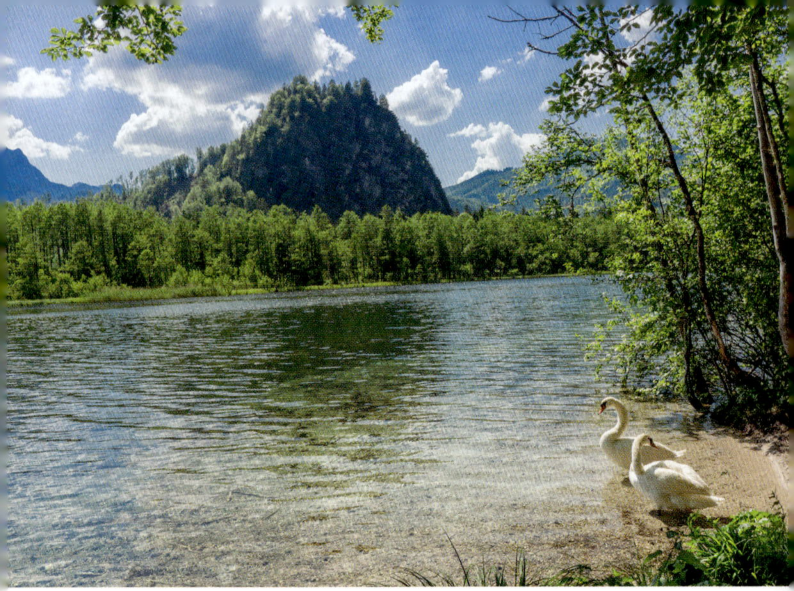

Oben: Der isoliert aufragende Ameisstein von Südosten (vom Almsee-Ostuferweg).
Rechts: Zehnerkogel und Röllsattel vom Westufer des Almsees (Totes Gebirge).

Zurück zur **Verzweigung** ❸ beim großen Steinmann. Rechts ab und entlang der Schotterstraße durch lichten Wald sanft nach Nordwesten abwärts zu querender Straße. Auf ihr rechts haltend über eine Schulter hinweg zur nächsten Querstraße, der man wieder nach rechts folgt. Die Straße in Nordostrichtung, unter den felsig bewaldeten Nordabstürzen des Ameissteins vorbei, zuletzt in Schleifen zur **Almsee-Westuferstraße** ❺ (Kruzifix). Links haltend entlang der Straße (oder auf einem von rechts zulaufenden Fußweg) nordwärts zum **Jagdhaus Schwarzenbrunn** ❻, 591 m (Wehr, Bushalt), am Nordende des Almsees. Rechts von der Autostraße ab und über eine Fußgängerbrücke über den Seeabfluss (Alm) zum Querweg Nr. 404. Auf dem Promenadenweg rechts haltend, am bewaldeten Seeufer entlang, nach Süden, zuletzt durch eine Au mehr nach rechts (Südwesten) zum **Großparkplatz beim Ghf. Seehaus** ❶.

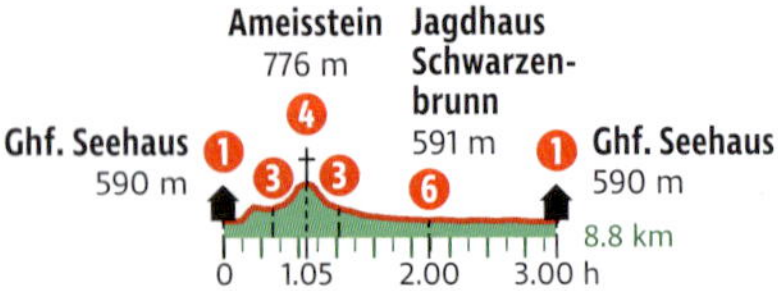

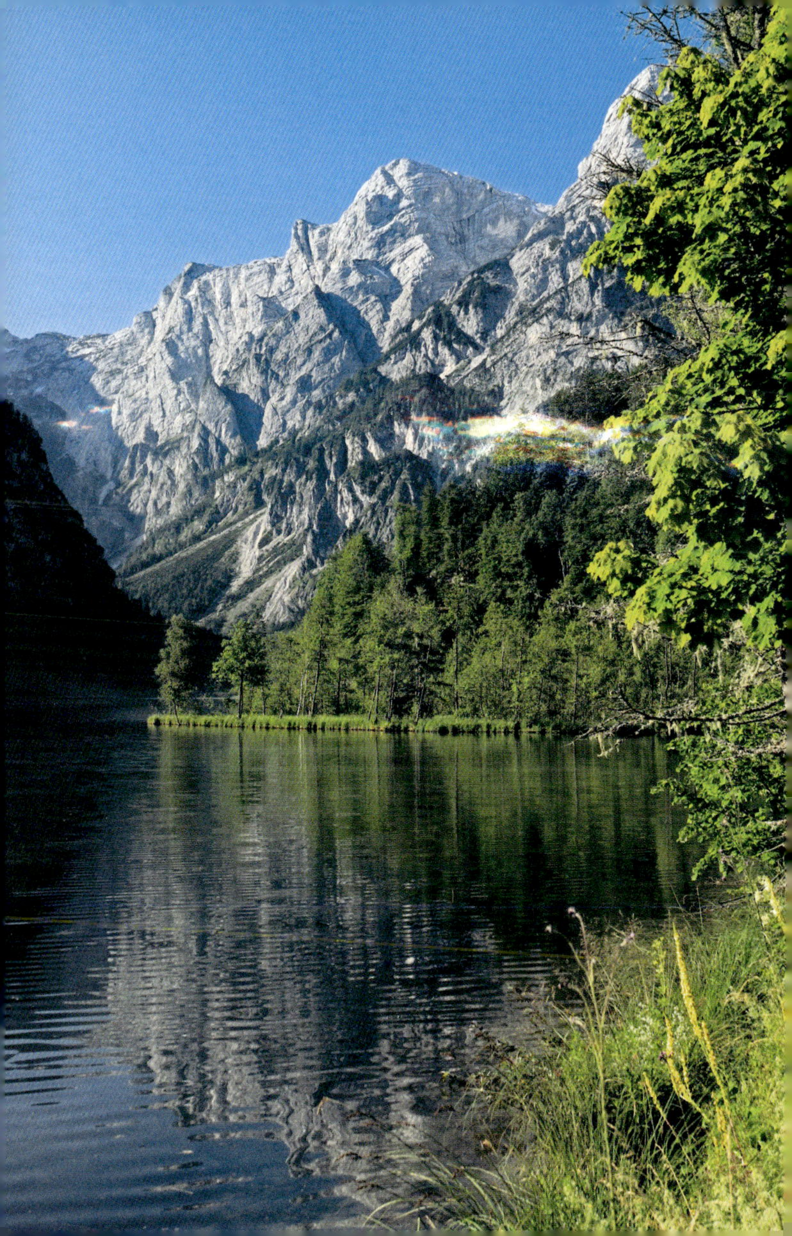

↗ 150 m | ↘ 150 m | 5.7 km

16 Ödseen und Herrentisch

2.00 h

Seen-Idylle beim Almtalerhaus

Sicherlich geben sich manche schon mit einem Besuch des Almtalerhauses zufrieden, denn bis dorthin bringt einen das eigene Fahrzeug. Doch die Umgebung der Hütte, die Hintere Hetzau mit der gewaltigen Schermberg-Nordwand im Talschluss, gehört den Bergwanderern! Zünftige können von hier in fünf Stunden die höchste Erhebung des Toten Gebirges, den Großen Priel (2515 m; siehe Tour 17) besteigen. Die von dichten Wäldern umgebenen romantischen Ödseen (Naturschutzgebiet) und die Aussichtskanzel »Herrentisch« sind jedoch dem Wanderer adäquatere Ziele. Ein dankbares Halbtages-Programm vor allem mit Kindern, die an den Ufern der beiden Ödseen spielen und auch baden können.

Ausgangspunkt: Parkplatz Almtalerhaus, 714 m, in der Hinteren Hetzau, am Nordfuß des Toten Gebirges, 17 km von Grünau.
Anforderungen: Vorwiegend unschwierige Wanderung auf bezeichneten Straßen und Wegen. Am Steilanstieg zum Herrentisch jedoch Trittsicherheit nötig.
Einkehr: Almtalerhaus (26 B., 50 L., 1. Mai – 14. Sept. geöffnet, www.almtalerhaus.com).

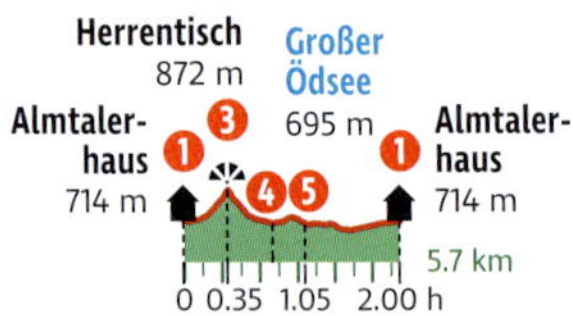

Hinweis: Vom 15. Sept. bis 15. Okt. ist die Straße in die Hetzau aus Jagdgründen gesperrt (Almtalerhaus geschlossen!).

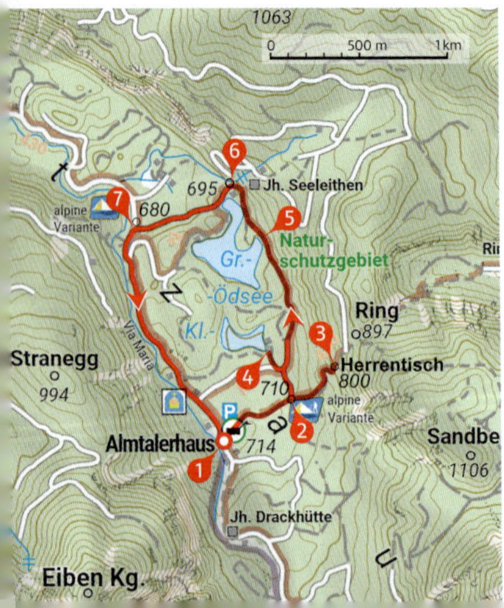

Vom **Parkplatz Almtalerhaus** ❶ auf dem Fahrweg Nr. 404 und 430 durch Wald nach Nordosten zu einer **Teilung** ❷, 710 m. Geradeaus weiter, später eine steile, zum Teil felsige Flanke in Kehren empor zum baumfreien Vorsprung **»Herrentisch«** ❸, 872 m (Bänke), mit Tiefblick in die Hetzau und zu den beiden Ödseen. Zurück zur oben erwähnten **Teilung** ❷. Rechts (gelbe Markierung) in Nordrichtung bald zur Linksabzweigung des Stichwegs zum **Kleinen Ödsee**, der von hier in wenigen Minuten erreicht wird ❹. Wieder zurück zu der zuletzt erwähnten Verzweigung und dort auf gelb be-

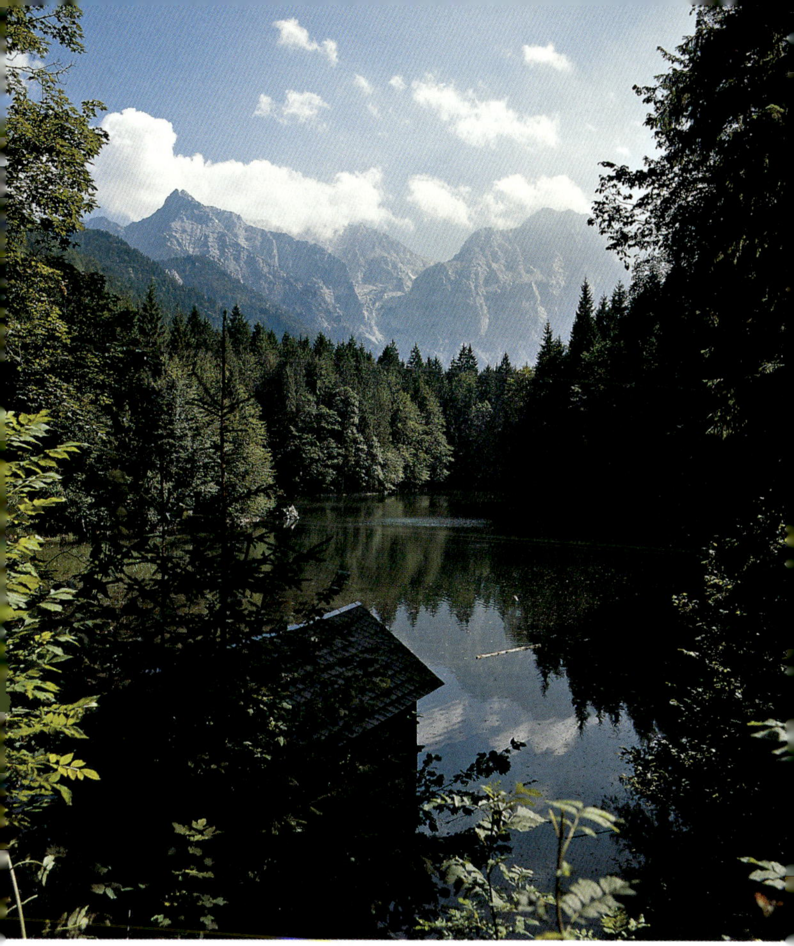

Der Große Ödsee mit den Nordabstürzen des Toten Gebirges – Zwillingskogel, Großer Priel, Schermberg – im Hintergrund.

zeichnetem Weg nordwärts im Auf und Ab weiter zum **Großen Ödsee** ❺, 695 m. Am rechten (östlichen) Ufer im Wald zu einem Privathaus und weiter zur Forststraße, die am Nordende des Sees ❻ quert (rechts oberhalb ein schöner Wasserfall). Die Straße nach links (Westen) abwärts zur asphaltierten **Hetzau-Straße** ❼ und auf dieser links haltend zum **Parkplatz Almtalerhaus** ❶.

↗ 1800 m | ↘ 1800 m | 21.2 km

17 Großer Priel, 2515 m

8.45 h

Aus dem Almtal auf den »König« des Toten Gebirges

Als höchste Erhebung und nordöstlicher Eckpfeiler des Toten Gebirges ist der Große Priel keine unprofilierte Randkuppe der gewaltigen Karrenhochfläche, sondern ein selbstständiger Berg, einer der Großen im Reich der Nördlichen Kalkalpen. Auf dem hier beschriebenen Nordzugang vom Almtalerhaus sind in Summe 1800 Höhenmeter zu bewältigen, die allerdings bei Zwischennächtigung an der Welserhütte auf zwei Tagesetappen aufgeteilt werden können. Ein Festtag für jeden, der bei klarem Wetter oben anlangt, denn das Gipfelpanorama gehört zum Eindrucksvollsten, was man in diesem Gebiet schauen kann.

Ausgangspunkt: Parkplatz Almtalerhaus, 714 m, in der Hinteren Hetzau, 17 km von Grünau.
Anforderungen: Unschwierige, aber anstrengende Tour mit enormem Höhenunterschied. Trittsicherheit, Ausdauer und gutes Wetter Voraussetzung. Eine Zwischennächtigung an der Welserhütte wird empfohlen.
Einkehr: Almtalerhaus (26 B., 50 L., 1. Mai – 14. Sept. geöffnet, www.almtalerhaus.com) und Welserhütte (28 B., 80 L., 5./10. Juni – 14. Sept. durchgehend geöffnet, 15. Sept. – 15. Okt. wegen Jagdsperre geschlossen, danach an den Wochenenden im Oktober nur bei Schönwetter geöffnet, Tel. +43 7616 8088, +43 664 1765608 oder +43 664 4818807, www.welserhuette-gruenau.com).
Hinweis: Vom 15. September bis 15. Oktober ist die Straße in die Hetzau aus Jagdgründen gesperrt (Almtalerhaus und Welserhütte sind dann geschlossen!).

Vom **Parkplatz Almtalerhaus** ❶ die asphaltierte Forststraße (Weg Nr. 215) links vom Straneggbach durch Wald eben nach Süden taleinwärts zu einer Teilung. Rechts auf breitem Fußweg neben dem Bach in eine schluchtar-

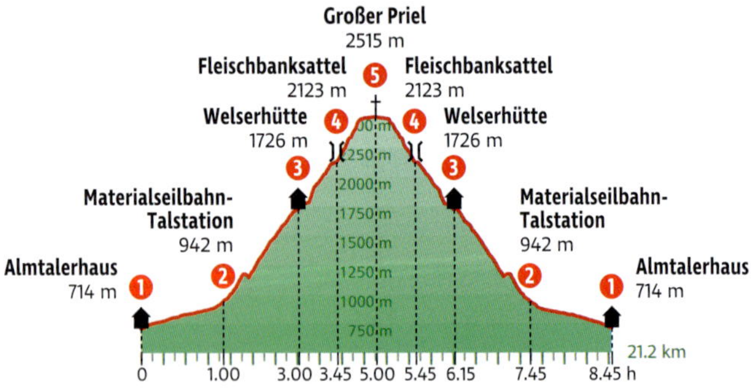

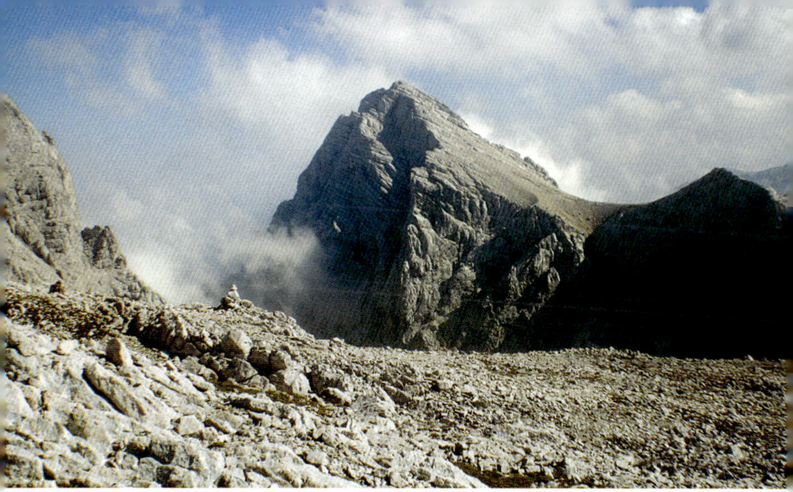

Im Anstieg auf den Großen Priel: das edle Profil der Spitzmauer vom Fleischbanksattel.

tige Talverengung, durch sie im Linksbogen hinauf zum **Jagdhaus Drackhütte** und wieder zur Forststraße. Auf ihr links des wasserlosen Bachbetts die breite Talsohle der **Hinteren Hetzau** nach Süden aufwärts, dann nach rechts über das Schotterbett und im Wald unter die Schermberg-Nordwand. Durch eine grabenartige Verengung nach links hoch, später, die Linkskehre der Straße auf Fußweg abkürzend, steil nach Südosten empor zur Forststraße. Auf ihr zur Verzweigung knapp vor der **Materialseilbahn-Talstation** ❷, 942 m. Den Fußweg Nr. 215 nach rechts über das Bachbett, jenseits durch Buschwerk nach Südosten aufwärts in den Winkel unterhalb der **»Grundmauern«**. Den ersten Steilaufschwung über eine lange Eisenstiege und an Drahtseilen hoch in bewaldetes Gelände (**»Ackerwaldl«**), danach weniger steil in einen Geröllkessel. Über den nächsten Steilaufschwung (Eisenleiter, Drahtseile) empor, dann Querung nach links in eine Mulde. Durch sie in Kehren steil hinauf zu einer Tafel und rechts haltend zur **Welserhütte** ❸, 1726 m.
Auf Steig Nr. 215 (Leiter, Drahtseile) nach Südwesten hinauf in die breite

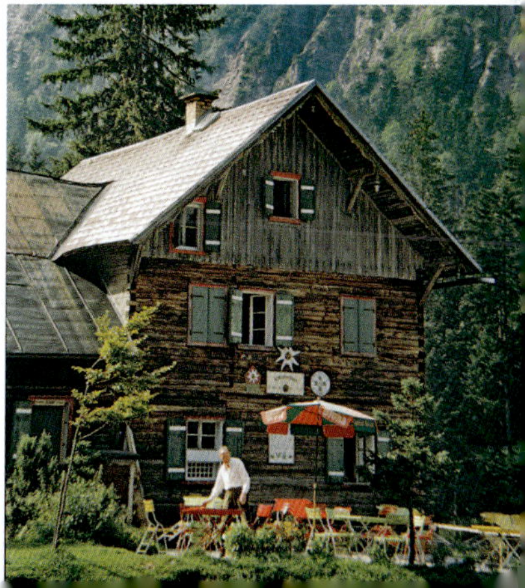

Das Almtalerhaus in der Hinteren Hetzau.

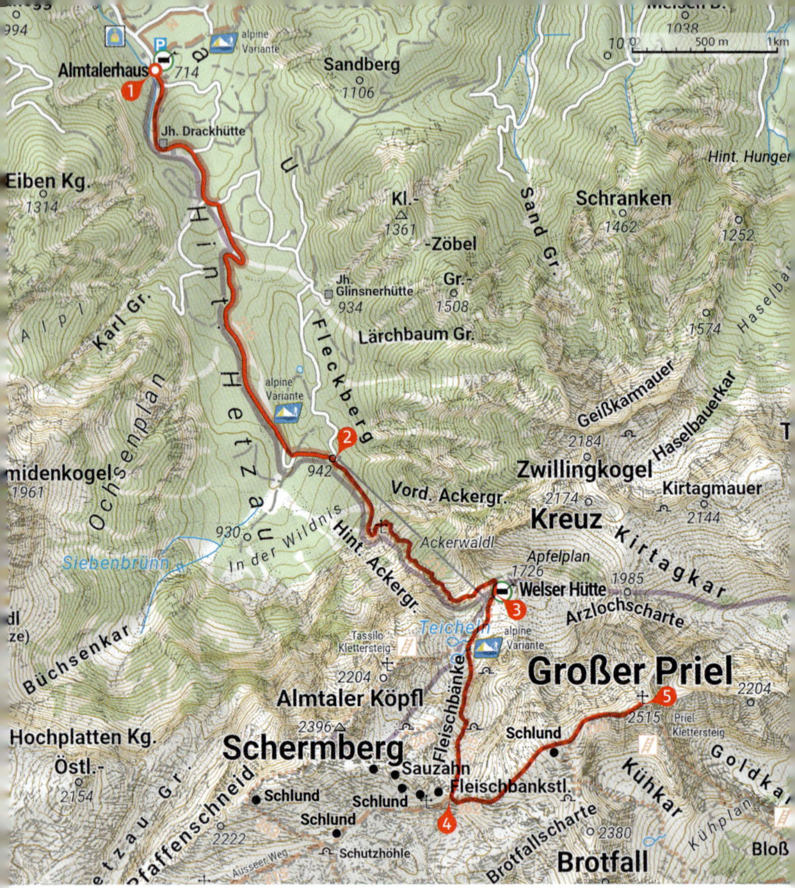

Schlucht zwischen Schermberg- und Prielmassiv und dort über Karrenplatten in einen Schuttkessel (Schneefeld). Durch ihn nach Süden aufwärts zu einer Leiter, dann über das »Hansbauernband« (Drahtseile) in das Zentrum der Schlucht mit Verzweigung. Auf Weg Nr. 215 geradeaus über Blöcke empor zum Verzweigungspunkt am **Fleischbanksattel** ❹, 2123 m. Auf Weg Nr. 262 über den breiten Südwestrücken nach links hoch zu einer Schulter (Rechtseinmündung von Weg Nr. 260), danach über den schmalen Grat (oder links von ihm) empor zum Gipfel des **Großen Priel** ❺, 2515 m (Metallkreuz mit Buch).
Abstieg entlang der Anstiegsroute.

↗ 780 m | ↘ 780 m | 12.6 km

4.00 h

Herrentisch und Pfannstein, 1423 m

18

Schaulogen überm Kremsursprung

Meine Vorliebe für die »Kleinen im Lande« kommt nicht von ungefähr, vermitteln doch bescheidene Ziele oft die besten Ausblicke auf umliegende Höhen. Herrentisch und Pfannstein sind solche Miniaturen, die sich vom Ziehbergsattel über die Gradnalm rasch und einfach besteigen lassen, mit Prachtschau auf Kremsmauer und Totes Gebirge versteht sich! Die auch für andere Unternehmungen bedeutsame Gradnalm ist leider nur noch an Wochenenden und Feiertagen geöffnet, doch für die hier gewürdigte Zweigipfeltour ist eine Einkehr dort ohnehin nicht nötig.

Ausgangspunkt: Parkplatz, 740 m, südlich überm Ziehbergsattel (»Ziehberghöhe«). Auffahrt im eigene Kfz von Steinbach oder Micheldorf zum Ziehbergsattel (680 m; Gassnerkreuz, Bushalt) und den Güterweg Schabenreith 700 m nach Süden empor zum Parkplatz unterm Waldrand, 4,5 km ab Steinbach, 7 km ab Micheldorf, 10 Gehminuten vom Ziehbergsattel.

Anforderungen: Unschwierige Tour auf bezeichneten Fahr- und Fußwegen. Für die Besteigung des Pfannsteins ist Trittsicherheit nötig. Kein Wasser unterwegs!

Einkehr: Jst. Gradnalm (keine Nächtigung, 1. Mai – 26. Okt. an Wochenenden und Feiertagen geöffnet; Tel. +43 664 2412323).

Die Gradnalm mit dem Pfannstein links darüber.

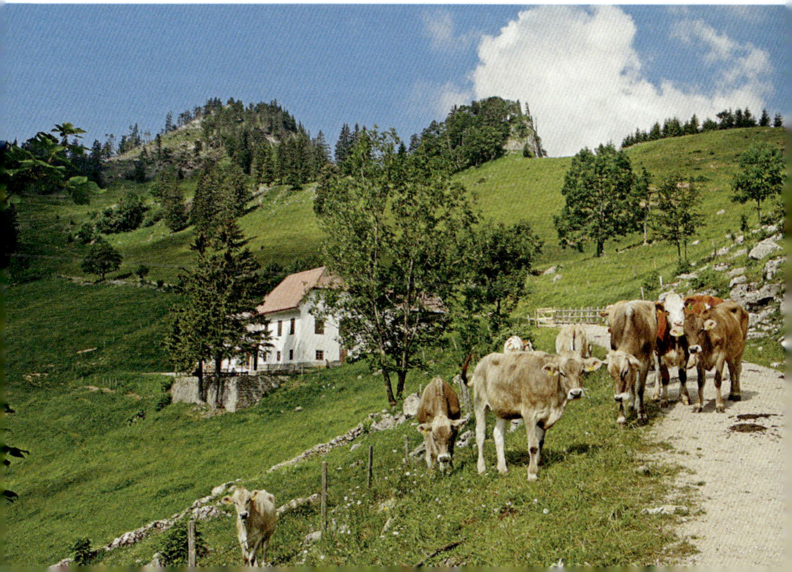

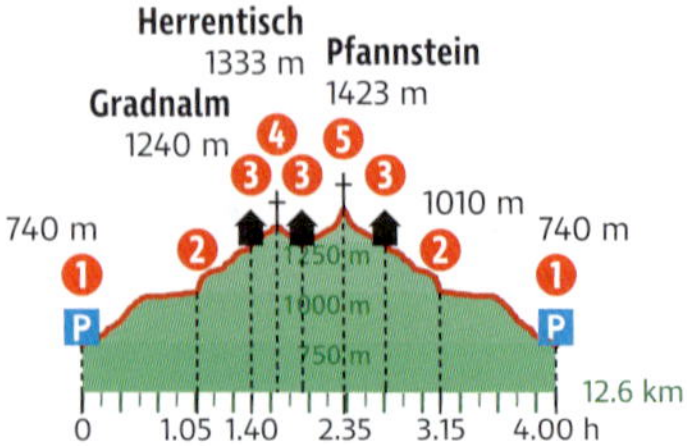

Vom **Parkplatz** ❶ die Forststraße »Stuhan« (Weg Nr. 445, K93) nach Südwesten aufwärts zu Verzweigung. Links haltend auf Fußweg entlang eines Zauns empor in den Wald. Dort, eine Forststraße mehrmals traversierend, in Windungen nach Südwesten aufwärts zu wichtiger Teilung. Rechts auf dem Güterweg weiter bergauf, dann nach links um den Nordwestrücken des Schabenreitnersteins herum in seine Südseite. Dort hoch über dem Lackergraben eben nach Südosten in die **Sattelhalt** ❷, 1010 m (Waldwiese mit Jagdhaus, Verzweigung). Kurz nach Süden hinauf zu querender Forststraße und diese (Weg Nr. 443) an den Anhängen des Herrentischs (Tiefblick in das Kremstal) nach Süden aufwärts, zuletzt nach rechts in die grüne Mulde der **Gradnalm** ❸, 1240 m (Jausenstation).

Im Anstieg auf den Herrentisch. Ganz rechts der Pfannstein.

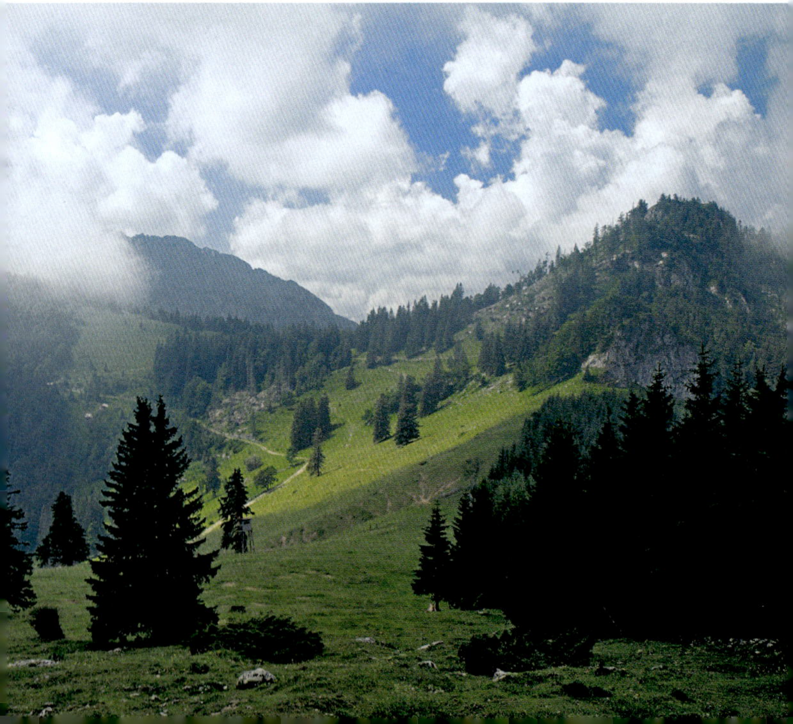

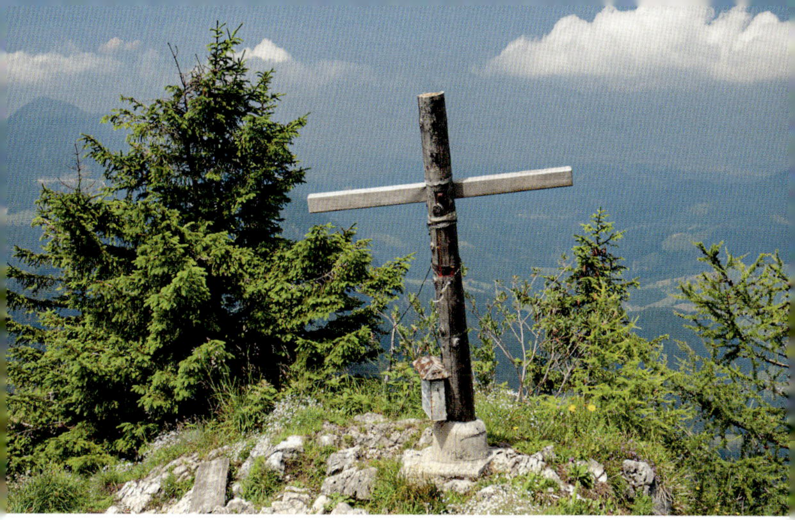

Das Gipfelkreuz am Pfannstein.

Vom Almhaus über steile Wiesen auf Steigspuren nach rechts (Norden) aufwärts zu einem Hochstand, schließlich weniger steil hinauf zum baumfreien, jedoch ringsum von Wald flankierten Gipfel des **Herrentischs** ❹, 1333 m.
Zurück zur **Gradnalm** ❸. Dort auf Weg Nr. 441 und 444 an den grasigen Abhängen des Pfannsteins nach Südwesten bergauf, später in Kehren steiler hoch und durch lichten Wald in den **Wiesensattel**, 1320 m (Verzweigung), zwischen Pfannstein und Rauhem Kalbing. Rechts den Steig Nr. 441 über den steilen Südostrücken anfangs im Wald, dann über einen Kahlschlag (Windbruch), zuletzt über Felsstufen an den flachen Gipfelrücken und knapp links von ihm weiter zum höchsten Punkt des **Pfannsteins** ❺, 1423 m (Kruzifix und Buch).
Abstieg entlang der Anstiegsroute.

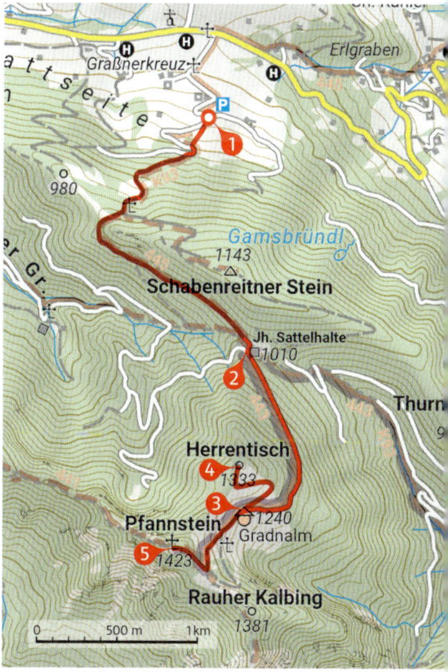

↗ 900 m | ↘ 900 m | 9.5 km

19 Hochsalm, 1405 m, und Mittagstein, 1262 m

5.00 h

Waldberge zwischen Krems- und Almtal

Sie sind Ausläufer des Kremsmauer-Massivs im Norden des Toten Gebirges und werden außer im Frühling und Spätherbst kaum besucht, obwohl sie den Bergfreund mit Stille und intakter Natur beglücken. Die etwas anstrengenden Steilanstiege auf diese Höhen lohnen der prächtigen Rundumblicke wegen, wobei diesbezüglich der niedrigere den höheren Gipfel in den Schatten stellt. Denn die Schau vom Mittagstein auf Totes Gebirge, Krems- und Falkenmauer ist einfach Klasse und fasziniert auch verwöhnte Besucher.

Ausgangspunkt: Mittagstein-Parkplatz, 670 m, am Waldrand südwestlich oberhalb von Steinbach. Zufahrt über den asphaltierten Güterweg Ottenau durch den Spießengraben, 2 km von Steinbach.
Anforderungen: Unschwierige, der Steilheit des Geländes wegen aber anstrengende Tour. Trittsicherheit nötig. Nur bei trockenen Verhältnissen!
Einkehr: Keine.
Variante: Geübte können im Abstieg vom Mittagstein bei gleichem Zeitaufwand auch die bezeichnete, extrem steile Route über die Jagdhütte Gschlachtl wählen.

Vom **Parkplatz Mittagstein** ❶ den Fahrweg Nr. 439 durch eine Lärchen-Allee am Oberrand der Wiesen nach Südosten aufwärts und nach rechts in den steilen bewaldeten **Spießengraben**. An seiner rechten Seite nach Südwesten empor zu einem Güterweg und auf ihm, die Grabensohle querend, nach links zu einer Verzweigung. Rechts ab und auf bezeichnetem Steig links der Grabensohle, eine Forststraße (Quelle) traversierend, hinauf in die Dolinenmulde der **Wolfswiese**, wo neuerlich eine Straße gequert wird. Auf breitem Fußweg kurz nach links hinab zu einer **Jagdhütte** ❷ mit

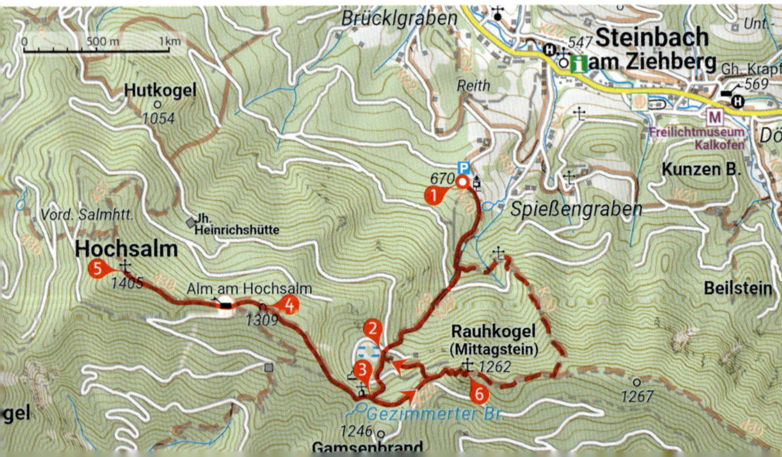

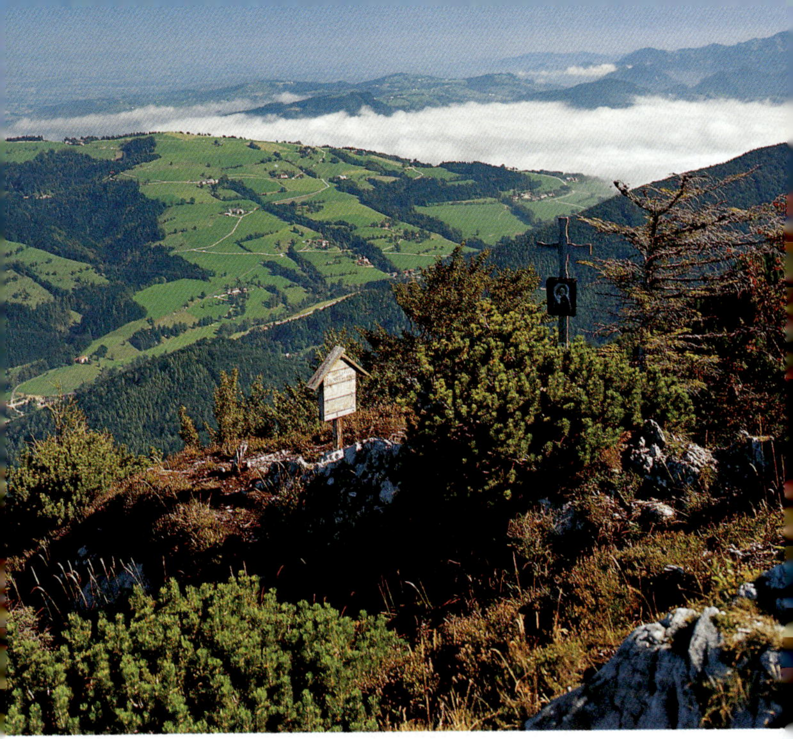

Am Gipfel des Mittagsteins mit Tiefblick nach Nordosten auf das Alpenvorland.

Verzweigung. Den blau bezeichneten schlechten Steig geradeaus über die felsdurchsetzte Waldflanke sehr steil nach Süden hoch und nach rechts zu einer Verzweigung. Noch 20 m weiter in den **Sattel** ❸, 1155 m (Holzkapelle »Maria Schutz«), zwischen Gamsenbrand und Hochsalm mit der ergiebigen Quelle beim **»Gezimmerten Brunnen«** jenseits unterhalb. Auf bezeichnetem Steig über den zum Hochsalm ansteigenden Waldrücken unter einer löchrigen Wand nach Nordwesten hoch, dann am gratartigen Kamm steil weiter, zuletzt fast eben auf die **Waldkuppe** ❹, P. 1309. Jenseits hinab zur Linkseinmündung von Weg Nr. 438, nahe der geschlossenen Hochsalmalm-Hütte. Mit ihm über den Rücken in den Sattel vor dem Gipfelaufbau. Am Oberrand eines Kahlschlags (Blick auf Kremsmauer, Sengsengebirge, Großen Priel und Schermberg) hoch, dann im Wald zu einer Anhöhe. Über den sich verschmälernden Rücken eben fort, zuletzt steil auf den licht bewaldeten Gipfel des **Hochsalm** ❺, 1405 m (Vermessungsstein von 1811, Gipfelkreuz, Buch).

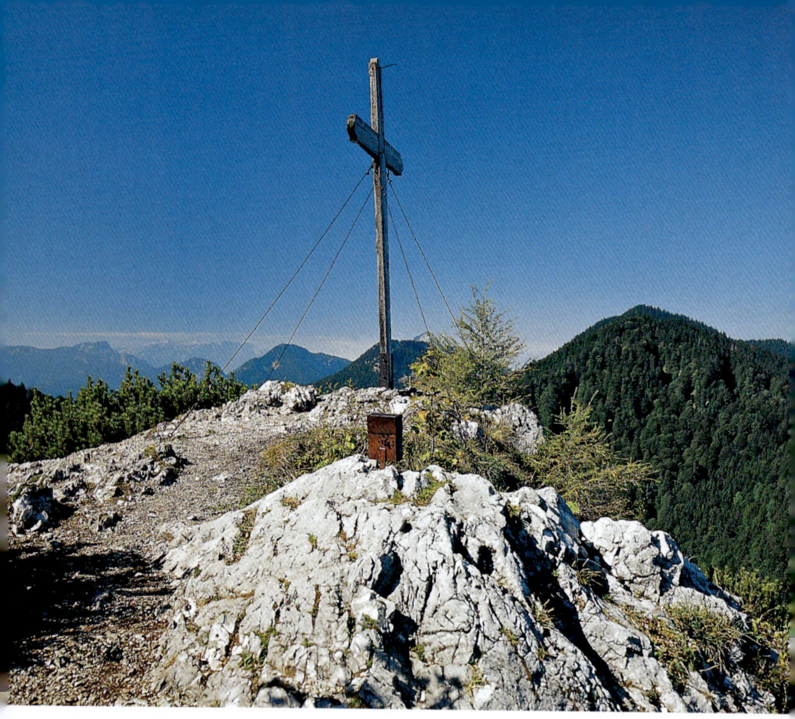

Der sonst dicht bewaldete Mittagstein überrascht mit einem 360-Grad-Gipfelpanorama.

Zurück in den **Sattel 3**, 1155 m, beim **»Gezimmerten Brunnen«** und zur Verzweigung 20 m östlich von ihm. Den rot bezeichneten Steig quer durch die bewaldete Nordflanke des Gamsenbrand eben nach rechts (Nordosten) und abwärts in den Sattel, 1150 m, vor dem Mittagstein, wo von links Weg Nr. 439 einmündet. Mit ihm über den steilen Waldrücken in Kehren nach Osten hoch, zuletzt durch Latschen auf den **Mittagstein 6**, auch »Rauhkogel«, 1262 m (zwei Gipfelkreuze, Buch).

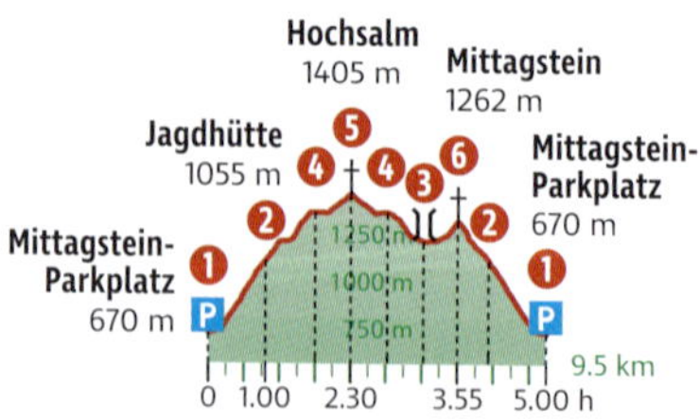

Wieder hinab in den Sattel, 1150 m, westlich des Gipfels. Dort den bezeichneten Weg Nr. 439 durch einen Waldgraben nach rechts (Westen) hinab zur **Jagdhütte 2** nahe der Wolfswiese. Weiter auf bekannter Route zum **Parkplatz Mittagstein 1**.

↗ 540 m | ↘ 540 m | 11.6 km

3.30 h

Pernecker Kogel, 1080 m

20

Wanderfreuden am nördlichsten Alpenwall

Für Aktivitäten im Frühling oder spät im Herbst ist der Pernecker Kogel das geeignete Ziel. Man kann ihm sowohl von Norden, an der Ruine Seisenburg vorbei, oder wie hier vom südlich gelegenen Erholungsort Steinbach am Ziehberg auf den Leib rücken. Sein bewaldeter Gipfel wartet zwar mit keiner Rundsicht auf, doch von den im An- und Abstieg berührten Blumenwiesen genießt man umso prächtigere Ausblicke auf die Höhen des Krems- und des Almtales.

Ausgangspunkt: Ghf. Krapfenmühle, 569 m (Bushalt, Parkplatz), an der Straße über den Ziehbergsattel, 1 km östlich vom Ortszentrum Steinbach.
Anforderungen: Einfache Wanderung auf nicht immer gut bezeichneten Fahr- und Fußwegen. Bei Nässe abzuraten!
Einkehr: Unterwegs keine Einkehr. Ghf. Krapfenmühle-Ratzinger (keine Nächtigung, ganzj. geöffnet, Mo. Ruhetag, Tel. +43 7582 7203, https://gasthaus-krapfenmuehle.darstellung.at).

Vom **Ghf. Krapfenmühle** ❶ den asphaltierten Güterweg Sonnberg (Weg K23) 50 m nach Norden aufwärts zu einer Teilung. Links den Fahrweg Wiesbauer westwärts zur nächsten Verzweigung. Halb rechts die asphaltierte Bergstraße (Weg K23), am **Ederhof** vorbei, über Wiesen in Kehren nach Norden empor in den Wald. Dort auf Naturstraße nach 50 m zur nächsten Verzweigung. Halb rechts den Güterweg (K23) am Südrücken des Pernecker Kogels aufwärts zu einer aussichtsreichen **Wiesenschulter** ❷, 820 m (Traunsteinblick!). Wieder in den Wald und dort steiler hoch, bis der Rücken nach links verlassen wird. Die Westflanke des Eiskogels querend, in Nordrichtung aufwärts an den Südostrücken des Pernecker Kogels und in den Sattel beim **»Ederbild«** ❸, 1050 m (Bänke, Kruzifixe), zwischen ihm und dem um wenige Meter höheren Eiskogel. Den querenden Waldfahrweg (Weg 11/K23) über den Rücken zu einer Verzweigung und rechts haltend bald zur nächsten Teilung. Geradeaus den Fußweg 13/K32 über den Rücken aufwärts zum Waldgipfel des **Pernecker Kogels** ❹, 1080 m (Kruzifix und Buch).

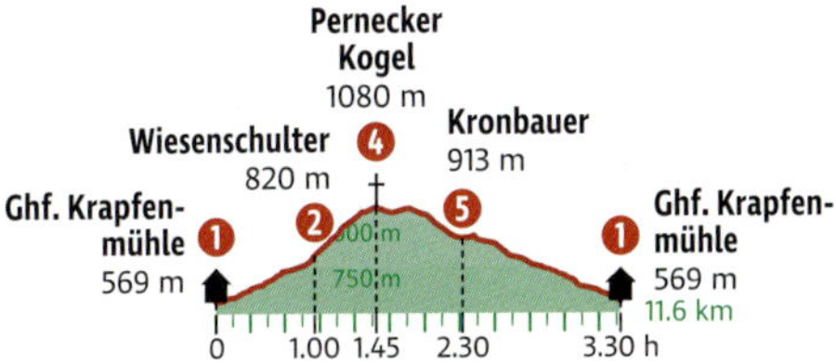

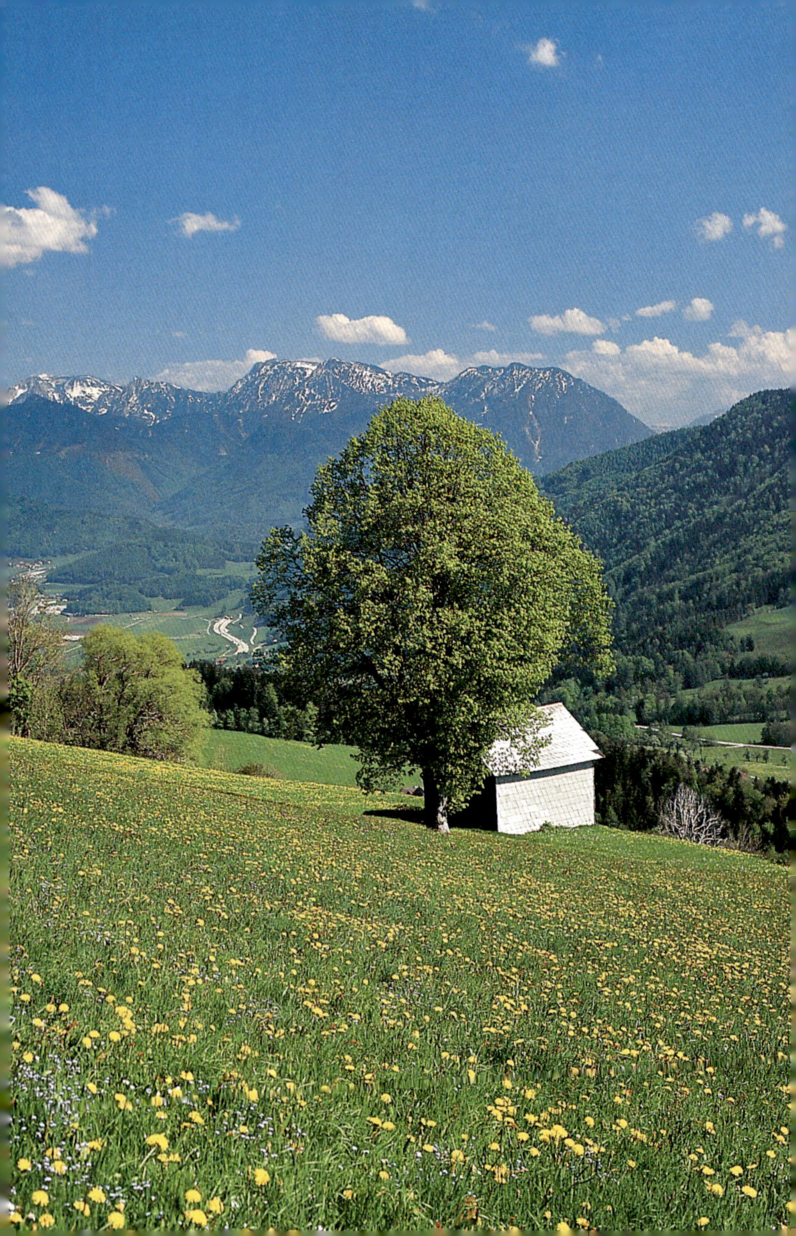

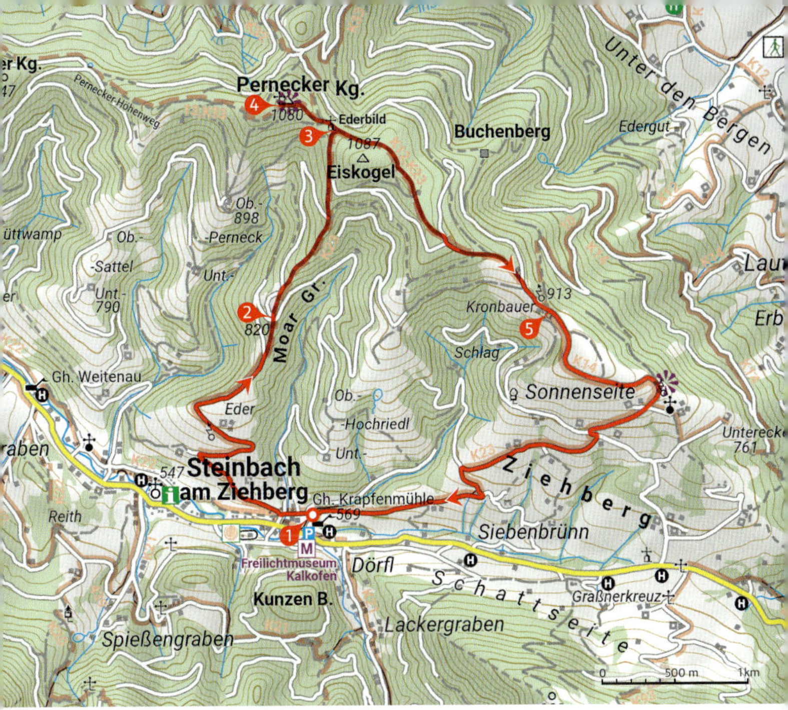

Zurück in den Sattel beim **»Ederbild«** ❸. Geradeaus den rot bezeichneten Waldfahrweg 10/K12/K23, die Eiskogel-Nordflanke querend, nach Osten hinauf zu einer Schulter und eben weiter an den Südostrücken des Berges. Über ihn, an einer Lichtung (Holzhütte) vorbei, bergab, später durch lichten Lärchenwald hinaus zu freien Wiesen (Blick auf Sengsengebirge und Kremsmauer). Über diese hinab zu einer Forststraße, auf ihr zu einem Sendemast, danach auf der Asphaltstraße in den Sattel beim Vierkanthof **Kronbauer** ❺, 913 m. Auf dem asphaltierten **Güterweg Sonnberg** (Weg K23) am breiten Wiesenrücken kurz bergauf, dann stetig abwärts zu aussichtsreicher Schulter (Paraglider-Startplatz, Blick in das Kremstal mit den Stiften Kremsmünster und Schlierbach). Nach rechts in die Südseite des Berges und dort nach Südwesten hinab zu einer Teilung. Rechts haltend die Straße (Weg K23) in langer Hangquerung abwärts zum **Ghf. Krapfenmühle** ❶.

Im Abstieg vom Pernecker Kogel. Blick über das Steyrtal hinweg gegen das Sengsengebirge.

↗ 570 m | ↘ 570 m | 13.2 km

21 Rettenbachwildnis und Hoisnradalm, 968 m

4.30 h

Tosende Wasser und liebliches Almgefilde

Ein Besuch der an den Abhängen des Ischler Salzberges hoch über der Rettenbachschlucht gelegenen Hoisnradalm darf hier nicht fehlen. Wo im Umkreis gibt es lieblichere Wiesenparadiese, prächtigere Aussichtsbalkone? Und wo ein genussreicheres Rasten, Genießen und Schauen als im Gastgarten Hoisnrad? Der Anstieg aus dem Stadtgebiet von Bad Ischl über Rettenbachmühle und Gschwendtalm, an den schäumenden Wassern der Rettenbachwildnis vorbei, ist abwechslungsreich und ohne größere Beschwernisse.

Ausgangspunkt: Der Bahnhof im Osten des Stadtzentrums von Bad Ischl, 469 m.
Anforderungen: Unschwierige Wanderung auf markierten Fahr- und Fußwegen.
Einkehr: Zahlreiche Gastbetriebe in Bad Ischl. Almgasthaus Hoisnradalm (keine Nächtigung, 1. Mai – 31. Okt. geöffnet, Tel. +43 699 1599 1228, www.hoisnradalm.at).
Hinweis: Startet man die Tour am Parkplatz vor dem ehem. Gasthof Rettenbachmühle 4 in Hinterstein (2,5 km vom Stadtzentrum Bad Ischl), spart man gut 1 Std. Gehzeit.

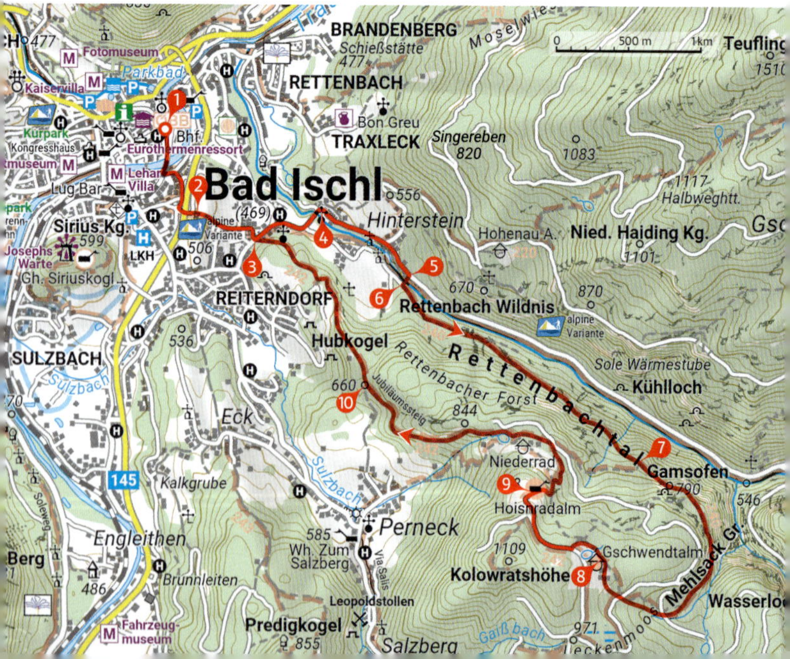

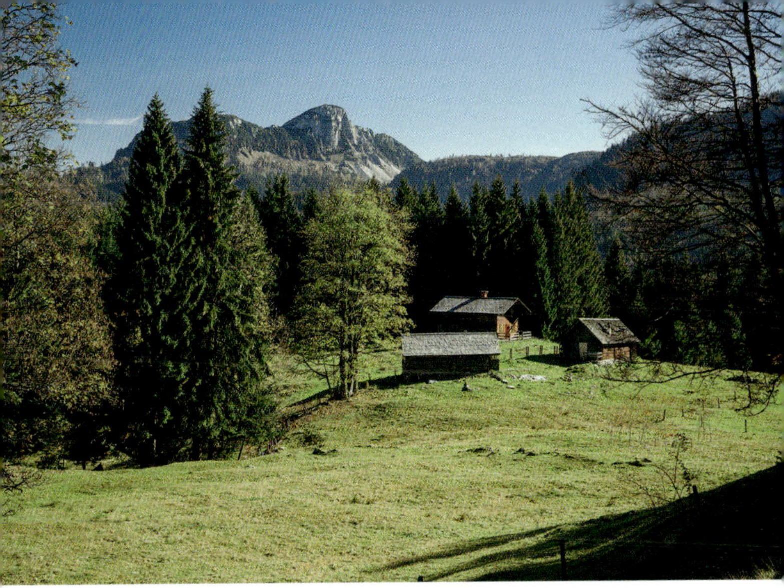

Die idyllisch gelegene Gschwendtalm am Weg zur Hoisnradalm.

Vom **Bahnhof Bad Ischl** ❶ südwärts über einen Parkplatz zur Bahn- und Fußgängerbrücke über die Traun und jenseits zu einer Querstraße. Nach links über ein Bahngleis in die Max-Quell-Gasse und diese nach 50 m zu einem Rechtsschwenk. Eine Stiege nach Süden hoch, dann durch die Kochgasse zur querenden Dr.-Sterz-Straße. Auf ihr links haltend über die Ischl-Umfahrung hinweg zu einer Rechtskurve. Links den Stiegenweg Nr. 5 ostwärts empor zu einer Anhöhe und rechts zum **»Dr.-Sterz-Abendsitz«** ❷, 508 m, mit einigen Sommerlinden. Jenseits der Anhöhe ostwärts hinab nach **Reiterndorf** ❸ und durch den Ort zur querenden Rosenkranzgasse, an der Stelle, wo jenseits der »Kaiser-Jubiläumssteig« einmündet. Die Autostraße nach links abwärts zum Parkplatz beim ehem. **Ghf. Rettenbachmühle** ❹, 483 m, gleich nach der Rettenbachbrücke.
Weiterhin auf der Asphaltstraße, an den Häusern von **Hinterstein** vorbei, ostwärts gegen das Rettenbachtal bergauf zum Waldrand mit Rechtsabzweigung ❺ von Fußweg Nr. 240 nach dem letzten Haus. Den breiten Waldweg ostwärts anfangs eben dahin, dann über Holzstufen hinab in die Klamm der **Rettenbachwildnis** (Brücke) und jenseits in Kehren hoch zu querendem Waldfahrweg ❻. Diesen links haltend in langer Wanderung an den Abhängen gegen die Rettenbachschlucht nach Südosten aufwärts zu einer **Verzweigung** ❼, 770 m (Bank; Rechtsabzweigung eines Direktweges zur Hoisnradalm). Hier geradeaus durch eine kurze (künstliche) Felsgas-

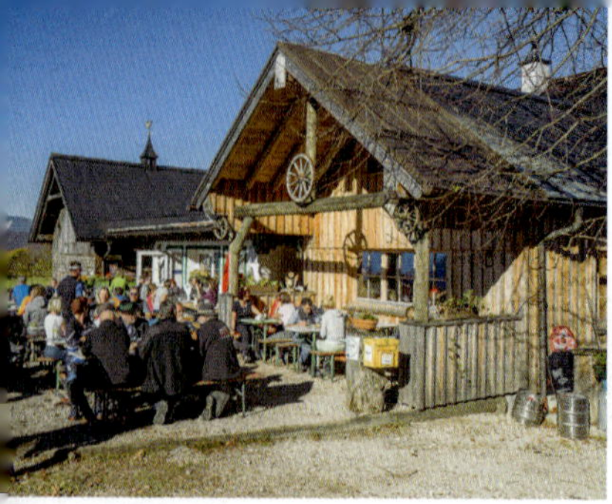

Auch im Spätherbst wird die Hoisnradalm noch rege besucht.

se, dann am mächtigen Höhleneingang zum **Gamsofen**, 790 m, und der nächsten Rechtsabzweigung zur Hoisnradalm vorbei, weiter bergauf, schließlich nach rechts herum in die gegen den Mehlsackgraben gerichtete Steilflanke hinein. Hoch über der Grabensohle durch einen kurzen Tunnel, dann auf luftigem künstlichem Felsband eine Steilwand querend, südwärts in wieder gemäßigtes Waldgelände. Nach rechts in einen seichten Waldgraben und dort, eine Forststraße zweimal kreuzend, nach Nordwesten empor zu den Wiesen und Holzhütten der **Gschwendtalm** 8, 980 m. Links haltend empor zur querenden Forststraße am Oberrand der Wiese. Die rot bezeichnete Straße mit Weg Nr. 242 eben nach rechts in den Wald und dort nordwestwärts zu einer Gabelung (links auf die Kolowratshöhe). Die Straße kurz nach rechts (Norden) hinab zur aussichtsreichen Wiesenschulter beim **Almgasthaus Hoisnradalm** 9, 968 m. Herrlicher Tiefblick auf Bad Ischl mit Katrin, Zwölferhorn, Schafberg und Leonsberg darüber. Im Norden das Höllengebirge, im Osten der Canyon des Rettenbachtals, darüber die Höhen des Toten Gebirges.

Vom Gasthaus Hoisnradalm auf Weg Nr. 242 (»Kaiser-Jubiläumssteig«) gegen das innere Rettenbachtal über eine Wiese in Kehren nach Osten hinab in den Wald und dort weiter zu einer Verzweigung. Rechts ab und im Wald vorerst nordwärts, dann im Linksbogen, unterhalb der Niederradalm vorbei, schließlich einem lang gestreckten Waldrücken folgend nach Nordwesten hinunter in den **Sattel** 10, 660 m, vor dem Hubkogel mit Querweg. Diesen rechts haltend, an der Engelswand und oberhalb eines Steinbruchs (Bänke) vorbei, zu einer Gabelung. Rechts haltend in Kehren hinab zur Rosenkranzgasse in **Reiterndorf** 3 und auf bekanntem Weg zum Bahnhof **Bad Ischl** 1.

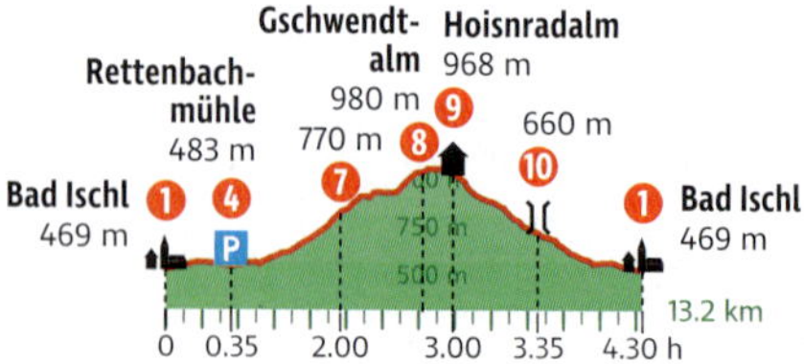

Im Anstieg zur Hoisnradalm: die kurze Tunnel-Passage an der Steilflanke gegen den Mehlsackgraben.

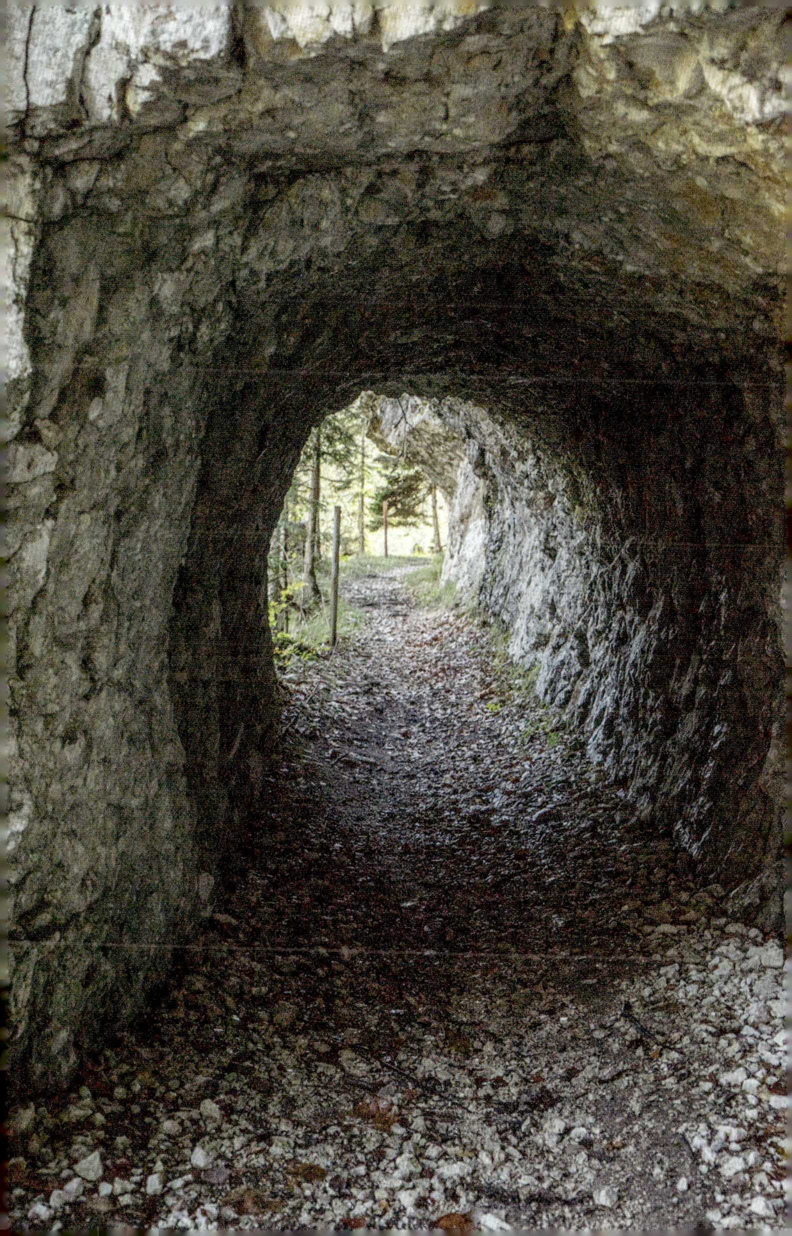

↗ 1600 m | ↘ 1600 m | 18.3 km

22 Ischler Hütte und Schönberg (Wildenkogel), 2093 m

9.00 h

Nur bei Sonne eine Wonne

Der Schönberg gilt als einer der besten Panoramapunkte im westlichen Toten Gebirge, was durch das Vorhandensein markierter Zugangswege aus dem Rettenbachtal ebenso wie aus dem Schwarzenbachgraben belegt wird. Das Fehlen größerer Schwierigkeiten und die Annehmlichkeit eines bewirtschafteten Stützpunkts lassen den hier gewürdigten Südzugang von der Rettenbachalm her für ambitionierte Bergwanderer interessant erscheinen.

Ausgangspunkt: Rettenbachalm im mittleren Rettenbachtal, 636 m (Großparkplatz vor der Alm, bei der Brücke über den Jaglingbach). Zufahrt von Bad Ischl mit eigenem Kfz auf Naturstraße, 10 km.
Anforderungen: Unschwierige, aber anstrengende Tour. Zwischennächtigung auf der Ischler Hütte empfohlen. Nur für trittfeste Geher bei sicherem Wetter!
Einkehr: Gasthaus Rettenbachalm (keine Nächtigung, im Nov. geschlossen, sonst ganzj. 10.30–19 Uhr, Sa. und So. bis 21 Uhr geöffnet, Mi. Ruhetag, Tel. +43 6132 23631, www.rettenbachalm.co.at), Jst. Lippenbauernhütte (keine Nächtigung, 15. Mai – 15. Okt. ab 12 Uhr geöffnet, Tel. +43 664 4220513, www.hüttenmax.at/huetten/lippenbauernhuette), Ischler Hütte (20 B., 20 L., 20 Notlager, 1. Juni – 30. Sept. durchgehend, im Mai und Okt. an Schönwetter-Wochenenden geöffnet; Tel. +39 3622 71148, www.alpenverein.at/bad-ischl).
Variante: An heißen Tagen lohnt als Zugang zur Ischler Hütte der über steile Waldhänge in Kehren zur Höhe führende Weg Nr. 211a aus dem inneren Rettenbachtal. Etwa gleicher Zeitaufwand.

Die gemütliche Ischler Hütte auf der Schwarzenbergalm.

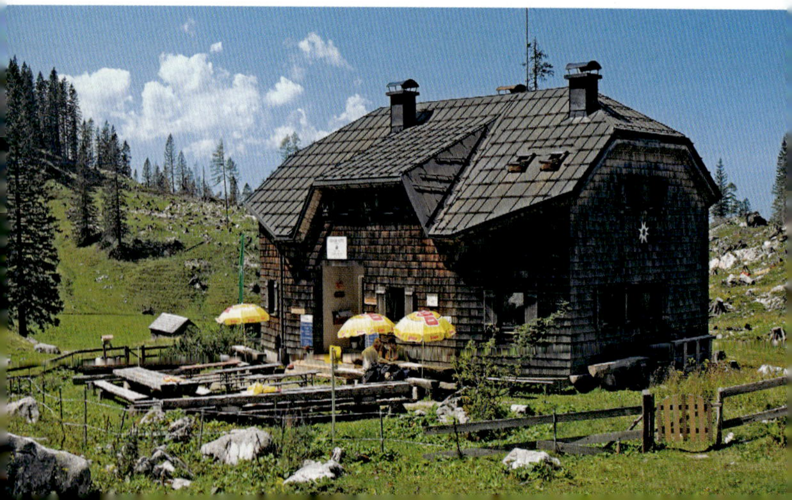

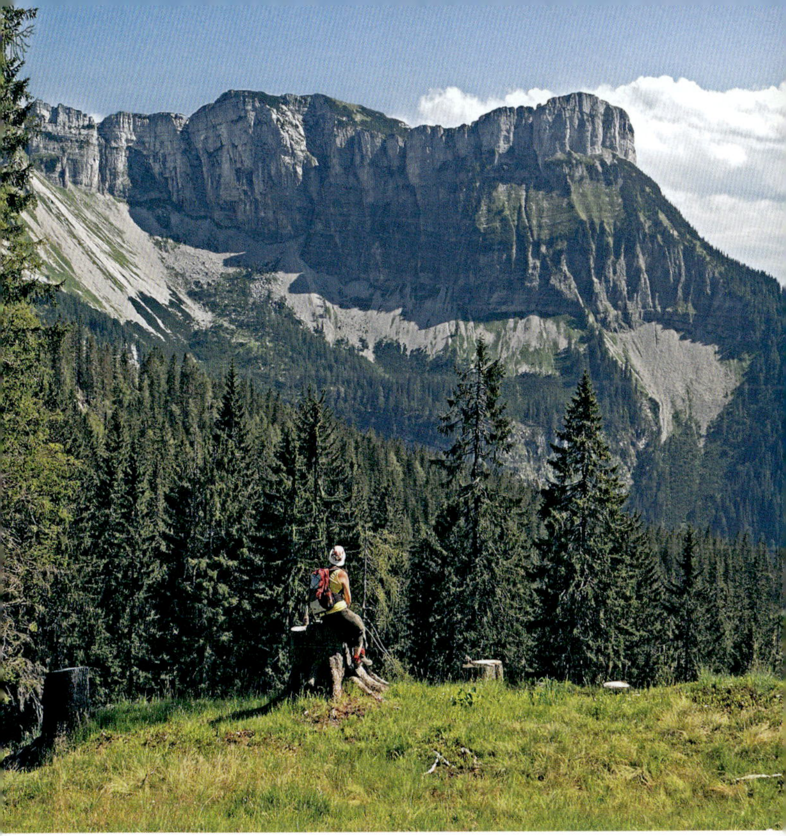

Rast am Beerensattel mit Blick nach Südosten zum Loser.

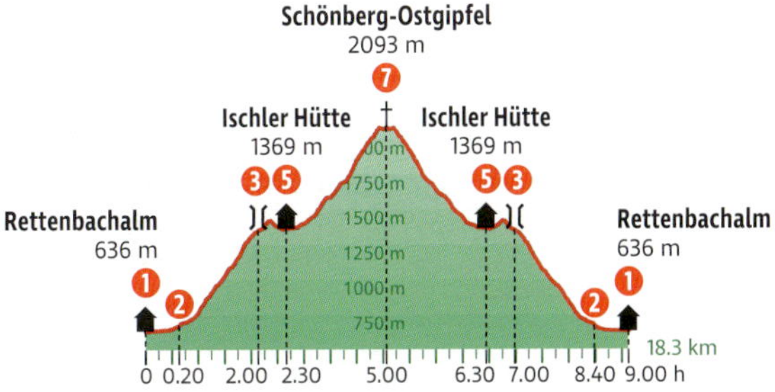

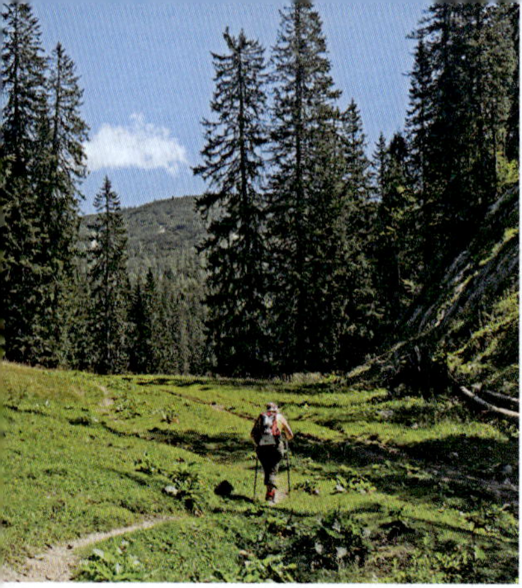

Anstieg in die Senke zwischen Sattel- und Ahornkogel.

Vom Parkplatz **Rettenbachalm** ❶ die abgeschrankte Naturstraße mit Weg Nr. 211, am Gasthaus Rettenbachalm und an der Jst. Lippenbauernhütte vorbei, über die ebene Wiese schnurgerade nach Osten zur **Solewärmstube**, dann durch Wald nach rechts (Süden) aufwärts zur **Verzweigung** ❷ unmittelbar vor der schluchtartigen Verengung des Rettenbachtals. Links die Forststraße mit Weg Nr. 211 im Wald 500 m gegen den **Kargraben** aufwärts zur nächsten Verzweigung. Rechts ab und auf bezeichnetem Fußweg südwärts über steile Waldhänge hinauf zum Unterrand einer riesigen Windbruchzone (Bank). Über diese, einen Waldfahrweg kreuzend, in Kehren und Querungen nach Süden hoch, dann nach links an einen Waldrücken (Bank, schöner Tiefblick zur Rettenbachalm). Über den steilen felsig-bewaldeten Rücken nach Nordosten aufwärts, zuletzt, eine Waldflanke querend, nach rechts (Osten) empor zur Waldwiese am **Sattel** ❸, 1360 m, zwischen Sattelkogel und Ahornkogel, wo von rechts Weg Nr. 211a einmündet. Auf gutem Fußweg durch Wiesen und lichten Baumbestand nach Nordosten

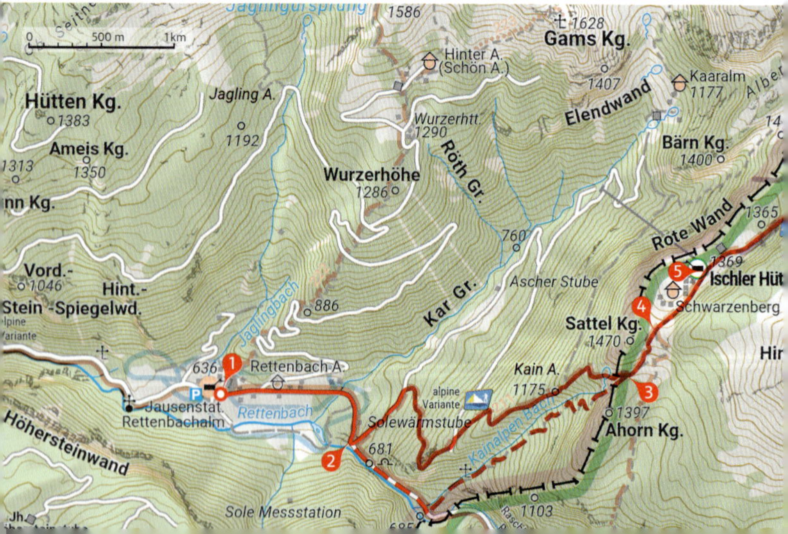

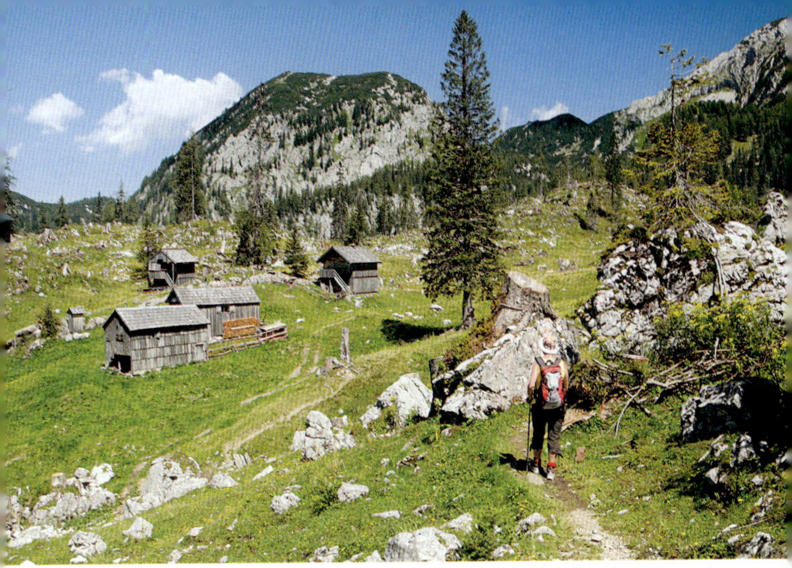

Das Hüttendorf der Schwarzenbergalm von Südwesten betrachtet.

hinauf in den **Beerensattel** ❹, 1428 m (Bank, Verzweigung), östlich des Sattelkogels. Jenseits hinab in die große Dolinenmulde der **Schwarzenbergalm** und schließlich an ihrer rechten Seite eben zu der inmitten des Hüttendorfs stehenden **Ischler Hütte** ❺, 1369 m.

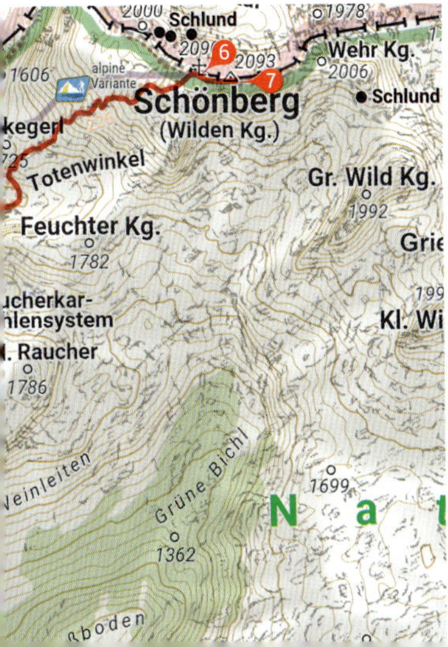

Den Weg Nr. 211 durch lichten Baumbestand nach Nordosten aufwärts in eine grüne Mulde mit Verzweigung. Rechts auf Weg Nr. 226 über eine Felsstufe (zwei kurze exponierte Passagen) nach Osten hoch. Vor Erreichen des felsigen **Totenwinkels** gegen das markante Altarkegerl im Linksbogen bergauf, dann durch Latschen und über Wiesen nach Nordosten empor auf den Westgipfel des **Schönbergs** ❻, 2090 m (Kruzifix). An einer kurzen gesicherten Stelle vorbei weiter auf den etwas höheren **Ostgipfel** ❼, 2093 m.

Abstieg entlang der Anstiegsroute.

TOP

23 Predigstuhl, 1278 m, und Goiserer Höhenweg

↗ 550 m | ↘ 550 m | 5.9 km

3.00 h

Wander- und Schaugenüsse über Bad Goisern

Der Predigstuhl gehört zu den höhenmäßig zwar bescheidenen, aber allemal attraktiven Gipfelzielen des Salzkammergutes. Der Ausgangspunkt, der neben dem Lesehotel Bad Goisern gelegene Parkplatz Predigstuhl auf der Wiesenschulter »Wurmstein«, bietet schon für sich ein lohnendes (Auto-)Ziel. Der teilweise gesicherte Anstieg über den »Radsteig« zur luftigen Felskanzel ist unschwierig, erfordert aber Trittsicherheit. Eine Attraktion ist der abschließende »Goiserer Höhenweg«. Auf ihm werden die lotrechten Abstürze der »Ewigen Wand« auf breitem, aus dem Fels gesprengtem Band gequert – eine im Salzkammergut einzigartige Passage.

Ausgangspunkt: Parkplatz Predigstuhl, 973 m, auf der aussichtsreichen Geländeschulter Wurmstein gelegen. Auffahrt von Bad Goisern mit eigenem Kfz über die gut ausgebaute, asphaltierte »Panoramastraße«, 6 km.
Anforderungen: Unschwierige Tour, jedoch Trittsicherheit und Schwindelfreiheit nötig. Bei Nässe abzuraten!
Einkehr: Am Ausgangspunkt das Lesehotel Bad Goisern von Austrian Hideaways (40 B., ganzj. geöffnet, Tel. +43 699 10483020, www.lesehotel.at; Restauration auf Anfrage!).

Vom **Parkplatz Predigstuhl** ❶ kurz nach Norden hinauf zu einer Forststraße und diese nach links zu einer Verzweigung. Rechts weiter, dann auf dem **»Radsteig«** ❷, Weg Nr. 246, rechts ab und durch Wald nordwärts in steilen Kehren hoch, schließlich über eine 50 m hohe Wand (Drahtseile) empor zum **Sattel** ❸, 1060 m, westlich des Predigstuhls mit Wegverzweigung. Jenseits durch Wald nach rechts aufwärts an den Nordrücken und rechts haltend über ihn, zuletzt über steile Felsen empor zum Gipfel des **Predigstuhls** ❹, 1278 m (Gipfelbuch).

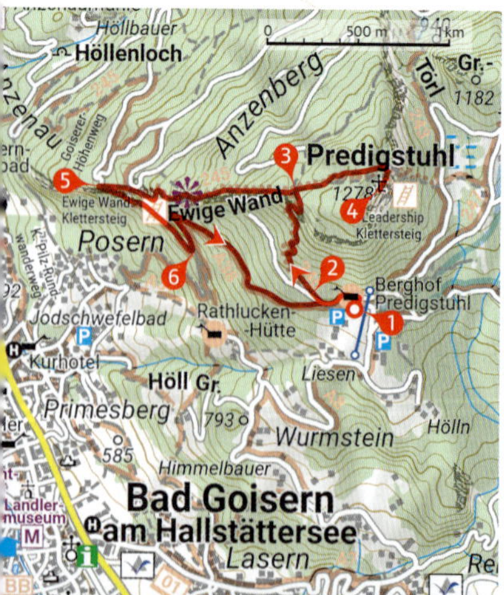

Zurück in den **Sattel** ❸ westlich des Predigstuhls. Den Weg Nr. 245 am bewaldeten Westrücken des Berges geradeaus abwärts zu einer Forststraßenkehre, dann zur Linkseinmündung des »Ewige-Wand-Klettersteigs« und kurz danach zur Linksabzweigung, 780 m, des **»Goiserer Höhenweges«** ❺. Auf ihm erst nach Süden, dann um eine Bergkante nach links herum in die

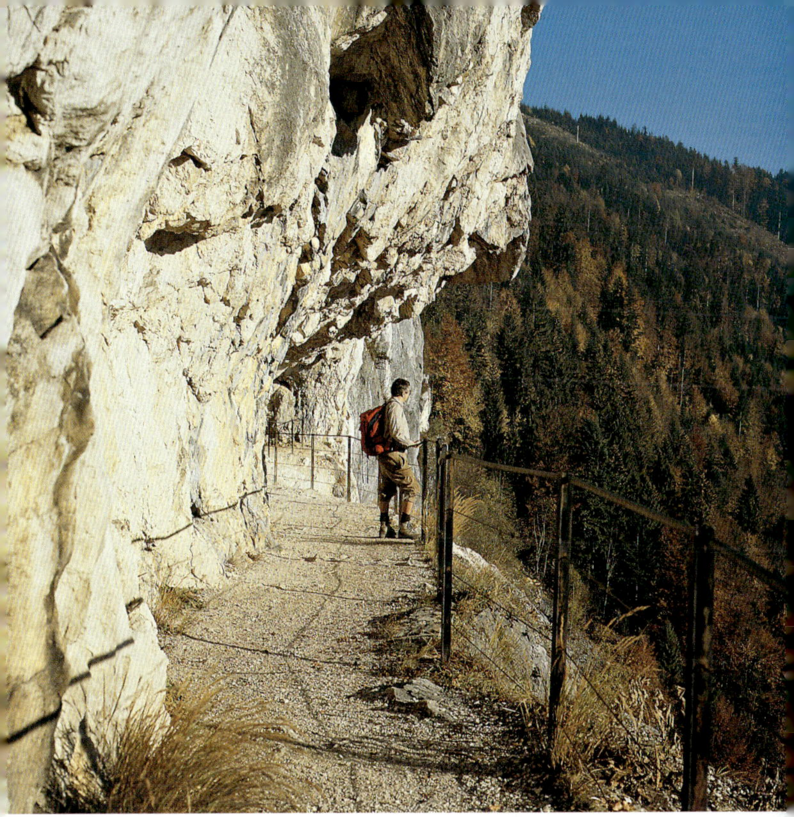

Der Goiserer Höhenweg führt mitten durch die lotrechten Abstürze der Ewigen Wand.

Steilabstürze der »Ewigen Wand« hinein. Auf dem breiten künstlichen Band (Tunnels) in herrlicher Höhenwanderung quer durch die lotrechte Wand, danach wieder in den Wald und dort nach ca. 300 m zu wichtiger **Verzweigung** 6. Scharf links ab (!) und einen Karrenweg vorerst 300 m nach Nordwesten, dann in Südostrichtung aufwärts zu querender Forststraße und diese nach rechts zu einer Verzweigung.

Auf dem Fußweg nach rechts (Süden) hinab zum **Parkplatz Predigstuhl** 1.

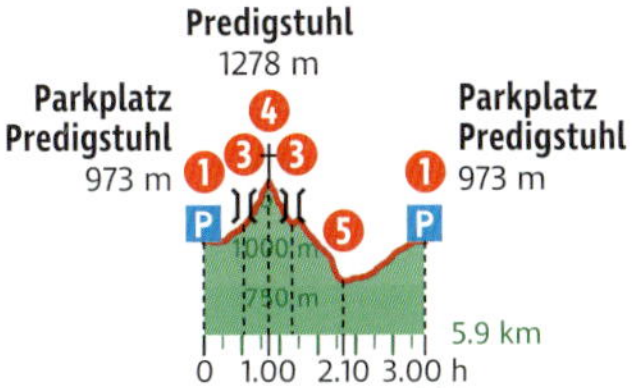

↗ 300 m | ↘ 300 m | 8.2 km

24 Hütteneckalm, 1240 m

2.45 h

Renommierte Aussichtsloge gegenüber Kalmberg und Dachstein

Was die Gößler Alm (siehe Tour 50) für das steirische Salzkammergut, das ist die Hütteneckalm für den oberösterreichischen Anteil, ein Ort erlesener alpiner Schönheit. Den Prachtblick auf Hallstätter Gletscher und Dachstein hat schon der Biedermeier-Maler Ferdinand Waldmüller in einem seiner Bilder verewigt. In zwei Dingen ist die Hütteneckalm ihrem steirischen Pendant überlegen: Sie kann ohne allzu große Anstiegsmühen im Zuge einer kleinen Wanderung erreicht werden und bietet außerdem die Annehmlichkeit eines bewirtschafteten Stützpunktes. Der zu ihr emporführende Weg wurde in den 1970er-Jahren im Bereich der Zwerchwand durch einen Felssturz verschüttet, danach aber wieder gangbar gemacht.

Ausgangspunkt: Parkplatz Predigstuhl, 973 m, auf der aussichtsreichen Geländeschulter Wurmstein gelegen. Auffahrt von Bad Goisern mit eigenem Kfz über die gut ausgebaute, asphaltierte »Panoramastraße«, 6 km.
Anforderungen: Problemlose Wanderung auf gut bezeichneten Wegen.
Einkehr: Am Ausgangspunkt das Lesehotel Bad Goisern von Austrian Hideaways (40 B., ganzj. geöffnet, Tel. +43 699 10483020, www.lesehotel.at; Restauration auf Anfrage!), Alpengasthof Hütteneckalm (keine Nächtigung, 15. Mai – 25. Okt. geöffnet, Mo. und Di. Ruhetag, Tel. +43 664 4215560, +43 664 4253492 und +43 6135 21456, www.hueteneckalm.at).
Hinweis: Neben dem Alpengasthof Hütteneck steht das zur Erinnerung an einen Besuch Kaiserin Elisabeths errichtete »Sissi-Salettl« (Aussichtspavillon).

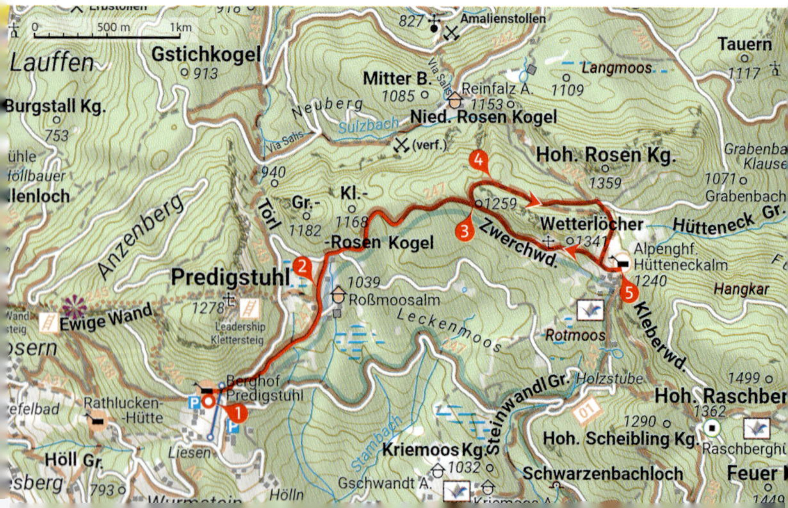

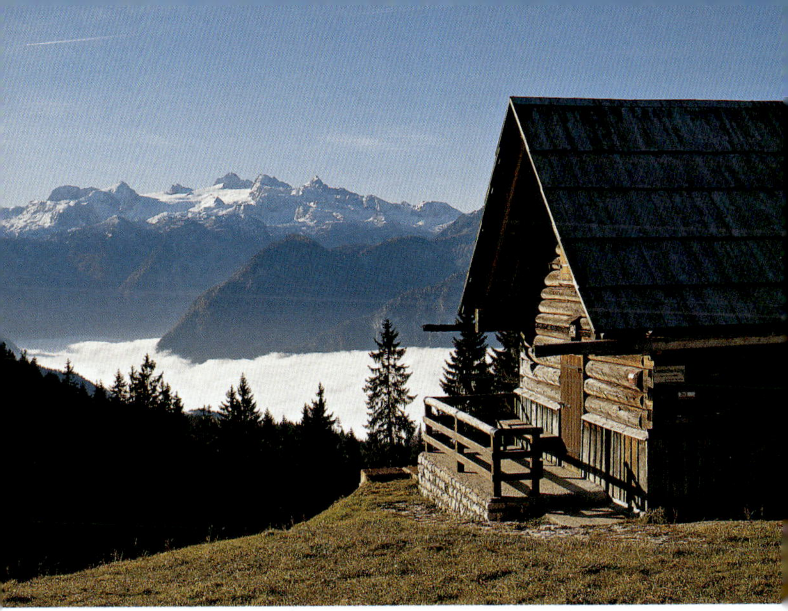

Die Hütteneckalm mit dem bekannten Dachsteinblick.

Vom **Parkplatz Predigstuhl** ❶ auf Weg nach Osten zu einer Naturstraße, die bei einer Kehre erreicht wird. Auf ihr 100 m bergwärts, dann rechts dem Fahrweg Nr. 247 bis zur idyllischen **Roßmoosalm** ❷, 1039 m, folgen. Bei der Wegteilung geradeaus und steil nach Nordosten gegen die Zwerchwand empor. Noch vor der Bergsturzzone **Wegteilung** ❸ mit Tafeln. Hier auf Steig links ab und nach Norden empor zur **Schulter** ❹, 1259 m, westlich der Zwerchwand. Jenseits nach rechts in die Nordseite und dort durch Buschwerk und Wald (Vorsicht auf verdeckte Dolinen und Schächte!) ostwärts gegen den **Sattel** zwischen Hinterem Rosenkogel und Zwerchwand. An bewaldeten Hängen entlang nach rechts (Süden) abwärts, schließlich über Wiesen in Südostrichtung hinauf zur **Hütteneckalm** ❺, 1240 m.
Von der Hütteneckalm auf dem Fahrweg Nr. 247 zunächst über Wiesen eben nach Nordwesten, dann links unterhalb der imposanten **Zwerchwand** (Bergsturzzone, Steinschlaggefahr!) über Felsblöcke und durch Wald in Westrichtung abwärts zu **Wegteilung** ❸, Tafeln. Weiter auf bekanntem Weg zum **Parkplatz Predigstuhl** ❶.

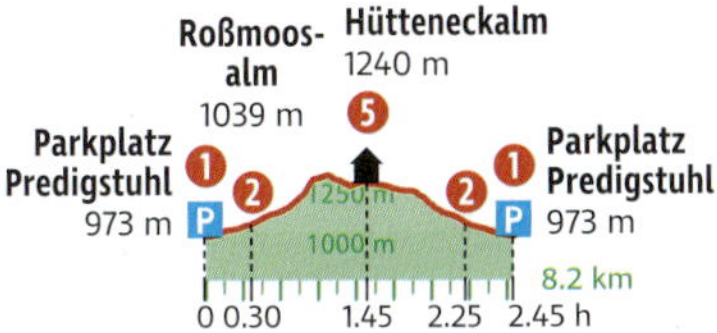

↗ 40 m | ↘ 40 m | 10.3 km

25 Hallstätter-See-Ostuferweg

2.30 h

Ein Wandervergnügen für Jung und Alt

Ebenso zahlreich wie die Seen des Salzkammerguts sind auch ihre herrlichen Uferwege, deren Würdigung ein ganzes Buch füllen könnte. Von besonderem Reiz ist der auch als Radwanderstrecke gebräuchliche Hallstätter-See-Ostuferweg. Er hat als Glanzstück eine am steilen Felsufer verankerte, gegen den See vorspringende Steganlage mit lustig schwingender Hängebrücke. Schwierigkeiten gibt es keine; es ist eine Wanderung mit Komfort, bei der die Rückkehr zum Ausgangspunkt durch die rege verkehrenden Züge der Salzkammergutbahn gesichert ist.

Ausgangspunkt: Bahnhof Steeg-Gosau, 515 m (Parkplatz), der Salzkammergutbahn in Steeg, von Bad Goisern bzw. Bad Ischl per Bahn und Bus zu erreichen.
Endpunkt: Bahnhaltestelle Obertraun-Dachsteinhöhlen, 513 m. Rückfahrt mit der Bahn (Linie Attnang-Puchheim – Stainach-Irdning; verkehrt Samstag und Sonntag zwischen 5.09 und 20.28 Uhr, sonst zwischen 5.09 und 19.05 Uhr etwa stündlich) nach Steeg.
Anforderungen: Einfache Wanderung auf gut beschilderten Fahr- und Fußwegen.
Einkehr: Uferwirt Seeraunzn (keine Nächtigung, 20./25. Mai – 26. Okt. geöffnet, Ruhetag Mi. oder bei Regen, Tel. +43 676 433 12 63, www.seeraunzn.at). Gastbetriebe in Steeg, Untersee und Obertraun.
Hinweis: Von der Bahnstation Hallstatt kann man per Fährschiff (verkehrt auf die Zughalte abgestimmt etwa stündlich) in den Ort Hallstatt gelangen.

Vom **Bahnhof Steeg-Gosau** ❶ südostwärts durch die Bahnhofstraße zur B 166 und auf ihr nach links über das Bahngleis zur Rechtsabzweigung des **Hallstätter-See-Ostuferweges** (»Salzkammerweg«). Den Fußweg über Wiesen eben nach Südosten zu querender Asphaltstraße. Diese am Fuß des Arikogels im Wald weiter, dann zweimal unter der Bahn durch nach **Untersee**, 516 m. Nochmals unter der Bahn durch zur Uferwiese und in Südostrichtung zu den Häusern von **Obersee** ❷, 516 m. Auf asphaltierter Straße durch Wald und über Wiesen (mit Privathäusern und Bootshütten), später auf Fußweg nach links in die **Schattauer Bucht** (Bänke) mit

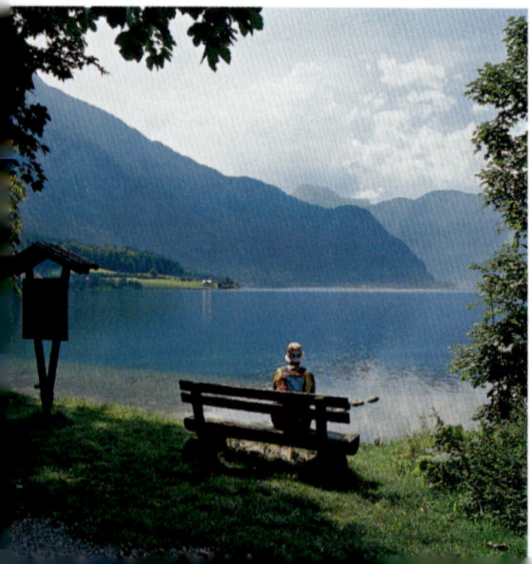

Rast in der Schattauer Bucht. Im Süden über den Hallstätter See erkennt man das Dachsteinmassiv.

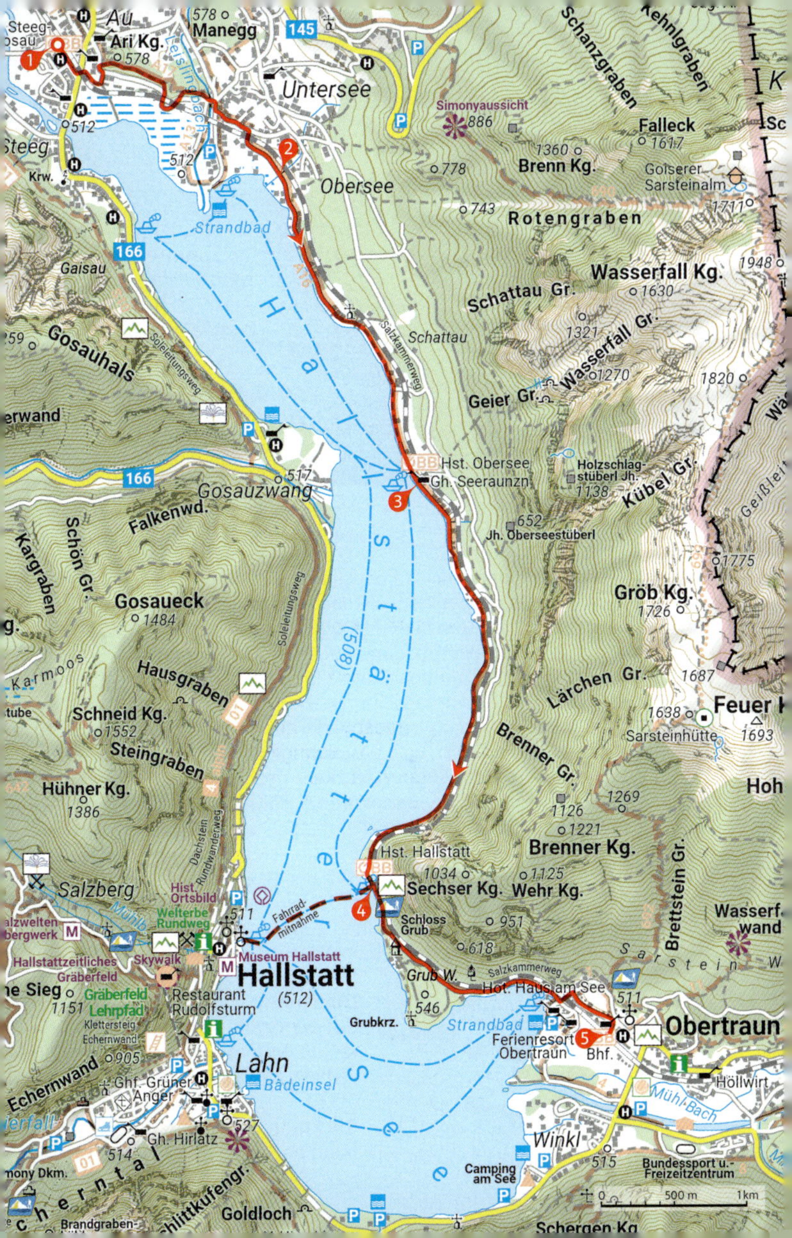

Au
Steeg-
Ari Kg.
Manegg
145
Untersee
Simonyaussicht
886
Schanzgraben
Kehlgraben
Falleck
1617
Steeg
Obersee
Brenn Kg.
1360
Golserer Sarsteinalm
Rotengraben
Strandbad
166
Gaisau
Wasserfall Kg.
1630
Schattau Gr.
Schattau
Salzkammerweg
Gosauhals
Wasserfall Gr.
Geier Gr.
Hallstätter See
Hst. Obersee
Gh. Seeraunzn
Holzschlag-stüberl Jh.
1138
Kübel Gr.
Jh. Oberseestüberl
166
Gosauzwang
Falkenwd.
Schön Gr.
Kargraben
Gosaueck
1484
Soleleitungsweg
(508)
Gröb Kg.
1726
Lärchen Gr.
Hausgraben
Schneid Kg.
1552
Feuer
Sarsteinhütte
1693
Steingraben
Hühner Kg.
1386
Brenner Gr.
Hoh
Brenner Kg.
Hst. Hallstatt
Sechser Kg.
1034
Wehr Kg.
1125
Salzberg
Hist. Ortsbild
Welterbe Rundweg
Fahrrad-mitnahme
Schloss Grub
Brettstein Gr.
Wasserfallwand
Hallstattzeitliches Gräberfeld
Skywalk
Museum Hallstatt
Hallstatt
(512)
Gräberfeld Lehrpfad
Restaurant Rudolfsturm
Grub W.
Hot. Haus am See
Sarstein
Klettersteig Echernwand
Grubkrz.
Strandbad
Ferienresort Obertraun
Bhf.
Obertraun
Echernwand
Lahn
Badeinsel
Ghf. Grüner Anger
Höllwirt
Mühl-Bach
Gh. Hirlatz
Winkl
Camping am See
Bundessport u.-Freizeitzentrum
Goldloch
Brandgraben
0
500 m
1km

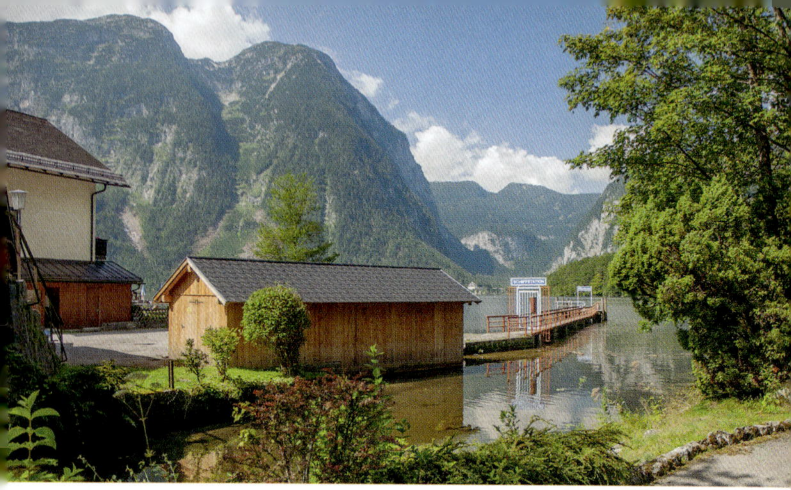

Blick vom Ostuferweg über den Hallstätter See nach Südwesten zur Öffnung des Echerntales mit dem Vorderen Hirlatz (Dachsteingruppe) links.

Blick auf den fjordartigen See. Am bewaldeten Ufer eben fort, danach auf asphaltiertem Fahrweg, unterhalb der Bahnstation Obersee vorbei, zum **Uferwirt Seeraunzn** ❸, 514 m (Schiffsanlegestelle).

Auf einem Fahrweg über Wiesen, dann auf einem Fußweg oberhalb einiger Häuser vorbei, schließlich am bewaldeten Ufer (Bademöglichkeit) zum Beginn des steilen südlichen Uferabschnitts. Hier auf breiten, gegen den See vorkragenden Metallstegen (mit rutschfester Gummimatte), eine Bucht im Rechtsbogen ausgehend, westwärts zu origineller Hängebrücke. Auf Stegen in Westrichtung weiter, dann nach links um eine Ecke herum zu der auf einer Halbinsel gelegenen **Bahnstation Hallstatt** ❹, 520 m, mit Verzweigung (rechts zur Schiffsanlegestelle) danach. Links auf Fahrweg wieder hinab zum Seeufer und dort südwärts zur nächsten Halbinsel, die bei einer Unterstandshütte erreicht wird. Auf schmaler beiderseits abgezäunter Asphaltstraße nach Südosten aufwärts und rechts oberhalb der Bahn (Schloss Grub bleibt rechts) entlang, später hinab zum Seeufer mit Teilung. Rechts ab und auf schönem Uferweg, an der **»Seeruhe«** (Bänke) vorbei, wieder zur Straße. Diese ostwärts nach **Obertraun**. Dort nach links über das Bahngleis und bei Verzweigung rechts haltend zur **Bahnhaltestelle »Obertraun-Dachsteinhöhlen«** ❺, 513 m.

Rückfahrt mit der Salzkammergutbahn nach **Steeg** ❶.

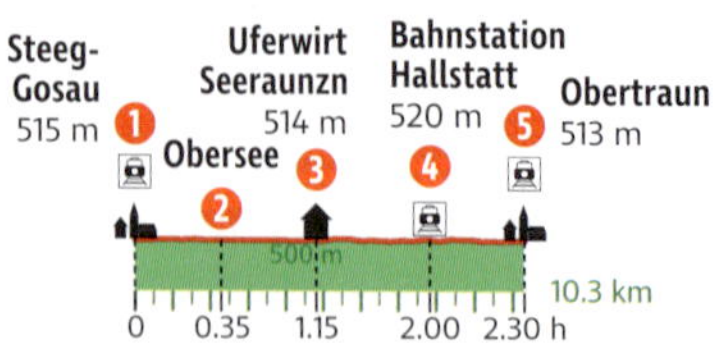

↗ 540 m | ↘ 490 m | 22.6 km

6.30 h

Soleleitungsweg

26

Entlang der ältesten Pipeline der Welt von Bad Ischl zum Hallstätter Salzberg

Die 40 km lange Soleleitung vom Hallstätter Salzbergwerk zur Sudhütte in Ebensee wurde 1607 eröffnet und gilt als älteste dieser Art. Die Wanderung entlang dieser Rohrleitung beschert ein unvergessliches Erlebnis. Der schönste Abschnitt, die Strecke von Bad Ischl nach Hallstatt bzw. auf den Hallstätter Salzberg, hat als Glanzpunkte eine 43 m hohe Brücke über den Gosauzwang, die wilde Mühlbachschlucht mit der »Hölle« sowie den in schwindelerregender Höhe über dem Hallstätter See gelegenen Rudolfsturm mit Einkehrmöglichkeit zu bieten.

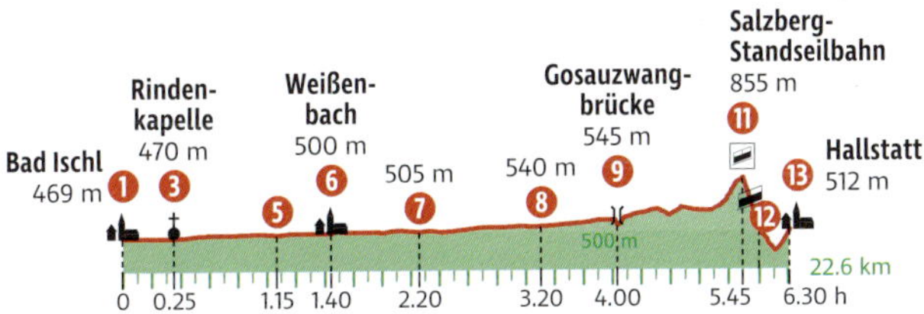

Am Start in Bad Ischl: die bekannte Café-Konditorei Zauner an der Traum-Esplanade.

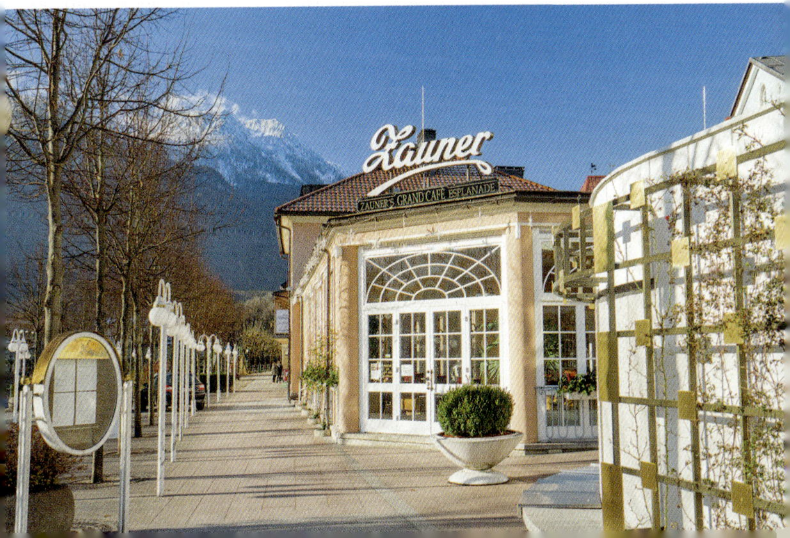

Ausgangspunkt: Der Bahnhof im Osten des Stadtzentrums von Bad Ischl, 469 m.
Endpunkt: Hallstatt-Ortsmitte, 512 m. Überfahrt mit dem Schiff zum Bahnhof Hallstatt am Ostufer des Sees und mit dem Zug (zwischen 7.08 und 18.32 Uhr nahezu stündlich) zurück nach Bad Ischl.
Anforderungen: Mit 23 km Streckendistanz ziemlich lange, aber unschwierige Wanderung auf bezeichneten Fahr- und Fußwegen, im letzten Wegabschnitt z. T. exponiert. Trittsicherheit und Schwindelfreiheit nötig!
Einkehr: Gastbetriebe in allen berührten Orten. Ghf. Rudolfsturm (keine Nächtigung, mit der Salzbergbahn geöffnet).
Hinweise: Bis zur Wiedereröffnung des derzeit (Stand: Sommer 2022) bis voraussichtlich 2024 gesperrten Soleleitungsweg-Teilstücks Steeg–Hallstatt kann man ab Steeg 8 auf dem Hallstätter-See-Ostuferweg (Tour 25) bis zur Bahnstation Hallstatt (2 Gehstunden ab Steeg) wandern und von dort mit dem regelmäßig verkehrenden Fährschiff (verkehrt auf die Zughalte abgestimmt etwa stündlich) nach Hallstatt 13 gelangen. Die Salzberg-Standseilbahn vom Ghf. Rudolfsturm nach Lahn ist vom 5./10. Jan. bis 1./5. Feb. geschlossen, sonst tägl. 9–16.30 Uhr, vom 1. April bis 30. Sept. bis 18 Uhr in Betrieb.
Tipps: Von allen berührten Orten kann per Bahn oder Bus rasch zum Ausgangspunkt zurückgekehrt und damit der Soleweg in Teilstrecken begangen werden. Am Salzberg sehenswertes Gräberfeld aus der Hallstatt-Zeit (900 bis 500 v. Chr.), ferner Besuch des Salzbergwerks (Führungen, siehe auch S. 26). Von der Aussichtsplattform (Skywalk) beim Ghf. Rudolfsturm atemberaubender Tiefblick auf Hallstatt und See. Die schlossartige, aus kanadischer Pechkiefer gefertigte Villa Blumenthal stammt aus Berlin, war 1893 Schmuckstück der Weltausstellung in Chicago, wurde danach von dem Dramatiker Oskar Blumenthal erworben und nach Bad Ischl verfrachtet.

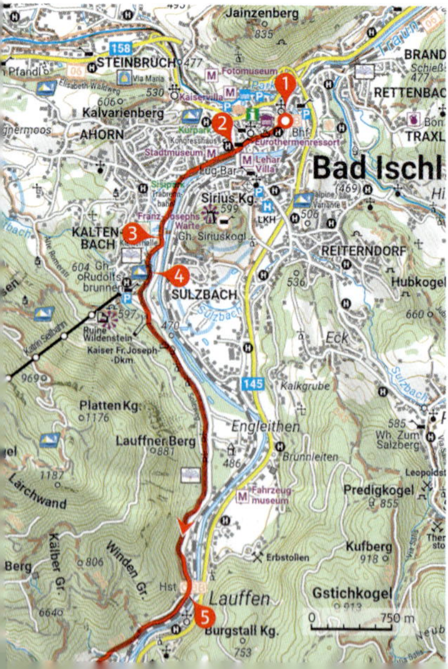

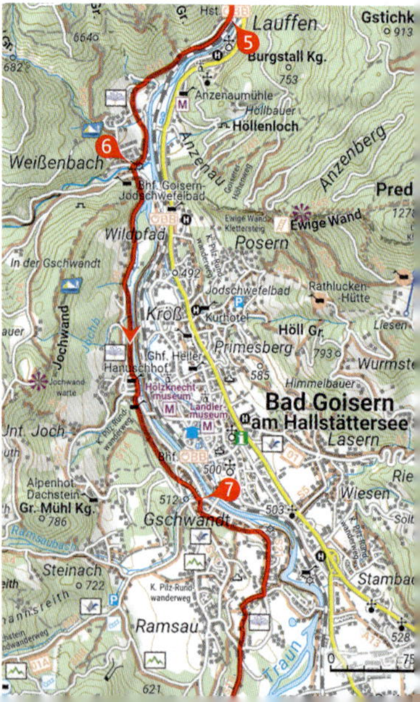

Vom **Bahnhof** in **Bad Ischl** ❶, an Eurothermen-Resort, Postgebäude, Trinkhalle und Pfarrkirche vorbei, durch die Bahnhofstraße, danach die Pfarrgasse westwärts zum **Friedrich-Schröpfer-Platz** ❷. Die Sophien-Esplanade, die Hasnerallee und die Franz-Carl-Promenade der Traun entlang zur Verzweigung bei einem Spielplatz. Links auf Weg Nr. 9, 10 und 11 (»Sarajewo-Allee«) neben der Trabrennbahn, eine Autostraße kreuzend, zur **Rindenkapelle** ❸ beim Biotop Kaltenbachteich. Auf Fußweg rechts durch Wiesen und Augelände zu den Gebäuden der Tourismusschulen Bad Ischl mit **Weggabelung** ❹. Links den Fahrweg Nr. 9 und 10 über einen Bach, danach zu einer Asphaltstraße und kurz auf ihr zur Verzweigung. Halb rechts ab und auf breitem Fußweg (»Soleleitungsweg«) oberhalb des **Kaiser-Jagdstandbilds** vorbei, dann im Wald und neben einer Asphaltstraße zur **Villa Blumenthal**. Weiter teils auf Fußwegen, teils auf schmaler Asphaltstraße in das Ortsgebiet von **Lauffen**, 490 m. Vor dem Bahngleis ❺ links zum nahen Bahnhof Lauffen, rechts zur Fortsetzung des Soleleitungsweges.

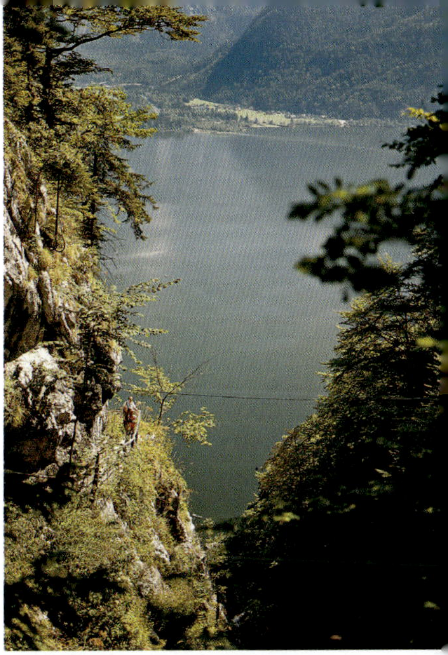

Endspurt! Der Soleleitungsweg führt abschließend durch die steile Mühlbachschlucht zum Gasthof Rudolfsturm am Hallstätter Salzberg empor.

Die Schießstattgasse (Weg Nr. 9) kurz bergauf, dann gegenüber dem Ort Lauffen an den Hängen entlang zu einer Verzweigung (rechts Weg Nr. 898 auf die Katrin). Geradeaus nun oberhalb der Bahn quer durch eine Felswand, später durch Wald und Wiesen zu den Häusern von **Weißenbach**. Durch das Werksgelände einer Schlosserei, dann über den Weißenbach zur Querstraße im Ortszentrum ❻. Jenseits den Soleleitungsweg (»Karl-Pilz-Rundwanderweg«) kurz nach Süden hoch zu einer Gabelung (rechts nach Hochmuth). Geradeaus an den felsdurchsetzten Waldhängen oberhalb der Trauntalsohle eben fort, später durch Wiesen und Waldparzellen, an mehreren Verzweigungen vorbei, zur Ramsaustraße in **Gschwandt** ❼, 505 m (Linksabzweig zum Bahnhof Bad Goisern mit Rückfahrtmöglichkeit).
Die Ramsaustraße 20 m nach links, beim Haus Nr. 76 rechts ab und auf dem Soleleitungsweg südwärts anfangs durch Wiesen, dann an den Wald-

hängen oberhalb einiger Quellen vorbei zur **Hinlaufstraße**. Diese durch Streusiedlung rechts haltend über eine Anhöhe hinweg zur Gabelung beim Haus Nr. 35. Die Straße rechts Richtung Ramsau nach 150 m zum Haus Nr. 36. Links ab und durch Wiesen gegen die Wände des Zwölferkogels (Kalmberggruppe) in Südrichtung aufwärts zu einigen Häusern, dann durch ein Waldstück und wieder über Wiesen zu Verzweigung am Waldrand. Rechts ab und auf Weg Nr. 801 zu Füßen des Zwölferkogels im Wald leicht bergauf zur Schießstätte des **Schützenvereins Steeg/Hallstätter See** 8, 540 m, mit Verzweigung gleich danach (Linksabzweig zum Bhf. Steeg mit Rückfahrtmöglichkeit).
An den Waldhängen oberhalb des Hallstätter Sees eben weiter, später auf künstlich angelegter Wegtrasse (Geländer; schöner Rückblick über den See hinweg auf Predigstuhl und Katrin!) durch Felswände und Wald zur 43 m hohen **Brücke** 9, 545 m, über das Gosautal, »Gosauzwang« (Linksabzweig

Tiefblick von der Aussichtsplattform (Skywalk) beim Ghf. Rudolfsturm.

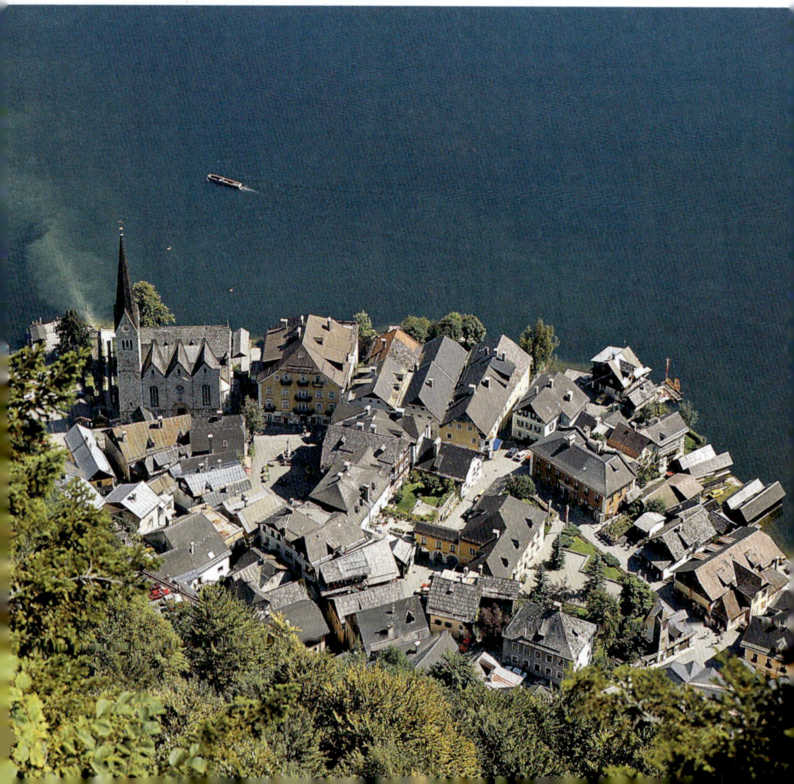

zur Bushaltestelle an der Hallstättersee-Ostuferstraße mit Rückfahrtmöglichkeit).

Jenseits der Brücke auf dem Soleleitungsweg kurz bergauf, dann an den steilen felsdurchsetzten Waldhängen des Schneidkogels entlang hoch über dem Hallstätter See eben dahin, wobei mehrere Gräben traversiert werden. Nach dem Hausgraben erreicht man einen Aussichtspunkt mit Rastplatz, nach dem Steingraben führt der Weg teils auf künstlichen Bändern etwas exponiert (Vorsicht!) durch eine Wandzone, danach unter den beiden Saiherbach-Wasserfällen durch zu wichtiger **Verzweigung** ⑩, links auf direktem Fußweg hinab zum Marktplatz in Hallstatt mit Rückfahrt wie unten.

Geradeaus auf dem Soleleitungsweg in die düstere **Mühlbachschlucht (»Hölle«)**. An ihrer rechten Seite über Nirosterstiegen nach Westen hoch, später links über den Mühlbach und durch Wald nach Süden empor auf den Hallstätter Salzberg. Links haltend zum Ghf. Rudolfsturm, 855 m, und weiter zur Bergstation der **Salzberg-Standseilbahn** ⑪, 855 m. Mit dieser hinab nach **Lahn** ⑫, 512 m (siehe »Hinweise«, S. 102). Zu Fuß in das Zentrum von **Hallstatt**, 512 m, dort zum Marktplatz und weiter zur Evangelischen Kirche beim **Landungsplatz** ⑬ mit Schiffstransfer zum Bahnhof am Hallstättersee-Ostufer.

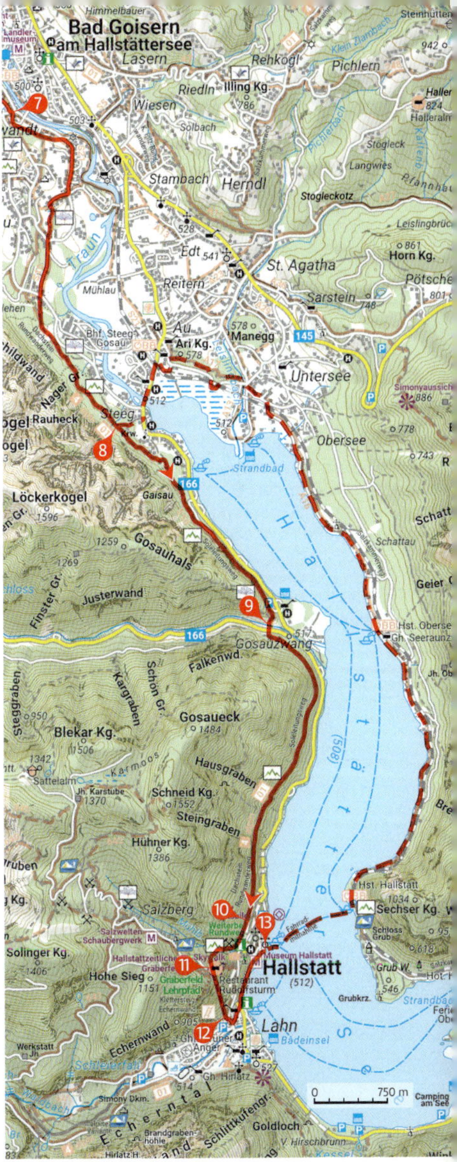

↗ 1110 m | ↘ 1110 m | 16.1 km

27 Hoch Kalmberg, 1833 m

6.30 h

Der einfachste Weg auf einen Klasse-Panoramaberg

Ein Aussichtsberg ersten Ranges ist der zwischen dem Goiserer und dem Gosauer Talbecken aufragende Kalmberg. Das beweisen die nordwestlich unterm Gipfel stehende, viel besuchte Goiserer Hütte ebenso wie die zahlreichen Zugänge aus den umliegenden Tälern. Wir wählen hier die am wenigsten steile Route von Gosau her über die Iglmoosalm. Wer Zeit und Muße hat, übernachtet natürlich in dem kleinen Schutzhaus und besteigt anderntags den Gipfel, wodurch man das tolle Panorama früh am Morgen in aller Ruhe genießen kann.

Ausgangspunkt: Das Ortszentrum von Gosau, 736 m (Parkplätze, Bushalt), Urlaubsort im Gosautal.
Anforderungen: Bis zur Goiserer Hütte einfache Wanderung auf bezeichneten Fahr- und Fußwegen. Im Gipfelanstieg Trittsicherheit, Schwindelfreiheit und gute Sicht nötig.
Einkehr: Jst. Iglmoosalm (keine Nächtigung, im Juni Fr., Sa. und So., 1. Juli – 26. Okt. tägl. geöffnet; Tel. 43 664 73987177 und +43 664 73215188), Goiserer Hütte (28 L. auf vier Räume verteilt, 15. Mai – 31. Okt. geöffnet, Tel. +43 6135 21450, www.goisererhuette.at).
Varianten: Startet man die Tour am Parkplatz Ramsau, verkürzt sich die Gehzeit insgesamt um 30 Min.
Von der Goiserer Hütte 5 kann der Sonnwendkogel (1638 m; Rundsicht) auf unbezeichnetem Steig in 15 Min. bestiegen werden.

Der Hoch Kalmberg von Nordwesten, aus der Umgebung der Goiserer Hütte.

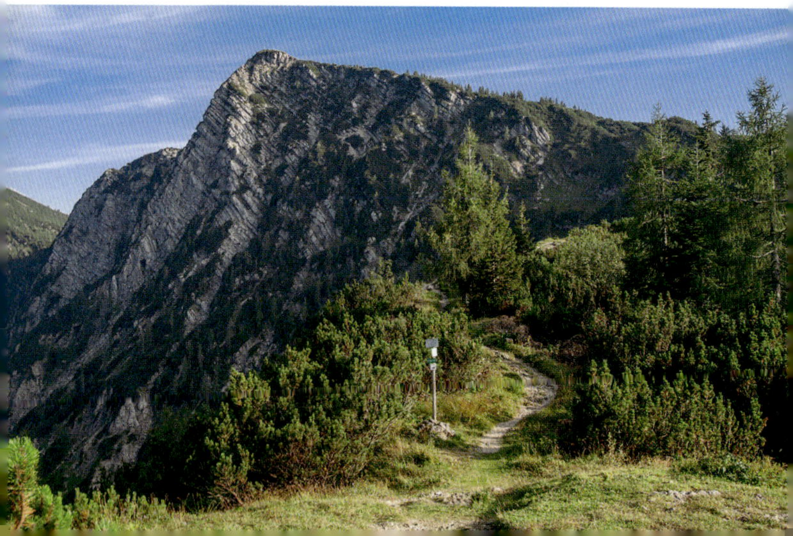

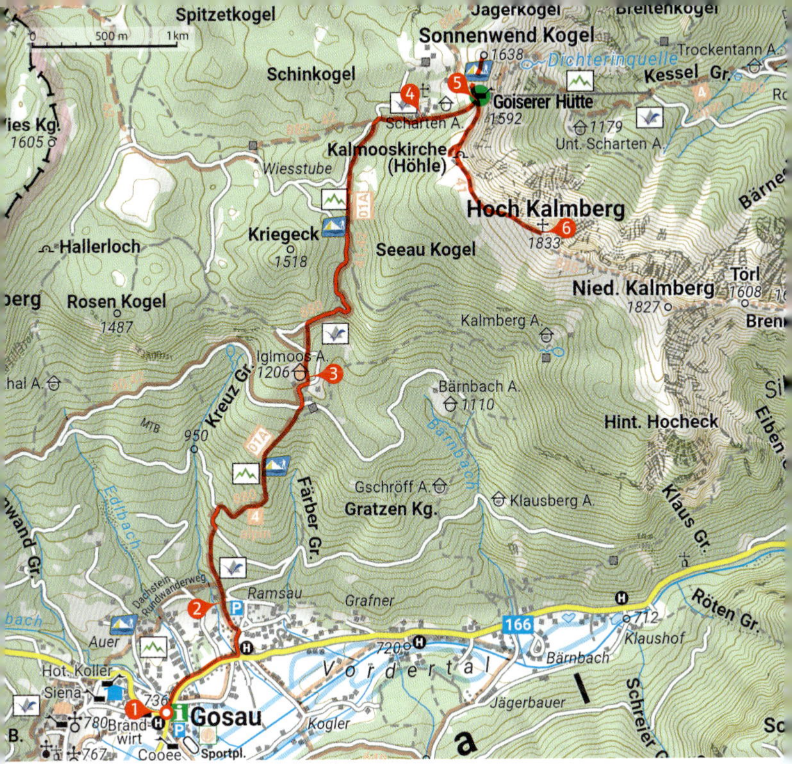

Von **Gosau** ❶ die B 166 ostwärts aus dem Ort und nach 700 m zum **Bushalt Gosau-Ramsau**. Links ab und auf Asphaltstraße nach Norden empor zum **Parkplatz Ramsau** ❷ am Waldrand. Die Forststraße mit Weg Nr. 801A und 880 nach 40 m zu einer Verzweigung. Links auf Fußweg im Hochwald wieder zur Straße und auf ihr nach 50 m zur Rechtsabzweigung eines Güterweges, der sich sogleich wieder teilt. Rechts auf dem Fußweg, den Güterweg mehrmals kreuzend, nach Nordosten empor an einen Rücken. Über ihn nordwärts weiter, dann in langer Gerade zur Wiesenterrasse der Iglmoosalm mit Straßenkreuzung. Auf der nach links abzweigenden Forststraße zur nahen **Jst. Iglmoosalm** ❸, 1206 m, mit herrlichem Blick auf Dachstein und Gosaukamm.

Den Fußweg Nr. 801A und 880 nordwärts im Wald bergauf, dann über einen Steilhang zu querender Forststraße. Auf ihr rechts haltend in das Waldtal zwischen Kriegeck und Seeaukogel und dort nordwärts zu wichtiger Verzweigung. Rechts auf Fußweg Nr. 224 und 801A nordwärts in eine

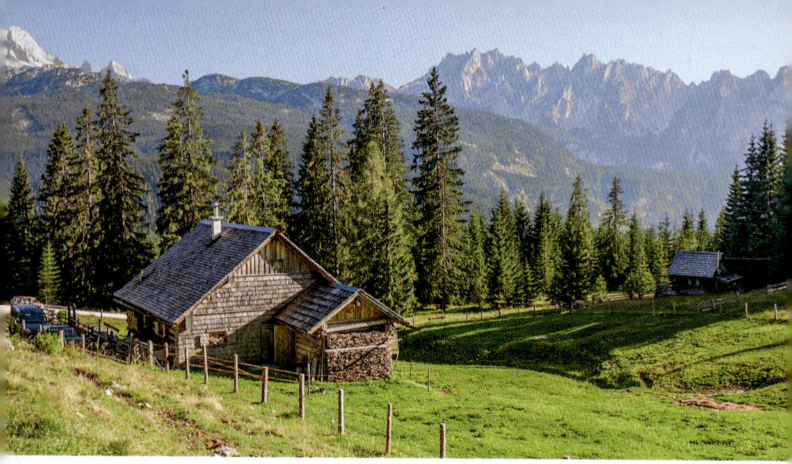

Die malerisch gelegene Iglmoosalm mit dem Gosaukamm im Südwesten.

grasige Doline (»In der Saugruben«), danach im Auf und Ab zum Querweg Nr. 225 und 882. Diesen steiler nach rechts (Osten) empor zur **Oberen Schartenalm** 4, 1520 m. Durch das Almgelände, später durch lichten Wald, Wiesen und Latschen empor in den **Sattel**, 1580 m (Verzweigung), zwischen Kalmberg und Sonnwendkogel.

Kurz nach links hinauf zur **Goiserer Hütte** 5, 1592 m, auf einer Schulter am Sonnwendkogel-Südrücken. Vom Sattel unterhalb der Hütte den Weg Nr. 888 am Nordwestrücken des Kalmbergs durch Wiesen und Latschen aufwärts zu einer Teilung. Entweder links am mächtigen Höhleneingang der **Kalmooskirche** vorbei oder geradeaus über den Rücken zur Vereinigung beider Alternativen. Über den sich verschmälernden Kamm weiter (eine kurze exponierte Passage), zuletzt an der Felsformation **»Indianerkopf«** vorbei, auf den **Hoch Kalmberg** 6, 1833 m (Gipfelkreuz, Buch).
Abstieg entlang der Anstiegsroute.

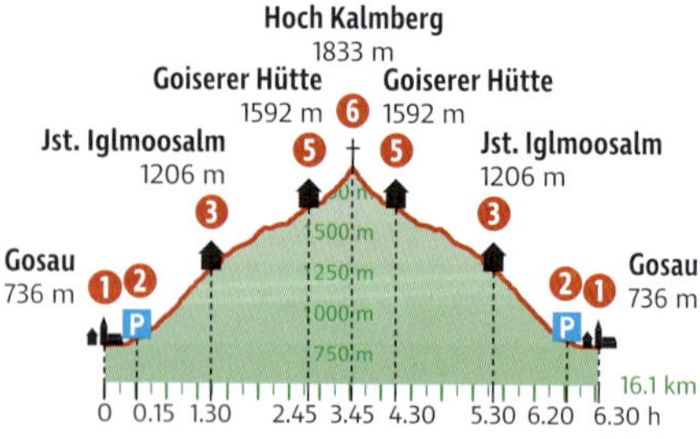

↗ 235 m | ↘ 235 m | 13.4 km

TOP

4.00 h

Vorderer und Hinterer Gosausee

28

Alpen-Goldaugen und Dachsteinglanz

Der Abschluss des Gosautales, vor allem die Gegend um den Vorderen Gosausee, zählt zu den großartigsten Bergräumen der Ostalpen. Wie da der gletschergepanzerte Dachstein aus den dunklen Fluten des Sees emporwächst, das ist in der Tat einmalig! Die Seenlandschaft des Salzkammergutes erfährt hier ihre hochalpine Vollendung. Der weiter talein, in einem monumentalen Felskessel zu Füßen des Dachsteins, gelegene Hintere See beeindruckt vor allem durch die wilde Bergnatur seiner Umgebung.

Morgenstimmung am Vorderen Gosausee.

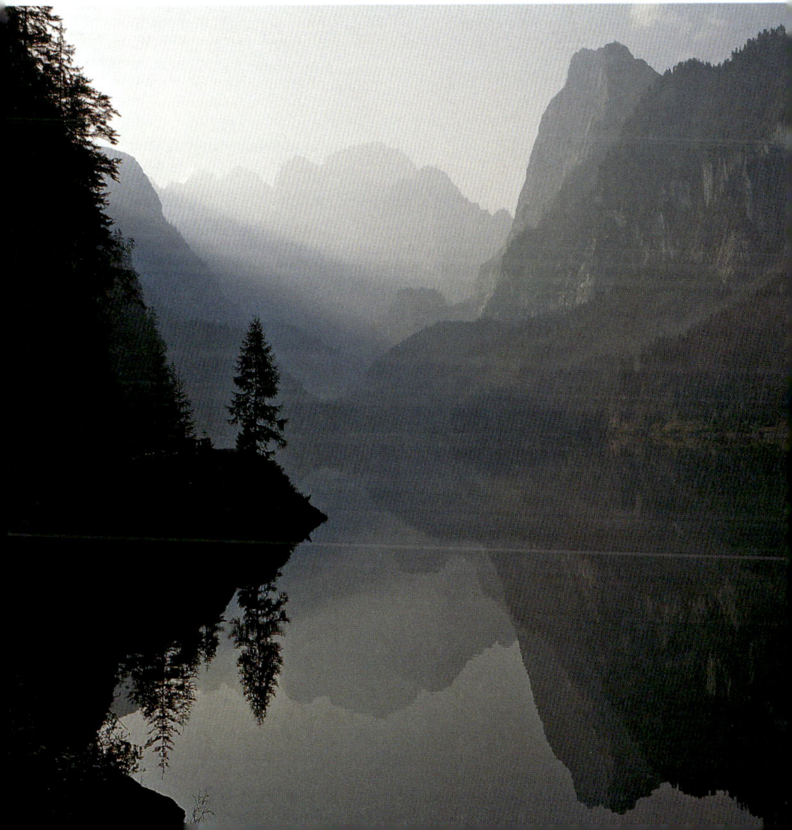

Ausgangspunkt: Großparkplatz Vorderer Gosausee, 930 m (Bushalt), knapp nördlich unterhalb des Sees, 7 km von Gosau.
Anforderungen: Einfache Wanderung auf bezeichneten, breiten Wegen.
Einkehr: Ghf. Gosausee (30 B., 10./15. April – 5./10. Nov. geöffnet, April und Nov. Ruhetage je nach Wetter, Tel. +43 6136 8514, www.gasthof-gosausee.at), Hintere Seealm (keine Nächtigung, 1./5. Juni – 30. Sept./5. Okt. +43 664 3579546, Tel. +43 664 1145113), Jst. Seeklausalm (auch »Klacklalm«; keine Nächtigung, 15. Mai – 15. Sept. tägl. geöffnet, Tel. +43 6136 8407).
Hinweis: Das Wasser des Vorderen Gosausees wird zur Stromgewinnung genutzt. Deshalb die oft extrem niedrigen Wasserstände im Frühjahr und Herbst.

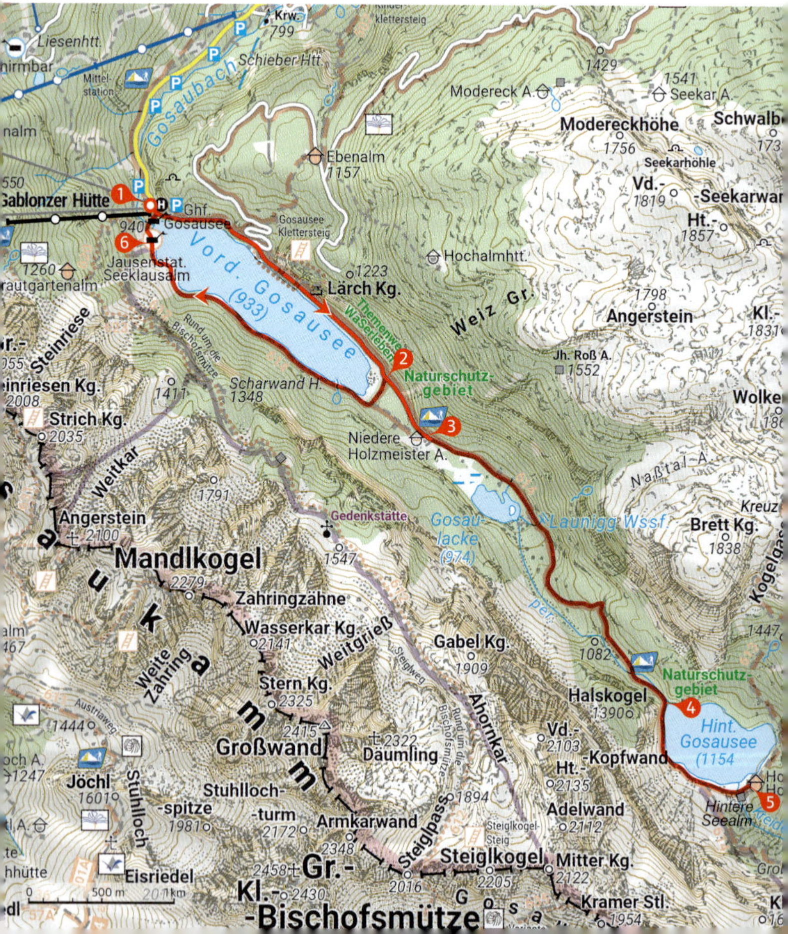

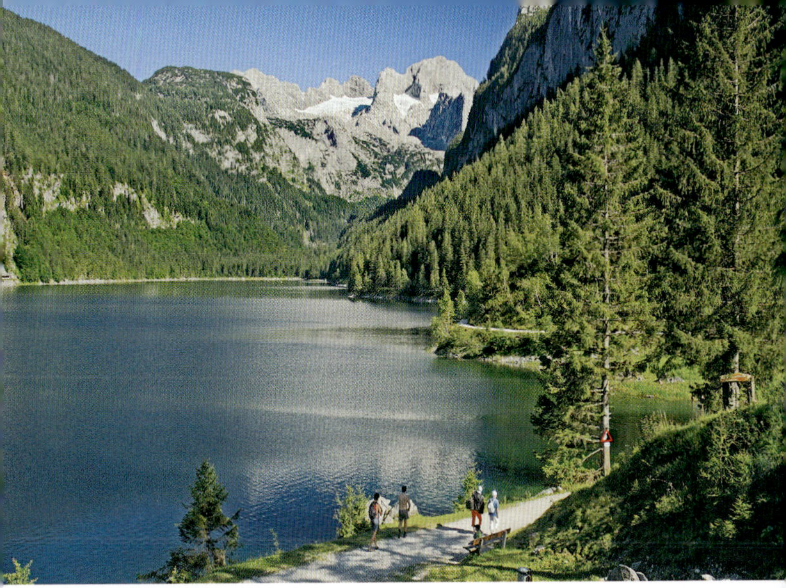

Ein Highlight des Salzkammerguts: der Dachstein über dem Vorderen Gosausee.

Vom **Großparkplatz** 1 die Straße kurz nach Südosten hinauf zum **Vorderen Gosausee** (Gasthof). Auf dem viel begangenen breiten Weg Nr. 614 in herrlicher Wanderung, am linken Seeufer (Nordufer) entlang, zum **See-Ende** 2 und zu einer Verzweigung. Geradeaus durch Wald zum Talboden um die **Vordere Seealm** 3, 976 m (auch »Vordere Holzmeisteralm«), dann, an **Gosau-Lacke** (mitunter ausgetrocknet), **Launigg-Wasserfall** und **Brandsee** vorbei, zu einer Steilstufe. Über sie empor und weiter zum **Hinteren Gosausee** 4. Am rechten Ufer (Südufer) weiter zur idyllisch gelegenen **Hinteren Seealm** 5, 1164 m (auch »Hohe Holzmeisteralm«).
Auf dem bekannten Weg zurück zur Verzweigung kurz vor dem **Vorderen Gosausee** 2. Links ab und auf dem Süduferweg, an der malerischen **Seeklausalm** 6, 943 m, vorbei, zum Nordwestende des Vorderen Gosausees mit dem Gasthof und weiter zum **Parkplatz** 1.

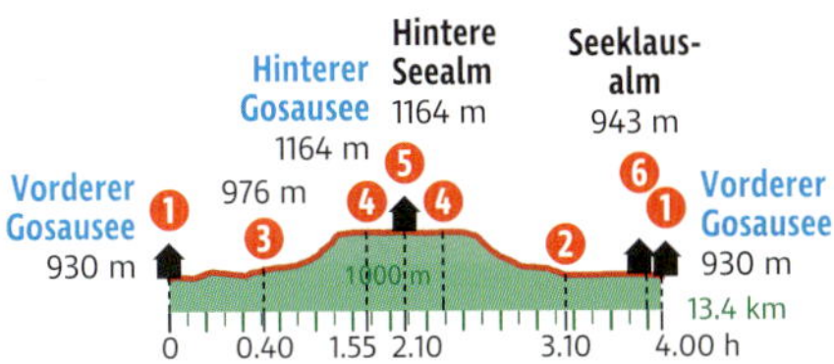

↗ 230 m | ↘ 230 m | 4.5 km

29 Ebenalm, 1157 m

2.00 h

Stille Wiesenoase vor bizarrer Hochgebirgskulisse

Dass neben landschaftlichen Superlativen oft andere, kaum weniger reizvolle Gebiete übersehen werden, zeigt das Kleinod der Ebenalm bei Gosau. Denn die viel bewunderte Szenerie des gletschergeschmückten Dachsteins über dem tiefblauen Gosausee lässt vergessen, dass in unmittelbarer Nähe ein kleines Stück Erdenparadies seiner Entdeckung harrt. Wer die geringe Mühe des Anstiegs zu der auf einer Bergschulter nördlich überm Gosausee gelegenen Ebenalm nicht scheut, wird reichlich belohnt. Denn von nirgendwo sonst präsentiert sich das Türmelabyrinth des Gosaukammes in solcher Schönheit wie von dieser Wiesenoase.

Ausgangspunkt: Großparkplatz Vorderer Gosausee, 930 m (Bushalt), knapp nördlich unterhalb des Sees, 7 km von Gosau.
Anforderungen: Einfache Wanderung auf Forststraßen und markierten Wegen.
Einkehr: Ghf. Gosausee (30 B., 10./15. April – 5./10. Nov. geöffnet, April und Nov. Ruhetage je nach Wetter, Tel. +43 6136 8514, www.gasthof-gosausee.at), Jst. Ebenalm (15 L., geöffnet je nach Wetter und Schneelage 1./15. Juni – 30. Sept./15. Okt. tägl. ab 10.30 Uhr, Tel. +43 676 839 40750, www.ebenalm-gosau.at, Übernachtung nur ab 8 Personen!).
Hinweis: Die wilde Turm- und Zackenreihe des Gosaukammes präsentiert sich in den Vormittagsstunden besonders eindrucksvoll.

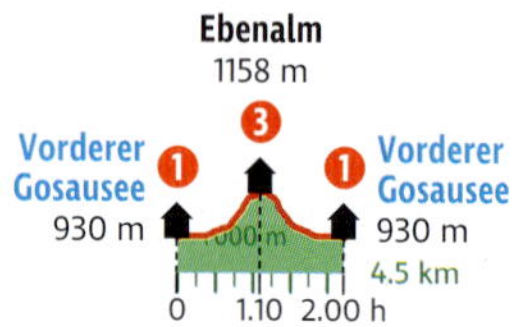

Vom **Großparkplatz** ❶ die Straße kurz nach Südosten hinauf zum **Vorderen Gosausee** (Gasthof). Auf dem asphaltierten Fahrweg Nr. 614 in herrlicher Wanderung am linken Seeufer (Nordufer) entlang zur **Abzweigung** ❷ einer Forststraße (Weg Nr. 607) halb links aufwärts. Auf ihr durch Wald in Kehren nach Nordosten hinauf zu einer Verzweigung. Rechts den Güterweg mit Weg Nr. 607 (»Ebenalm-Waldsteig«) durch eine Windbruchzone in Windungen nach Nordosten bergauf, dann auf rechts abzweigendem steinigem Fußweg in weit ausholender Linkskehre steil empor zu bewaldeter Bergschulter und über sie zur idyllischen Waldblöße der **Ebenalm** ❸, 1157 m (Brunnen), mit Jausenstation und malerischen Holzhütten. **Abstieg** auf derselben Route.

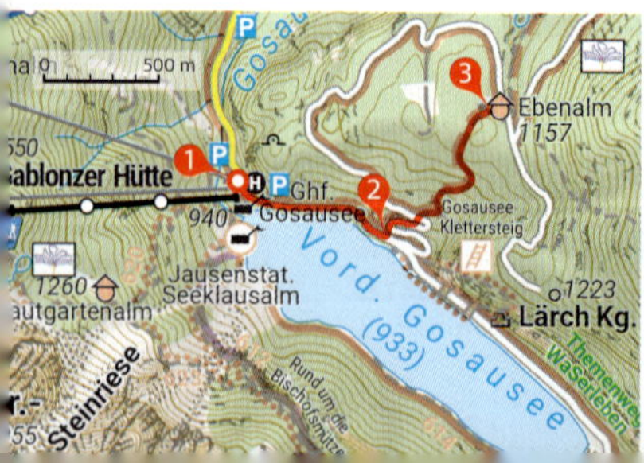

Die Ebenalm mit Gosaukamm darüber.

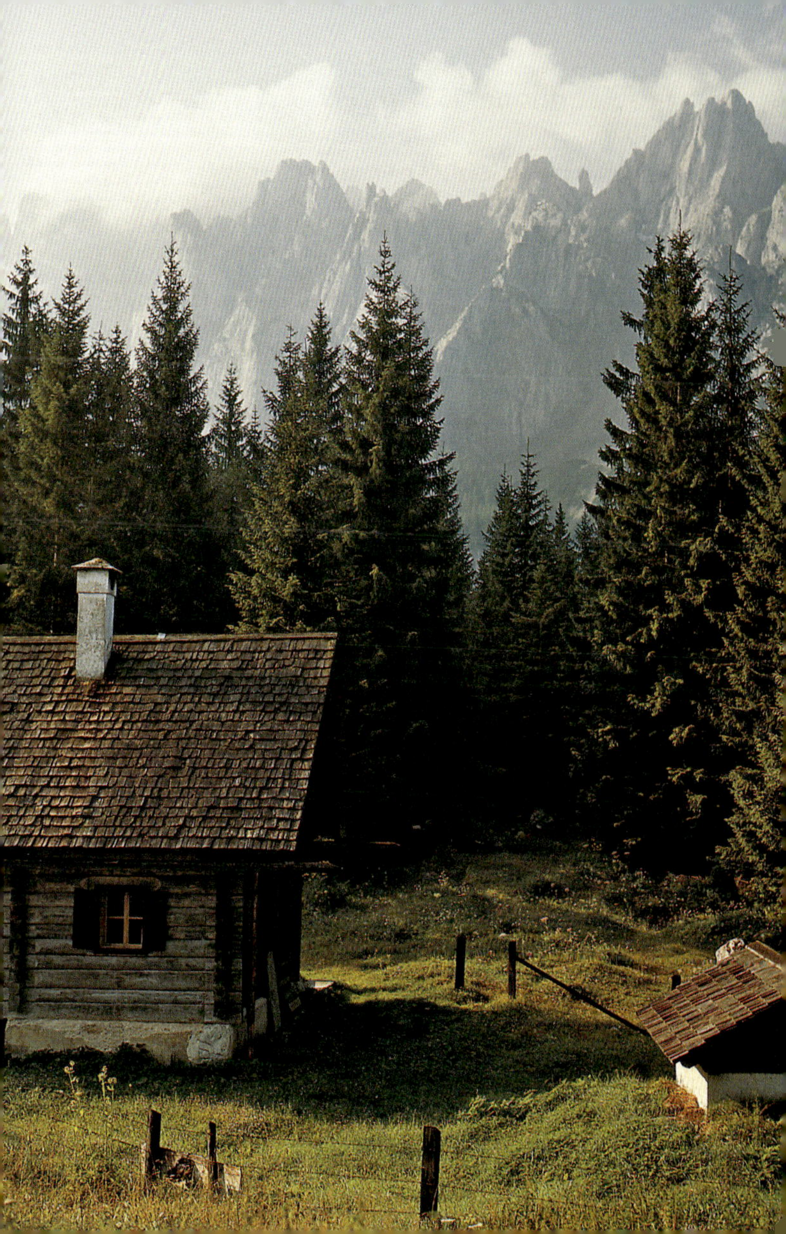

↗ 105 m | ↘ 850 m | 10.3 km

30 Zwieselalmhöhe, 1587 m

3.00 h

Im Sonnenglanz vor Dachstein und Tauern

Als ein mit landschaftlichen Schönheiten überaus reich bedachtes Gebiet gehört die Zwieselalmhöhe zu den besterschlossenen Punkten des Salzkammerguts. Sie kann vom Vorderen Gosausee mühelos mit der Gosaukammbahn erreicht werden und präsentiert die Pracht des Dachsteins, die bizarren Türme des Gosaukamms, aus nächster Nähe. Für den Abstieg nach Gosau wählen wir den relativ wenig frequentierten »Herrenweg«. Er führt durch ausgedehnte Wald- und Wiesengebiete talwärts und bietet eine zwar lange, aber reizvolle Wanderung bei sanftem Gefälle.

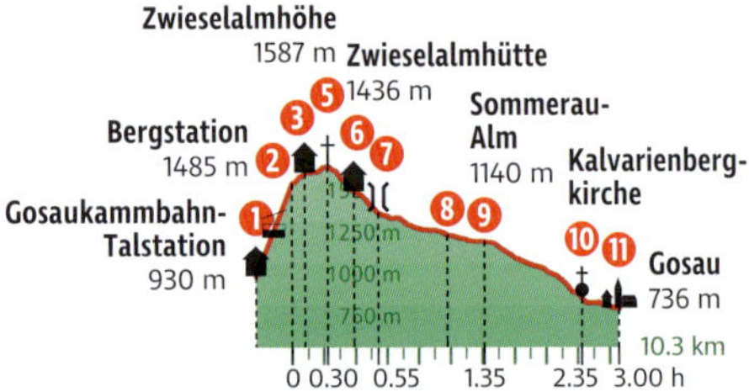

Die Gablonzer Hütte mit dem Dachsteinmassiv im Hintergrund.

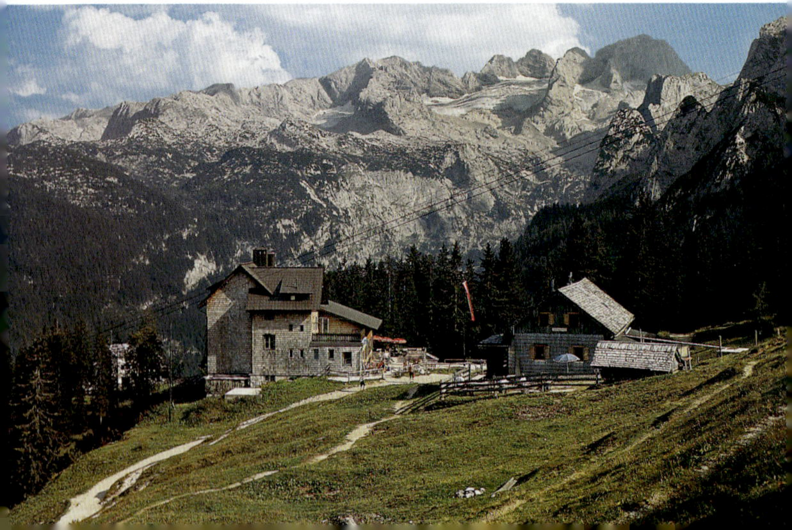

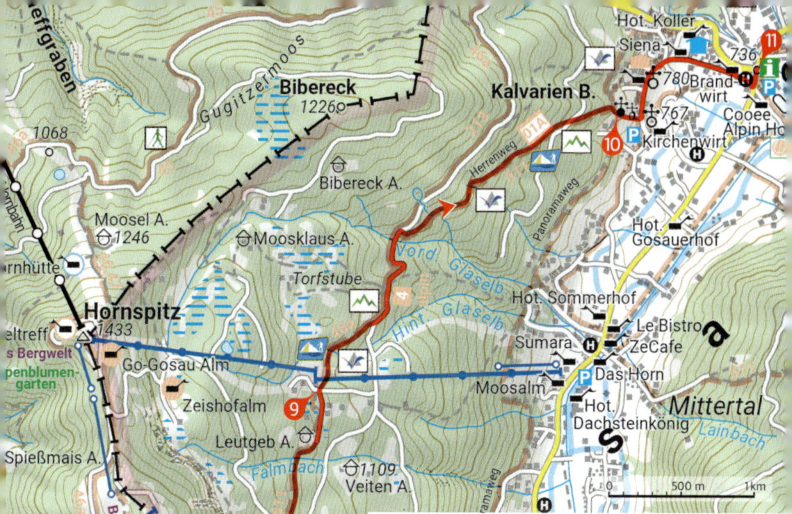
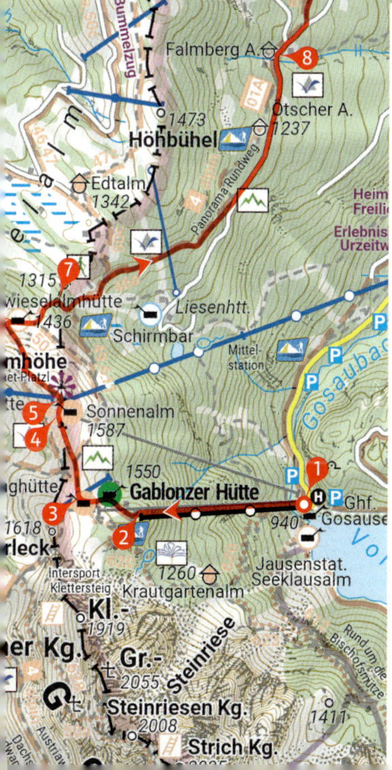

Ausgangspunkt: Talstation der Gosaukamm-Gondelbahn beim Großparkplatz Vorderer Gosausee, 930 m (Bushalt), 7 km von Gosau. Auffahrt zur Bergstation, 1485 m, auf einer Schulter östlich der Gablonzer Hütte; Betrieb zwischen 5./10. Mai und 5./10. Nov. tägl. 8.15–16.50 Uhr, vom 1. Juli bis 10. Sept. bis 17.50 Uhr, Auffahrt alle 15 Min., www.dachstein.at.

Endpunkt: Gosau, 736 m. Mit dem Bus zurück zum Vorderen Gosausee.

Anforderungen: Einfache, aber lange Wanderung bergab. Meist auf gut bezeichneten Wegen.

Einkehr: Gablonzer Hütte (30 B., 42 L., je nach Schneelage von Pfingsten bis 26. Okt. tägl. geöffnet, Tel. +43 6136 8465, www.gablonzerhuette.at), Breininghütte (keine Nächtigung, mit der Gosaukammbahn geöffnet), Ghf. Sonnenalm (20 B.; 15. Juni – 15. Okt. geöffnet, Tel. +43 664 544 56 97, www.salzburg-abtenau.at/almen/sonnenalm), Zwieselalmhütte (14 B., 27 L., 15. Juni – 30. Sept. geöffnet, Tel. +43 6136 8389, www.huettenguide.net/huetten/zwieselalmhuette). Mehrere Gasthöfe in Gosau.

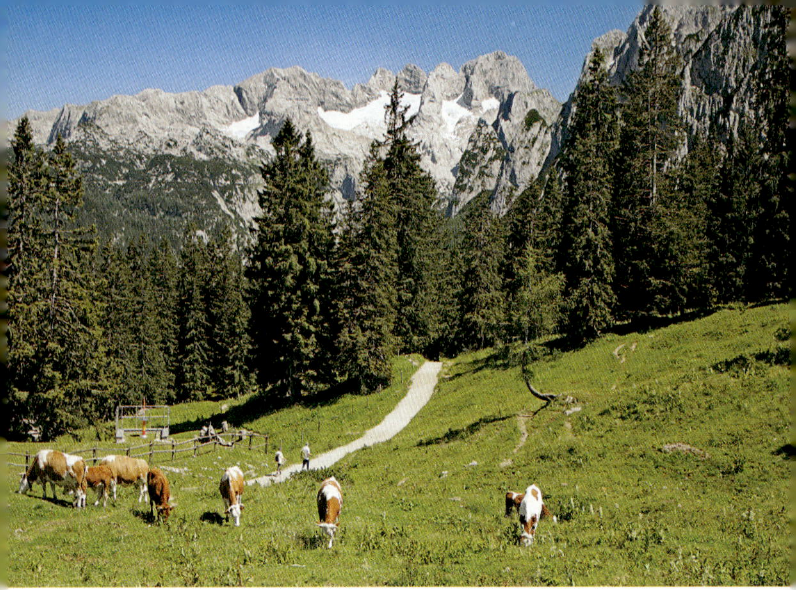

Die Idylle der Zwieselalm vor dem gletschergepanzerten Dachstein im Südosten.

Nach der Auffahrt mit der Gondelbahn von der **Talstation** ❶ zur **Gosaukammbahn-Bergstation** ❷ auf breitem Weg durch Fichtenbestand und über Wiesen nach Westen aufwärts zur **Gablonzer Hütte** ❸, 1550 m, dann in Nordrichtung zu einer Verzweigung. Geradeaus über den Rücken hinauf zum **Ghf. Sonnenalm** ❹, 1580 m, und zum Gipfel der **Zwieselalmhöhe** ❺, 1587 m. Über den grasigen Kamm nach Nordwesten abwärts zu einer Schulter, dann steil nach rechts (Norden) in Kehren hinunter zur **Zwieselalmhütte** ❻, 1436 m. Auf Karrenweg eine Wiesenmulde eben nach Osten zu Verzweigung. Links über einen steilen, bewaldeten Hang in Kehren hinab in die liebliche Wiesenschale beim **Edalmgatterl** ❼, 1310 m, mit Querweg Nr. 611 (**»Herrenweg«**). Prachtblick auf Vorderen Gosausee und Dachstein!

Nun teils auf Wegen, teils auf Forststraßen (Weg Nr. 611) an den Abhängen gegen das Gosautal durch Wald nach Nordosten bergab zur **Falmbergalm** ❽ und, an der Leutgeb-Alm vorbei, zur **Sommerau-Alm** ❾, 1140 m, bei den Hornspitzliften. In Nordrichtung unter ihnen durch abwärts und nach langer Waldwanderung zu den Wiesen und zur **Kalvarienbergkirche** ❿ von Gosau.

Auf gutem Weg (Stufen, Kreuzwegkapellen) ostwärts hinab in den Ort **Gosau** ⓫, 736 m, und mit dem Bus zurück zum **Parkplatz** ❶ am Vorderen Gosausee.

↗ 250 m | ↘ 250 m | 9.2 km

3.30 h

Austriaweg 31

Spektakuläre Höhenwanderung mit ständigem Breitwand-Panorama

Besondere Schaugenüsse verspricht eine Begehung des von der Gablonzer Hütte (Gosaukammbahn) in die Südseite des Gosaukamms hineinführenden Austriaweges. Es ist ein Unternehmen für Höhenweg-Fans, ein traumhafter Gang an Steilflanken entlang und über Bergbalkone, angesichts der aus südlicher Ferne grüßenden, schneebedeckten Tauernkette und der bei der Stuhlalm in voller Größe dastehenden Bischofsmütze.

Ausgangspunkt: Talstation der Gosaukamm-Gondelbahn beim Großparkplatz Vorderer Gosausee, 930 m (Bushalt), 7 km von Gosau. Auffahrt zur Bergstation, 1485 m, auf einer Schulter östlich der Gablonzer Hütte; Betrieb zwischen 5./10. Mai und 5. Nov. tägl. 8.15–16.50 Uhr, vom 1. Juli bis 10. Sept. bis 17.50 Uhr, Auffahrt alle 15 Min., www.dachstein.at.
Anforderungen: Unschwierige Wanderung auf bezeichneten Steigen. Trittsicherheit nötig!
Einkehr: Gablonzer Hütte (30 B., 42 L., je nach Schneelage von Pfingsten bis 26. Okt. tägl. geöffnet, Tel. +43 6136 8465, www.gablonzerhuette.at), Breininghütte (keine Nächtigung, mit der Gosaukammbahn geöffnet), Jst. Stuhlalm (10 B., 11 L., 15. Mai – 31. Okt. geöffnet, Tel. +43 664 1131152, www.stuhlalm.at), Theodor-Körner-Hütte (4 B., 29 L., 1. Juni – 15./20. Okt. geöffnet; Tel. +43 680 2216024, www.koerner-huette.at).

Die Gablonzer Hütte auf der Zwieselalm ist Startplatz für lohnende Unternehmungen im Bereich des Gosaukammes.

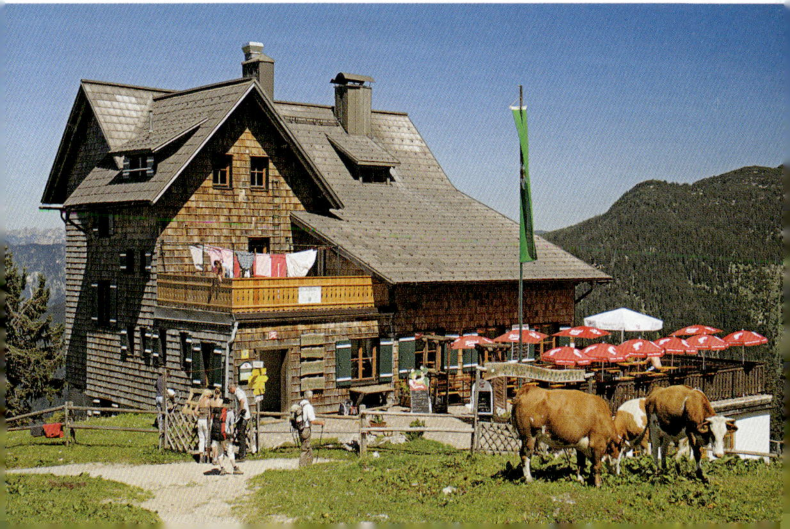

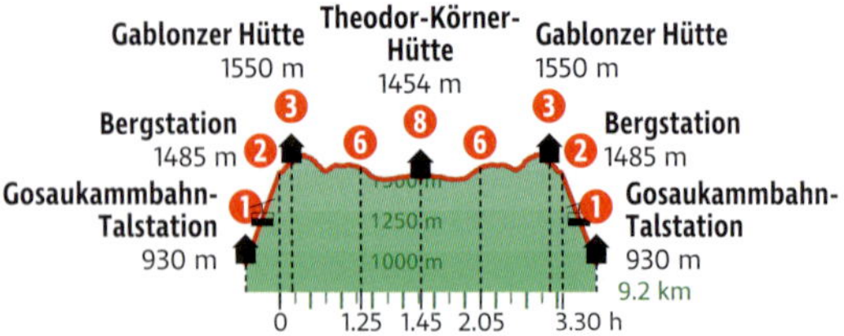

Auffahrt mit der Gosaukammbahn von der **Talstation** ❶ beim Vorderen Gosausee zur **Bergstation** ❷. Auf breitem Weg durch Fichtenwald und über Wiesen nach Westen aufwärts zur **Gablonzer Hütte** ❸, 1550 m, und zur benachbarten Breininghütte. Nun den **»Austriaweg«** (Weg Nr. 611) über steile Wiesen westwärts in Kehren hoch, dann südwestwärts im Auf und Ab in den **Nordöstlichen Törlecksattel** ❹, 1599 m (Linksabzweig des Donnerkogel-Klettersteigs). Jenseits auf dem bezeichneten Weg abwärts und eben in den **Südwestlichen Törlecksattel** ❺, 1576 m (Linksabzweigung des Donnerkogel-Normalweges, siehe Tour 32). Rechts durch eine Mulde hinunter in den **Schefferbergwald** und dort in Südrichtung an den steilen Westflan-

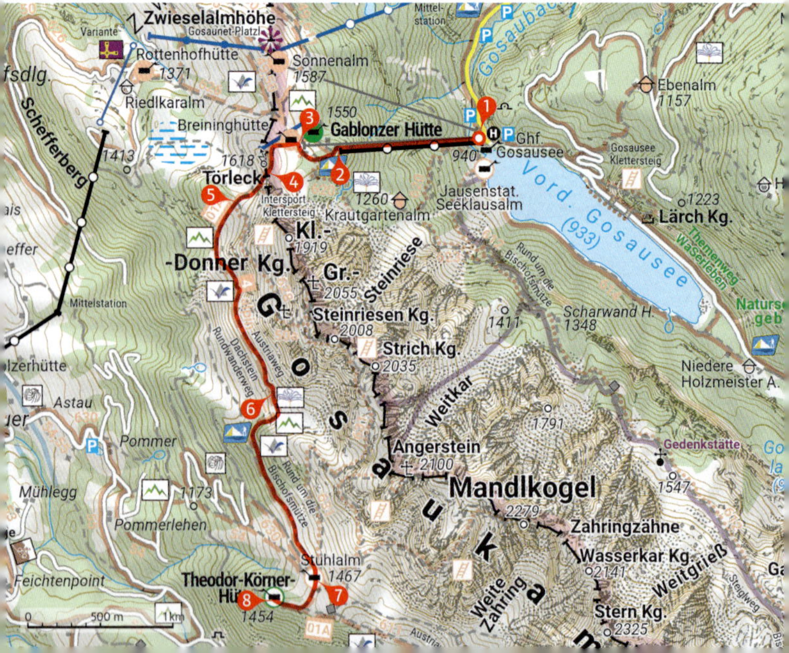

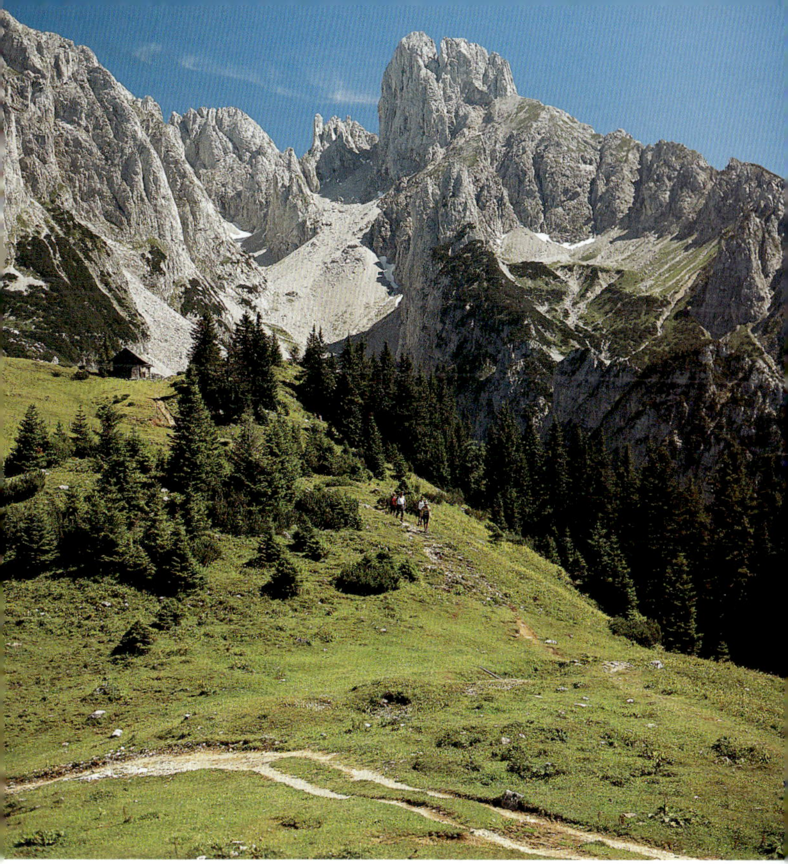

Die im Bereich des Gosaukammes aufragende Bischofsmütze von Nordwesten (Stuhlalm).

ken des Großen und Kleinen Donnerkogels im Auf und Ab dahin, später im teilweise felsigen Gelände (alte Waldbrandzone) weiter und hinab in das begrünte **Sulzkar** 6. Dieses wird im Rechtsbogen ausgegangen und hernach um einen Vorsprung herum nach links in die Angerstein-Westhänge eingeschwenkt. Dort durch Wald bergab, später eben weiter zu den Wiesen und Hütten der **Stuhlalm** 7, 1467 m (Jausenstation). Auf Karrenweg in Südrichtung zu einer Wiesenschulter (Wegteilung) und rechts haltend im lichten Wald abwärts zur **Theodor-Körner-Hütte** 8, 1454 m.
Rückkehr auf demselben Weg.

↗ 620 m | ↘ 620 m | 5.6 km

32 Großer Donnerkogel, 2055 m

3.30 h

Leichtester Hochgipfel im Gosaukamm

Für Besucher von Gablonzer Hütte und Zwieselalm ist der Große Donnerkogel im Gosaukamm ein vorrangiges Gipfelziel. Über seine steile Westflanke auf markiertem Steig ohne große Schwierigkeit zu erreichen, gibt er tolle Einblicke in den zerklüfteten Aufbau der Gosauer (oder Lammertaler) Dolomiten preis, die sich mit der Fernschau zu den Niederen und Hohen Tauern zu einem grandiosen Berggemälde vereinen. Doch es wäre leichtsinnig, den Anstieg zu unterschätzen. Er ist exponiert, stellenweise muss auch mit den Händen zugegriffen werden, was weniger Geübten besonders im Abstieg Probleme bereiten kann.

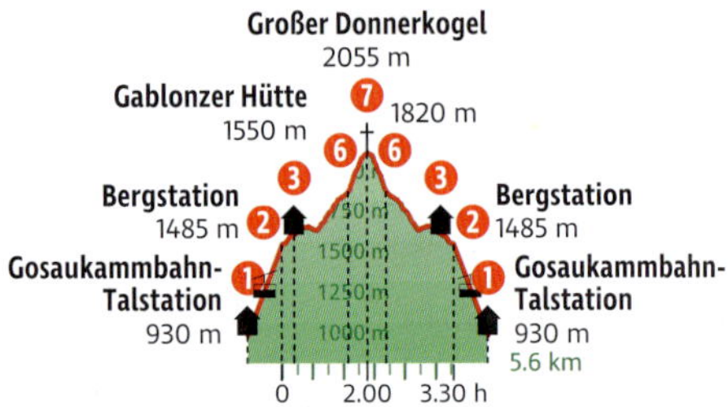

Ausgangspunkt: Talstation der Gosaukamm-Gondelbahn beim Großparkplatz Vorderer Gosausee, 930 m (Bushalt), 7 km von Gosau. Auffahrt zur Bergstation, 1485 m, auf einer Schulter östlich der Gablonzer Hütte; Betrieb zwischen 5./10. Mai und 5. Nov. tägl. 8.15–16.50 Uhr, vom 1. Juli bis 10. Sept. bis 17.50 Uhr, Auffahrt alle 15 Min., www.dachstein.at.

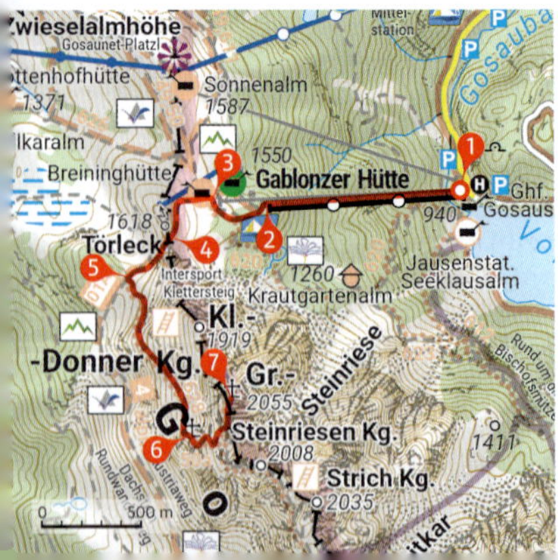

Anforderungen: Trotz bezeichneter Steiganlage anspruchsvolle Tour. Nur für geübte schwindelfreie Geher mit etwas Klettererfahrung (freie Kletterstellen im Schwierigkeitsgrad I+).

Höhenunterschied: 620 m im An- und Abstieg.

Einkehr: Gablonzer Hütte (30 B., 42 L., je nach Schneelage von Pfingsten bis 26. Okt. tägl. geöffnet, Tel. +43 6136 8465, www.gablonzerhuette.at), Breininghütte (keine Nächtigung, zur Betriebszeit der Gosaukammbahn geöffnet).

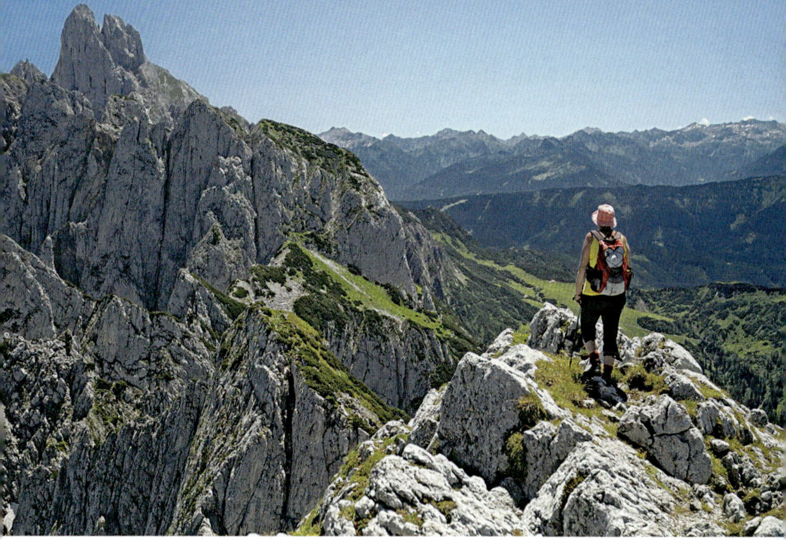

Die Bischofsmütze vom Gipfel des Großen Donnerkogels.

Auffahrt mit der **Gosaukammbahn** von der **Talstation** ❶ beim Vorderen Gosausee zur **Bergstation** ❷. Auf breitem Weg durch Fichtenwald und über Wiesen nach Westen aufwärts zur **Gablonzer Hütte** ❸, 1550 m, und zur benachbarten Breininghütte. Nun den »Austriaweg« (Weg Nr. 611) über steile Wiesen westwärts in Kehren hoch, dann südwestwärts im Auf und Ab in den **Nordöstlichen Törlecksattel** ❹, 1599 m (Linksabzweig des Donnerkogel-Klettersteigs). Jenseits auf dem bezeichneten Weg abwärts und eben in den **Südwestlichen Törlecksattel** ❺, 1576 m (Verzweigung). Links ab und auf Weg Nr. 628 durch Latschen und Gesträuch in steilen Windungen nach Osten empor auf eine geneigte Terrasse. Über diese teils über Felsstufen schräg nach rechts aufwärts zu einer etwas ausgesetzten Querung, danach über Felsabsätze empor unter die steile Westflanke des Berges. Dort über Karrenfelsen in Kehren und Querungen nach rechts (Südosten) hoch, später auf schottrigem Steig an Latschenhängen entlang zu markanter **Schulter** ❻, 1820 m (Friedrich-Scheffenbichler-Gedenktafel), an felsiger Bergrippe. Über die steile Rippe in teilweise leichter Kletterei (Vorsicht!) etwas exponiert hoch, dann weniger ausgesetzt durch verschiedene Rinnen in Windungen zur nächsten Schulter. Nun auf bezeichnetem Steig durch Latschen hinauf zur Rechtsabzweigung von Weg Nr. 631. Links haltend im steilen, angegrünten Felsgelände nach Norden empor zum Gipfel des **Großen Donnerkogels** ❼, 2055 m (Kreuz mit Buch).
Abstieg entlang der Anstiegsroute.

↗ 700 m | ↘ 700 m | 8.0 km

33 Schneidkogel, 1552 m

3.45 h

Hoch überm See im Banne der Dachsteingletscher

Zwar gebührt dem Hohen Plassen (siehe Tour 34) als Hallstätter Aussichtsberg die Krone, doch die Tour auf den ihm östlich vorgelagerten Schneidkogel ist auch nicht von schlechten Eltern. Er ist rascher und leichter zu besteigen, wenn auch der große Rundumblick fehlt. Von dem mit Aufstiegshilfe erreichbaren Salzberg ist man in zwei Stunden am Gipfel, wo die Wasserfläche des Hallstätter Sees in schwindelerregender Tiefe und darüber die Dachsteingletscher verlockend grüßen. Da die Tour leicht an einem halben Tag zu machen ist, bleibt danach oder davor auch noch Zeit für einen Besuch des Salzbergwerks, was besonders mit Kindern zu empfehlen ist.

Ausgangspunkt: Talstation, 512 m (Parkplatz 2, kostenpflichtig!), der Standseilbahn auf den Hallstätter Salzberg in Hallstatt/Lahn. Auffahrt zur Bergstation, 855 m, nahe dem Rudolfsturm, auf einer Schulter an der Mündung des Halltales. Vom 5./10. Jan. bis 1./5. Feb. geschlossen, sonst tägl. 9 bis 16.30 Uhr, vom 1. April bis 30. Sept. bis 18 Uhr in Betrieb.
Anforderungen: Einfache kurze Tour auf bezeichneten Fahr- und Fußwegen. Am Gipfel Vorsicht mit Kindern (Steilabstürze!).
Einkehr: Berggasthaus Rudolfsturm (keine Nächtigung, Tel. +43 664 88280101, www.rudolfsturmhallstatt.at) und Buffet im Hallstätter Salzbergwerk, beide mit der Salzbergbahn geöffnet. Unterwegs keine Einkehr.
Tipps: Am Salzberg sehenswertes Gräberfeld aus der Hallstatt-Zeit, ferner interessante Führung durch das Hallstätter Salzbergwerk (vom 5./10. Jan. bis 1./5. Feb. geschlossen, sonst tägl. in Betrieb; Information unter Tel. +43 6132 2002400, www.salzwelten.at; Führungsdauer 1½ Std.).
Atemberaubender Tiefblick von der Aussichtsplattform »Welterbeblick« (Skywalk) auf Hallstatt und See!

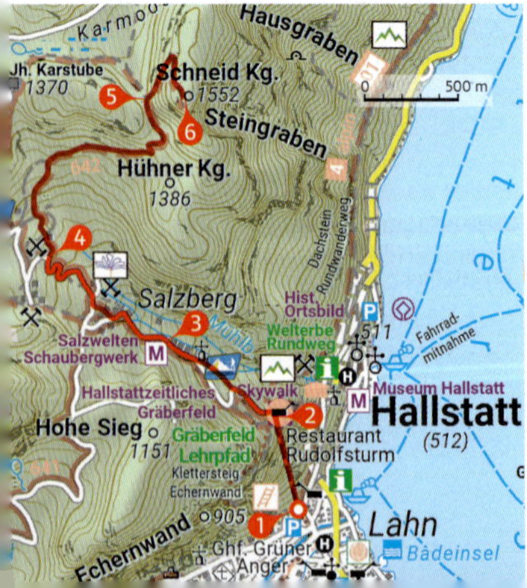

Nach der Fahrt mit der **Salzbergbahn** von der **Talstation in Lahn** ❶ zur **Bergstation** ❷ auf asphaltiertem Fahrweg (Nr. 640) das Halltal nach Nordwesten aufwärts zum Bildstock St. Barbara, dann am **Maria-Theresia-Stollen** vorbei zum Eingang in das **Hallstätter Salzbergwerk** ❸, 910 m. Den nun steilen Fahrweg durch das Hochtal weiter bergauf zum Wasserspeicher **Maximilianstollen**, 1002 m, danach zu einem Wendeplatz (Holzhütte) mit Verzweigung. Geradeaus den Weg Nr. 640 und 642 entlang der

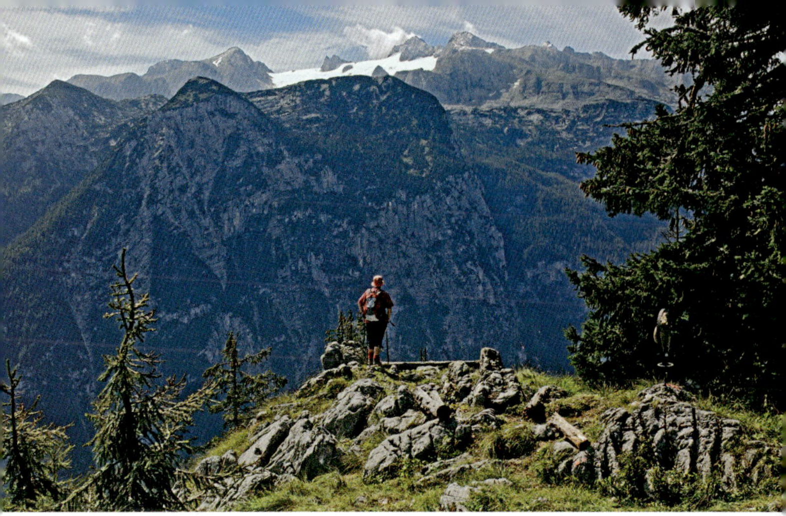

Am Gipfel des Schneidkogels mit Blick zum Dachstein.

Stromleitung eine Wiesenschneise steil nach Nordwesten hinauf zu einer querenden Naturstraße (Haus, Brunnen). Die in Kehren aufwärts führende Straße oder den bezeichneten Abkürzer weiter zur Verzweigung bei den Hausresten der **»Gemauerten Stube«** 4, 1130 m. Auf Karrenweg (Nr. 642) nach rechts in den Wald und dort über einen Bach, dann, eine Forststraße (Holzhaus, Brunnen) traversierend, zur nächsten Teilung. Rechts haltend, an der **»Schnapstanne«** vorbei, nach Norden hinauf zu querendem Karrenweg, 1243 m. Diesen an den Waldhängen nach rechts (Osten) gegen den Sattel zwischen Hühnerkogel und Schneidkogel aufwärts zu einer Lichtung mit Wegteilung. Links den bezeichneten Steig durch einen Graben nach Norden empor in den **Waldsattel** 5, 1390 m (Verzweigung), zwischen dem Schneidkogel rechts und einer Waldkuppe links. Rechts ab und auf bezeichnetem Steig an der Westseite des Berges unter Felswänden nach Norden aufwärts, später über eine Rampe nach rechts empor an den breiten Nordrücken. Über diesen im licht bewaldeten Gelände bergauf, zuletzt eben auf den großteils baumfreien Gipfel des **Schneidkogels** 6, 1552 m, mit schmiedeeisernem Gipfelzeichen.

Abstieg entlang der Anstiegsroute.

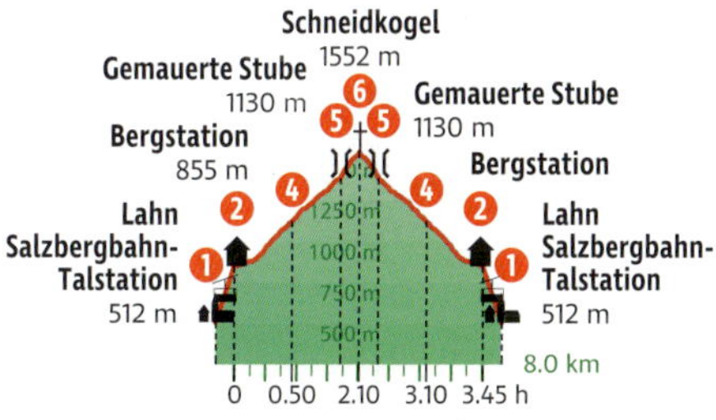

↗ 1135 m | ↘ 1135 m | 9.6 km

34 Hoher Plassen, 1953 m

5.30 h

Hallstätter Hausberg mit anstrengendem 1100-Meter-Anstieg

Auf markierten Steigen in dreistündigem Fußanstieg vom Hallstätter Salzberg aus zu erreichen, entpuppt sich der Hohe Plassen als ein würdiges Gegenstück zu seinem östlichen Gegenüber, dem Hohen Sarstein. Ähnlich diesem hat er ein umfassendes Gipfelpanorama mit überwältigender Schau auf die gletschergepanzerte Dachstein-Majestät anzubieten, das klarsichtiges Wetter verdient.

Ausgangspunkt: Talstation, 512 m (Parkplatz 2, kostenpflichtig!), der Standseilbahn auf den Hallstätter Salzberg in Hallstatt/Lahn.
Auffahrt zur Bergstation, 855 m, nahe dem Rudolfsturm, auf einer Schulter an der Mündung des Halltales. Vom 5./10. Jan. bis 1./5. Feb. geschlossen, sonst tägl. 9 bis 16.30 Uhr, vom 1. April bis 30. Sept. bis 18 Uhr in Betrieb.
Anforderungen: Lange, anstrengende Tour auf bezeichneten Wegen und Steigen in teils felsigem Gelände. Trittsicherheit, Schwindelfreiheit und sicheres Wetter nötig.
Einkehr: Berggasthaus Rudolfsturm (keine Nächtigung, Tel. +43 664 88280101, www.rudolfsturmhallstatt.at) und Buffet im Hallstätter Salzbergwerk, beide mit der Salzbergbahn geöffnet. Unterwegs keine Einkehr.
Tipps: Am Salzberg sehenswertes Gräberfeld aus der Hallstatt-Zeit, ferner interessante Führung durch das Hallstätter Salzbergwerk (vom 5./10. Jan. bis 1./5. Feb. geschlossen, sonst tägl. in Betrieb; Information unter Tel. +43 6132 2002400, www.salzwelten.at; Führungsdauer 1½ Std.).
Atemberaubender Tiefblick von der Aussichtsplattform »Welterbeblick« (Skywalk) auf Hallstatt und See!

Nach der Auffahrt mit der Standseilbahn von der **Talstation** in **Lahn** ❶ zur **Salzbergbahn-Bergstation** ❷ auf asphaltiertem Fahrweg (Nr. 640) das Halltal nach Nordwesten aufwärts zum Bildstock St. Barbara, dann am **Maria-Theresia-Stollen** vorbei zum Eingang in das **Hallstätter Salzberg-**

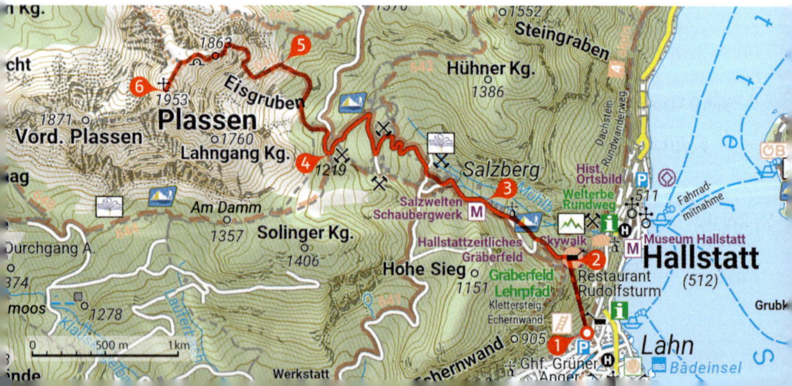

werk ❸, 910 m. Den nun steilen Fahrweg durch das Hochtal weiter aufwärts zum Wasserspeicher **Maximilianstollen**, 1002 m, danach zu einem Wendeplatz (Holzhütte) mit Verzweigung. Geradeaus auf bezeichnetem Weg (Nr. 640 und 642) entlang der Stromleitung eine Wiesenschneise steil nach Nordwesten hoch zu querender Naturstraße (Haus, Brunnen). Die in Kehren aufwärts führende Straße oder den bezeichneten Abkürzer nordwestwärts weiter zur Verzweigung bei den Hausresten der **»Gemauerten Stube«**, 1130 m. Entlang der Straße (Abkürzer) empor zum **Hohen Wasserstollen** ❹, 1219 m, und danach zu Verzweigung. Links den bezeichneten Steig Nr. 640 durch Latschen und Geröll in Windungen nach Nordwesten hinauf zur **Wegteilung** ❺, 1470 m, am Fuß des Plassen. Auf Nr. 640 schräg nach links (Südwesten) aufwärts zu einer Geröllhalde, danach über einen Felsabsatz (Drahtseil) und durch Latschen in einen Sattel, 1560 m. Über einen Grashang nach rechts hoch, danach einen Steilhang in Kehren empor an den Nordostgrat des Berges. Unterhalb seiner Kammhöhe nach links aufwärts, später rechts vom Grat leicht bergab in das Kar nördlich unterm Gipfel, wo von rechts Weg Nr. 643 über den Nordwestrücken einmündet. Nun über Schrofen schräg nach rechts empor zum Gipfel des **Hohen Plassen** ❻, 1953 m (Gipfelkreuz, Buch). **Abstieg** entlang der Aufstiegsroute.

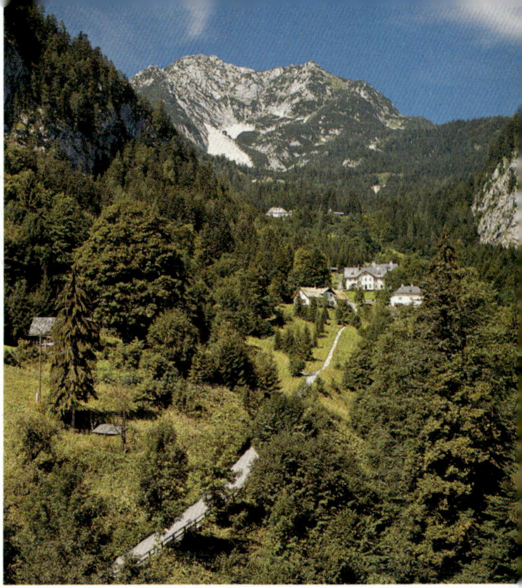

Aufblick vom Gasthof Rudolfsturm am Hallstätter Salzberg zum Hohen Plassen. Im Mittelgrund erkennt man die Häuser beim Hallstätter Salzbergwerk.

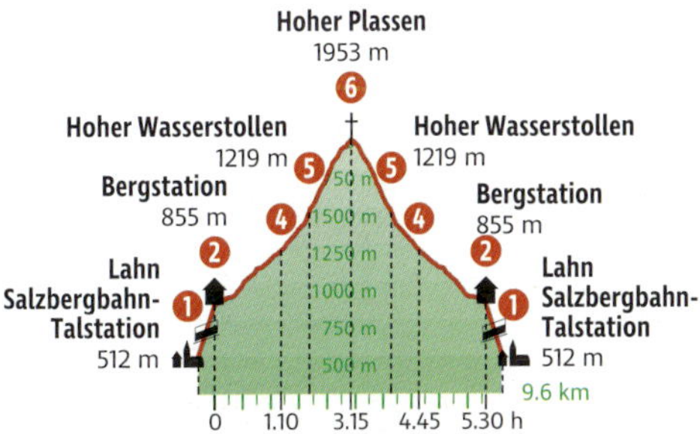

TOP

35

↗ 500 m | ↘ 500 m | 8.8 km

3.20 h

Waldbachstrub und -ursprung

Zu den Wundern des Echerntales

Das im Westen des Hallstätter Sees gelegene Echerntal hat sich wie ein Canyon in die Dachsteinmasse eingefressen. Mit seinen herrlichen Wäldern und großartigen Wasserfällen verdient es den Besuch jedes Naturliebhabers. Schaustück dort ist die großartige Felsschlucht Waldbachstrub, in die unter ohrenbetäubendem Getöse gleich drei Wasserfälle stürzen. Wahrlich ein Ort tobender Elemente, der schon im 19. Jahrhundert Schriftsteller und Maler wie Adalbert Stifter und Ferdinand Waldmüller angelockt hat.

Ausgangspunkt: Parkplatz 2 in Hallstatt/Lahn, 512 m (kostenpflichtig), beim Saline-Verwaltungsgebäude nahe der Talstation der Salzbergbahn (Schrägaufzug) südlich von Hallstatt.
Anforderungen: Unschwierige Tour, am Gangsteig jedoch Trittsicherheit, Schwindelfreiheit sowie trockenes Wetter nötig.
Einkehr: Gastbetriebe in Hallstatt und Lahn. Unterwegs keine Einkehr.
Hinweis: Bei Fahrt mit dem Auto bis zum Haus Dachsteinwarte (2 km ab Hallstatt/Lahn) insgesamt 45 Min. Zeitersparnis, aber weniger attraktiv als zu Fuß.

Von **Hallstatt/Lahn (Parkplatz 2)** ❶, auf der Straße kurz nach Westen zu einer Verzweigung. Rechts den **Echerntalweg** (Nr. 641), an Häusern vorbei, in den Wald zum imposanten **Kreuzstein**, später über Wiesen, am Waldbach entlang, zum **Haus Dachsteinwarte**. Links über den Bach zum **Parkplatz** ❷ am Ende der Straße von Lahn her. Rechts ab und auf dem **Malerweg** neben dem Waldbach talein unter die Mitterwand, später über den Bach nach rechts wieder zum **Echerntalweg**. Diesen nach links (Westen) hinauf zur Rechtsabzweigung des **Gangsteiges** und gerade weiter nach **Waldbach-**

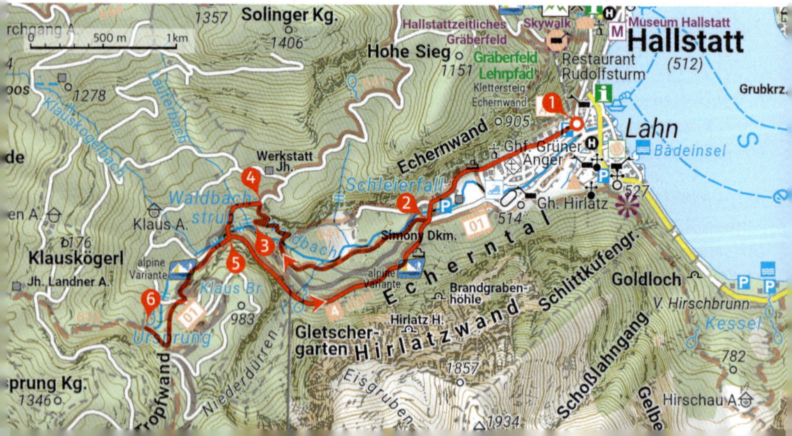

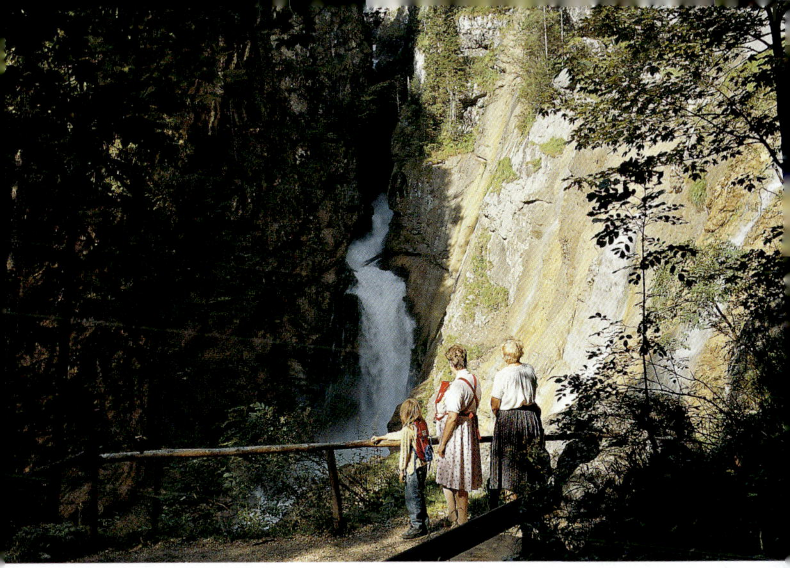

Der Waldbachstrub-Wasserfall im inneren Echerntal.

strub ❸, 660 m. In die enge Klamm des 95 m hohen Strubfalls münden die rechter Hand herabstürzenden Wasserfälle des Klauskogelbachs und des 150 m hohen Lauterbachs.

Zurück zur Abzweigung des **Gangsteiges** (Nr. 641) und diesen durch Wald empor, dann die lotrechte **Echernwand** über ein steiles Felsband (Stufen, Geländersicherung) luftig nach links hinauf in den Wald und durch ihn nach Norden zur **Salzberg-Forststraße** ❹. Diese links haltend abwärts zur **Waldbachstrub-Steinbrücke** ❺ und jenseits zur **Echerntal-Forststraße**. Auf ihr neben dem Waldbach 150 m nach rechts, dann auf Weg Nr. 601 und 613 links die bewaldeten Hänge nach Süden hinauf zu einer Teilung. Auf Weg Nr. 613 rechts haltend weiter, zuletzt vom Weg ab und nach rechts hinunter zur Riesenquelle des **Waldbachursprungs** ❻, 948 m.

Zurück zur **Waldbachstrub-Steinbrücke** ❺. An der rechten Talseite die Forststraße weiter abwärts, später durch die **Mitterwand** (Tunnel) und über den **Dürrenbach**, schließlich an den Waldhängen unterhalb der Hirlatzwand hinab in das **Echerntal** und zum **Parkplatz** ❷ am Ende der Straße von Lahn her. Weiter auf bekanntem Weg nach **Hallstatt/Lahn** ❶.

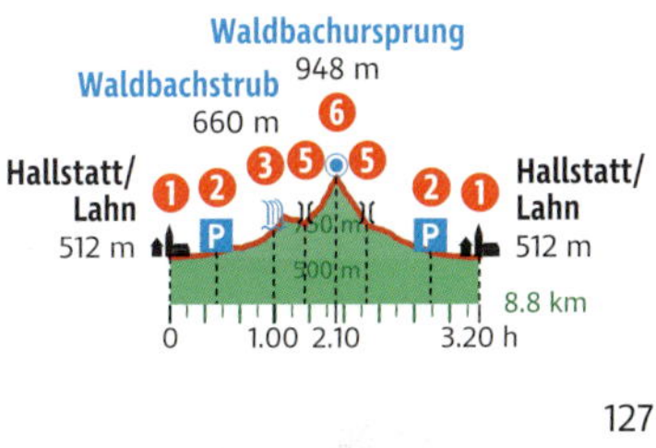

↗ 90 m | ↘ 370 m | 7.7 km

36 Heilbronner Rundwanderweg

2.15 h

Vom Krippenstein in die Einsamkeit der Dachstein-Hochfläche

Dass im unübersichtlichen Gelände der Dachstein-Hochfläche der Alpinerfahrung, vor allem der richtigen Einschätzung des Wettergeschehens, große Bedeutung zukommt, dass hier schon ein kleiner Fehler katastrophale Folgen haben kann, beweist die Tragödie von Ostern 1954. Damals mussten 13 junge Heilbronner Skibergsteiger in einem heftigen Schneesturm ihr Leben lassen. An schönen Sommertagen pilgern vom Krippenstein her oft Hunderte zum Ort des Geschehens, den ein großes, weithin sichtbares Kreuz markiert.

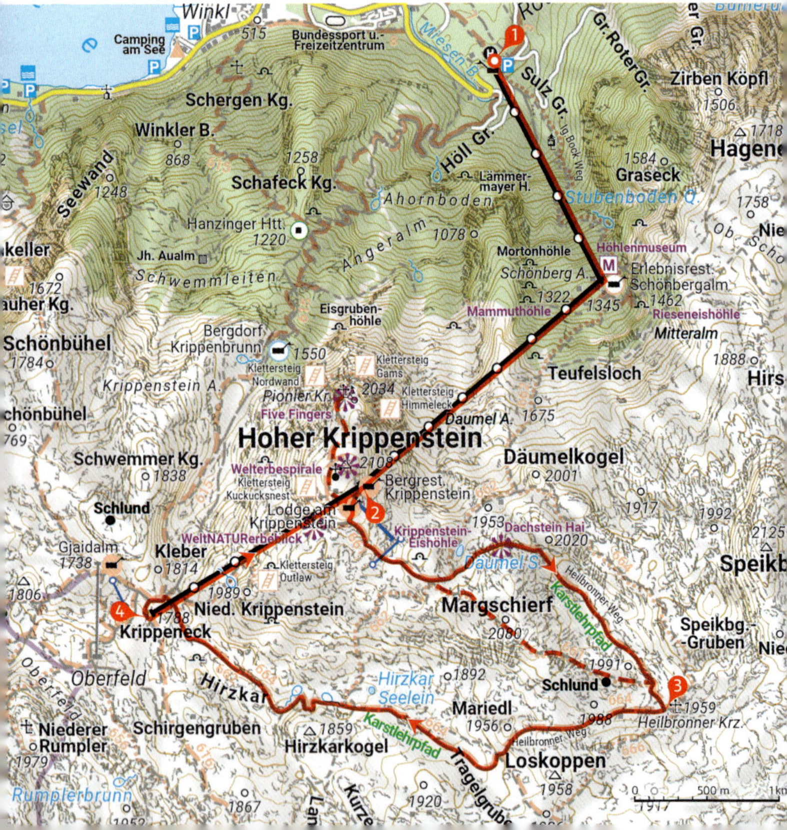

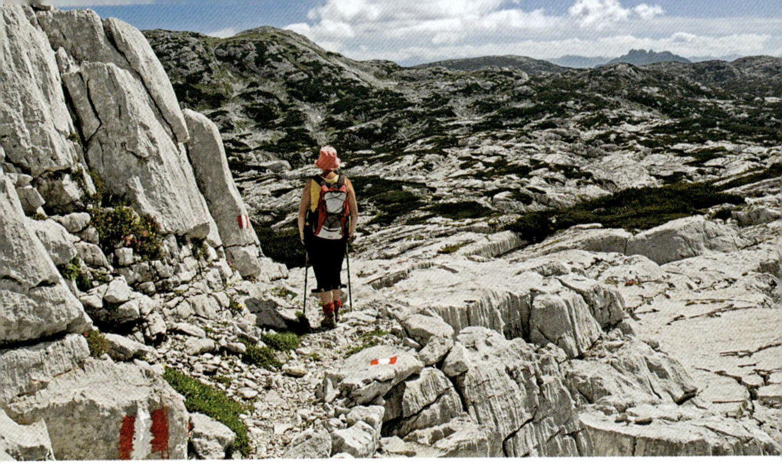

Unterwegs auf dem »Heilbronner Weg« (hier auf der Variante über den Margschierf).

Ausgangspunkt: Talstation, 600 m (Großparkplatz, Bushalt), der dreiteiligen Dachstein-Krippenstein-Seilbahn, 3 km südöstl. von Obertraun, am Nordfuß des Krippensteins. Auffahrt zur Bergstation 2 (»Krippenstein«, 2070 m) südöstlich unterm Gipfel des Krippensteins (Fahrt alle 15 Min.); vom 25./30. April bis 5. Nov. tägl. 8.40–19 Uhr, im Mai, Juni und ab 10. Sept. bis 17 (17.10) Uhr. Achtung! Die 3. Sektion Krippenstein – Krippeneck/Gjaidalm ist erst ab 10. Juni in Betrieb!
Anforderungen: Einfache Wanderung auf breiten Fuß- und Fahrwegen. Auch für Kinder und ältere Leute geeignet. Nur bei nebelfreiem Wetter!
Einkehr: Krippenstein-Lodge (55 B., ganzj. geöffnet, Tel. +43 6131 21801 oder +43 664 3804054, www.lodge.at), Ghf. Gjaidalm-Dachsteinalm (50 B., 20 L., 1. Juni – 26. Okt. geöffnet, Tel. +43 6131 596 und +43 664 43 33 203, www.gjaid.at).
Varianten: Von der Bergstation 2 führt ein breiter Fußweg westlich unterm Krippenstein (Rechtsabzweigung zum nahen Krippenstein-Gipfel, 2108 m) nach Norden zur Schulter beim Pionierkreuz mit der luftigen Aussichtsplattform »5fingers« (Tiefblick auf Hallstatt und See); 30 Min. ab Bergstation. Trittfeste können auch dem Weg Nr. 661 über den Margschierf folgen mit Prachtschau gegen das Dachsteinmassiv; 30 Min. zusätzlicher Zeitaufwand.
Wichtiger Hinweis: Letzte Talfahrt von der Bergstation 3 (»Krippeneck/Gjaidalm«) 18.50 Uhr, im Juni und ab 12. Sept. 16.50 Uhr (sonst Übernachtung im nahen Ghf. Gjaidalm, 15 Gehminuten nordwestlich unterhalb der Seilbahnstation 3).

Nach der Auffahrt mit der Seilbahn von der **Talstation** ❶ zur **Bergstation 2** ❷ den Fahrweg Nr. 661 (»Heilbronner Weg«, »Karstlehrpfad«), an der **Krippenstein-Lodge** vorbei, nach Südosten hinab zur ersten Teilung. Links haltend in eine Senke und auf Fahrweg durch gegliedertes Karstgelände eben zur zweiten Verzweigung (links zur **Krippenstein-Eishöhle**), später zur Abzweigung von Weg Nr. 662 und gleich danach zur Rechtsabzwei-

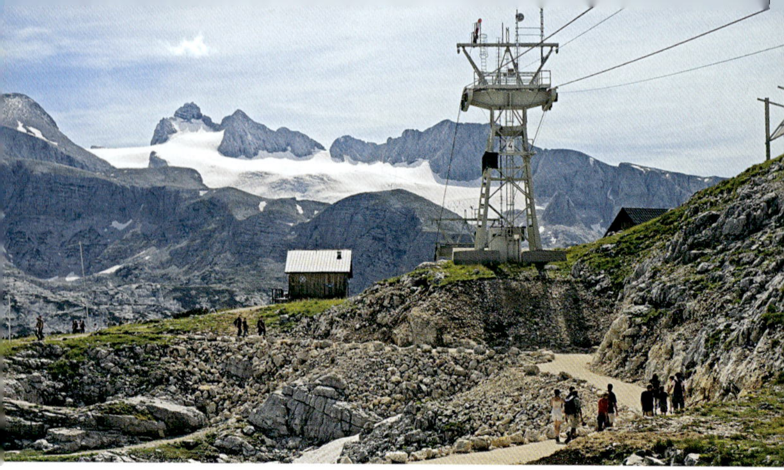

Die Bergstation 2 »Krippenstein« ist Ausgangspunkt für eine Begehung des »Heilbronner Wegs«. Im Bild das Dachsteinmassiv mit dem Hallstätter Gletscher.

gung von Weg Nr. 661 über den Margschierf. Auf dem Fahrweg weiter und im Rechtsbogen um den Margschierf herum, danach durch Dolinenmulden im Auf und Ab nach Südosten zur Rechtseinmündung des Fußwegs Nr. 661. Gerade fort zu einer Teilung und kurz nach links empor zum **Heilbronner Kreuz** 3, 1959 m (Kruzifix mit Buch).

Retour zur letzten Wegteilung. Links den Fahrweg Nr. 664 über das Karrenplateau, an einer Unterstandshütte vorbei, eben nach Westen, dann abwärts zu einer Verzweigung. Geradeaus (Fahrweg) die weite Talung des **Hirzkars** durch grüne Dolinenmulden bergab zu Verzweigung bei einer Unterstandshütte. Gerade fort und unter einer Felswand (Quelle) empor zu einer Anhöhe. Jenseits hinab in eine lang gestreckte Dolinenmulde und an ihrer rechten Seite eben weiter, dann aufwärts in einen Sattel (Wegkreuzung) unterhalb der Dachstein-Seilbahn. Auf dem Fahrweg kurz nach links (Süden) empor zur **Seilbahnstation 3 »Krippeneck-Gjaidalm«** 4, 1788 m.

Rückfahrt mit der Dachstein-Krippenstein-Seilbahn (Sektion Krippeneck – Krippenstein erst ab 10. Juni in Betrieb!) zur **Bergstation 2** 2 und hinunter zur **Talstation** 1.

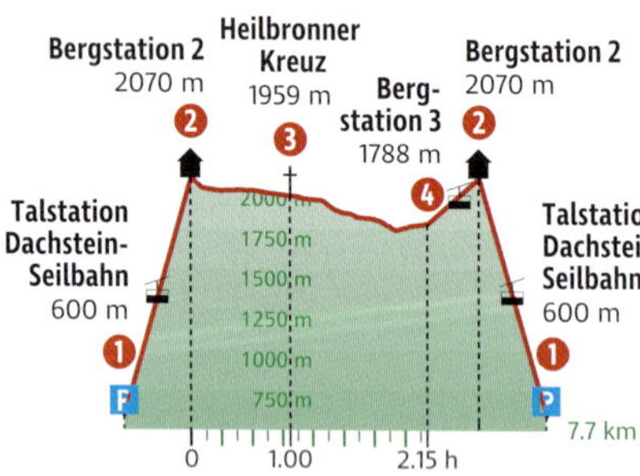

↗ 550 m | ↘ 550 m | 9.3 km

4.00 h

TOP **37**

Taubenkogel, 2300 m

Ein Aussichtsberg über den Karrenfeldern der Dachstein-Hochfläche

Zusammen mit dem Hohen Gjaidstein trennt der Taubenkogel die Becken des Hallstätter und des Schladminger Gletschers. Von der Hochfläche »Am Stein«, genauer von der Station »Krippeneck-Gjaidalm« der Dachstein-Krippenstein-Seilbahn, führt ein markierter Steig zu seinem Scheitel empor, wo der Blick auf König Dachstein mit dem grün schimmernden Eissee in der Tiefe frei wird. Ausdauernde können der Markierung weiter auf den Hohen Gjaidstein folgen, was zwar zusätzliche Gehstunden erfordert, den Schaugenuss jedoch beträchtlich steigert.

Ausgangspunkt: Talstation, 600 m (Großparkplatz, Bushalt), der dreiteiligen Dachstein-Krippenstein-Seilbahn, 3 km südöstlich von Obertraun, am Nordfuß des Krippensteins. Auffahrt zur Bergstation 2 (»Krippenstein«, 2070 m) südöstlich unterm Gipfel des Krippensteins (Fahrt alle 15 Min.); vom 25./30. April bis 5. Nov. tägl. 8.40–19 Uhr, im Mai, Juni und ab 10. Sept. bis 17 (17.10) Uhr. Achtung! Die 3. Sektion Krippenstein – Krippeneck/Gjaidalm ist erst ab 10. Juni in Betrieb!
Anforderungen: Unschwierige, hochalpine Bergtour auf bezeichnetem Steig. Trittsicherheit nötig. Nur bei nebelfreiem Wetter!
Einkehr: Bergrestaurant Krippenstein (keine Nächtigung, zu Betriebszeiten der Seilbahn geöffnet), Krippenstein-Lodge (55 B., ganzj. geöffnet, Tel. +43 6131 21801 oder +43 664 3804054, www.lodge.at), Ghf. Gjaidalm-Dachsteinalm (50 B., 20 L., 1. Juni – 26. Okt. geöffnet, Tel. +43 6131 596 und +43 664 43 33 203, www.gjaid.at). Unterwegs keine Einkehr.
Variante: Vom Taubenkogelsattel kann man dem bezeichneten Steig auf den Hohen Gjaidstein, 2794 m (Dachsteinblick) folgen; gesamter zusätzlicher Zeitaufwand (auf und ab) 3.30 Std.
Wichtige Hinweise: Letzte Talfahrt von der Bergstation 3 (»Krippeneck/Gjaidalm«) 18.50 Uhr, im Juni und ab 12. Sept. 16.50 Uhr (sonst Übernachtung im nahen Ghf. Gjaidalm, 15 Gehminuten nordwestlich unterhalb der Seilbahnstation 3).

Nach der Auffahrt mit der Seilbahn von der **Talstation** ❶ über die **Bergstation 2** ❷ zur **Station »Krippeneck-Gjaidalm«** ❸ auf Fahrweg kurz nach Nordwesten hinab in einen Sattel mit querender Schotterstraße. Diese nach links zur Teilung (geradeaus in 15 Min. hinab zu dem in großer Dolinenmulde gelegenen Ghf. Gjaidalm) und links haltend die Straße in Windungen nach Südwesten empor zum ehemaligen Militärstützpunkt **Oberfeld**, 1830 m. Auf Fußweg Nr. 615, 654 und 657 eben nach Westen zu einer **Teilung** ❹ (geradeaus zur Simonyhütte). Links den Weg Nr. 615 und 657 durch Latschen und über Karrenfelsen steil nach Südwesten hoch, später ebene Querung nach rechts zur nächsten Verzweigung und gerade fort zu einer **dritten Teilung** ❺ (rechts der »Trägerweg« Nr. 657 zur Simonyhütte). Auf Weg Nr. 615 südwestwärts durch Latschen bergauf, später über

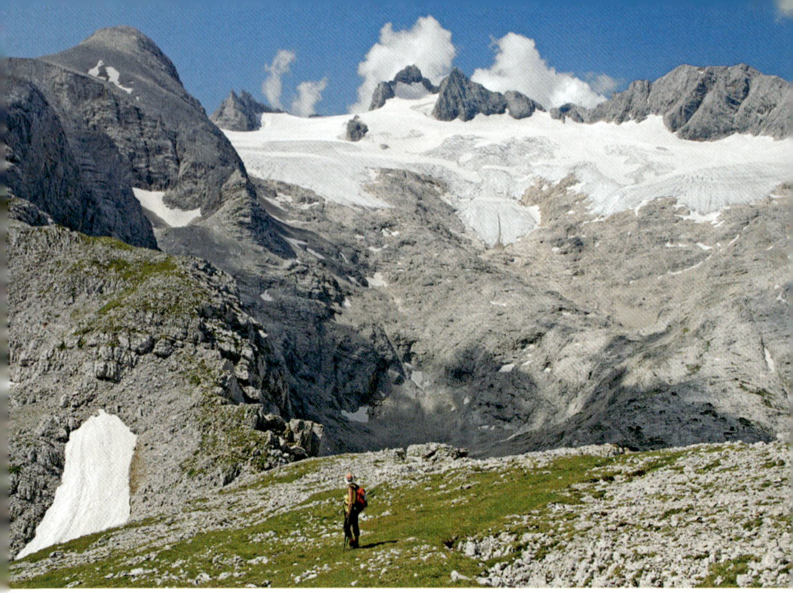

Hoher Gjaidstein, Dirndln und Hoher Dachstein mit dem Hallstätter Gletscher vom Anstieg auf den Taubenkogel.

eine Wiese leicht fallend und nach rechts (Westen) unter einen gerölligen Steilaufschwung. Über diesen in Kehren hoch, dann durch eine Latschenmulde in das große, mit Blockwerk gefüllte **Dolinental** ❻ zu Füßen der Taubenkogel-Ostwand. An seiner linken Seite über Karrenfelsen und Wiesen mäßig steil nach Süden aufwärts unter den Taubenkogelsattel. Gegen ihn nach rechts (Westen) hoch, dann in Kehren über eine schrofig-geröllige Steilflanke, zuletzt an der rechten Seite eines begrünten Hochtals zur

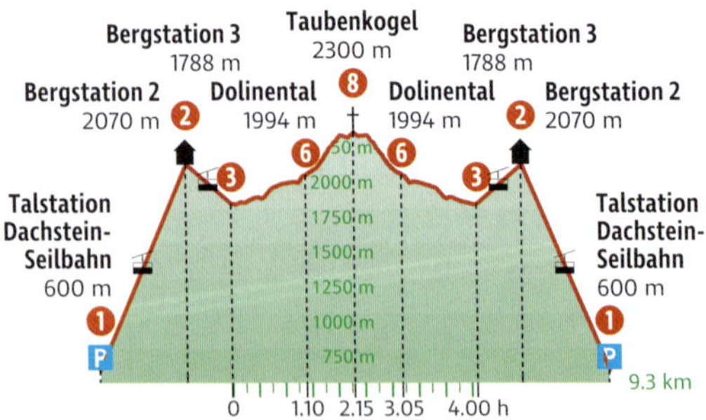

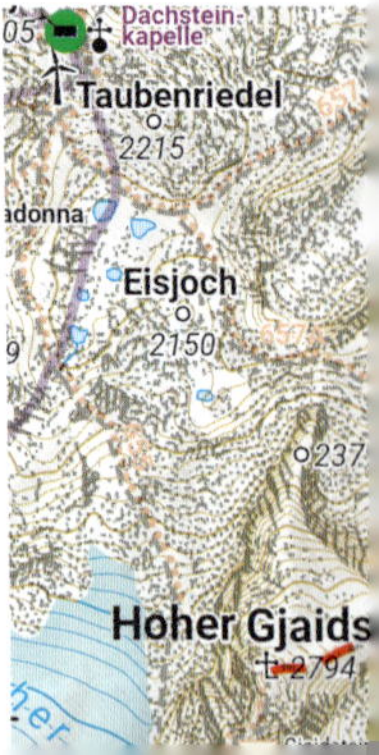

Schulter ❼, 2281 m, rechts überm Taubenkogelsattel. Über die grasige Südflanke des Berges nun nach rechts empor an den Gipfelrücken und dort durch Wiesen und über Felsstufen zum höchsten Punkt des **Taubenkogels** ❽, 2300 m (Gipfelkreuz, Buch).

Auf bekanntem Weg zurück zur Station **»Krippeneck-Gjaidalm«** ❸ und mit der Dachstein-Krippenstein-Seilbahn zurück zur **Talstation** ❶ (siehe Hinweis).

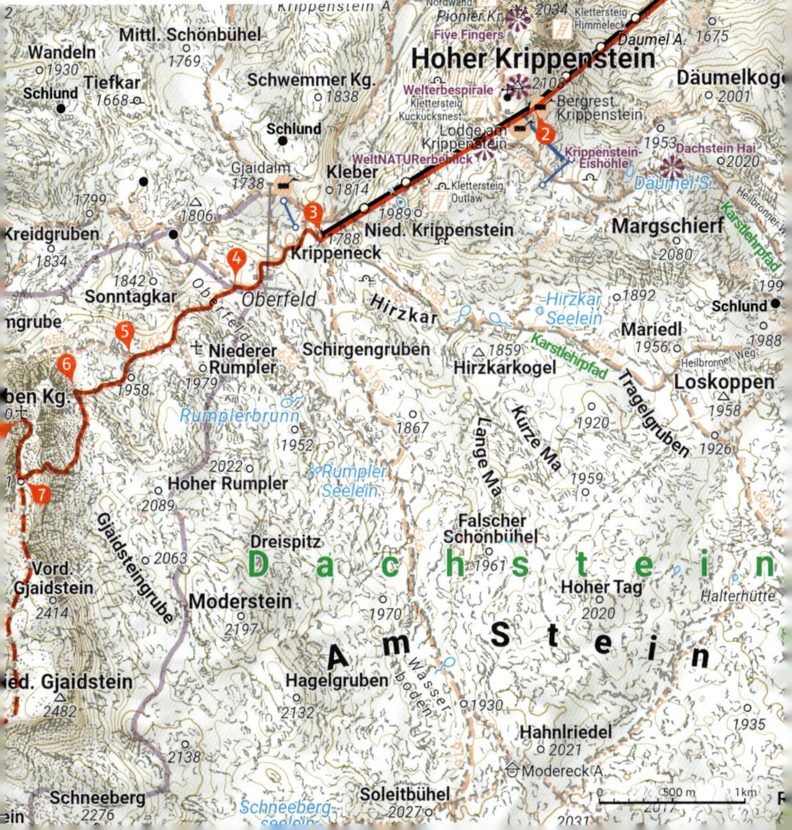

↗ 700 m | ↘ 700 m | 14.3 km

38 Simonyhütte, 2205 m

6.15 h

Bekannter Bergsteigerstützpunkt in der Hochregion des Dachsteins

Den gewaltigen Schluss-Apotheosen in den Symphonien des oberösterreichischen Komponisten Anton Bruckner vergleichbar, bildet der in gleißender Gletscherpracht über dem südlichen Salzkammergut aufragende Dachstein den Abschluss und Höhepunkt des ganzen Gebietes. Ein Ausflug in die hochalpine Region der Gruppe ist daher unbedingtes »Muss« für erfahrene Bergwanderer. Die lange Wanderung von der Dachsteinbahn-Station Krippeneck-Gjaidalm über die Karrenhochfläche »Am Stein« zur Simonyhütte ist von beeindruckender Schönheit und vermittelt unvergessliche Ausblicke auf Hallstätter Gletscher und König Dachstein. Die Tour ist unschwierig, aber anstrengend. Bergsteigerische Erfahrung, Ausdauer und gutes Wetter sind nötig.

Die Simonyhütte an der Nordseite des Dachsteinmassivs.

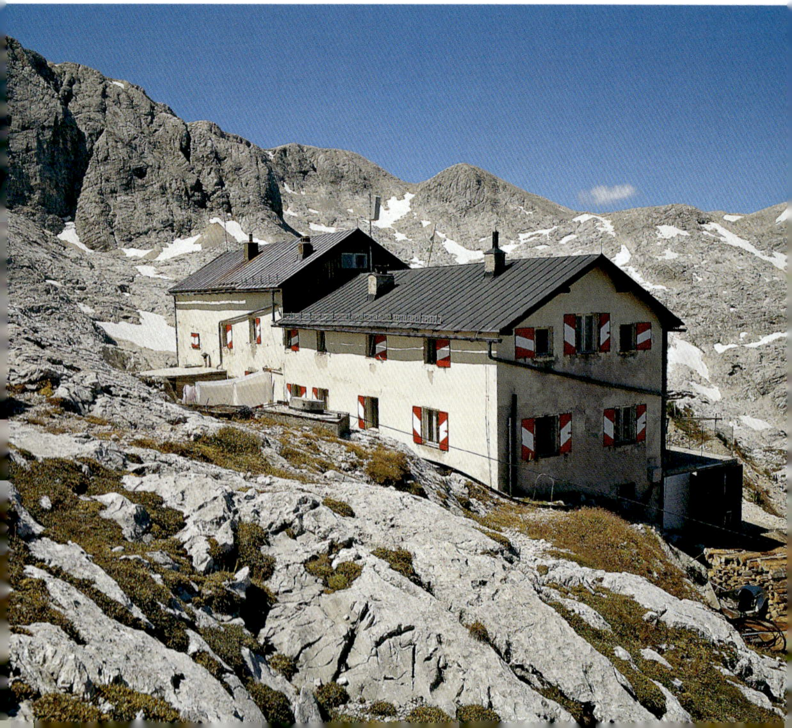

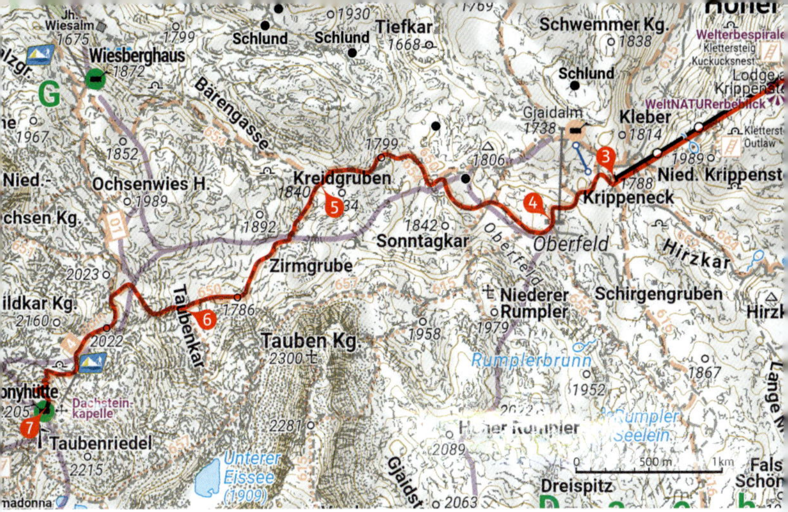

Ausgangspunkt: Talstation, 600 m (Großparkplatz, Bushalt), der dreiteiligen Dachstein-Krippenstein-Seilbahn, 3 km südöstlich von Obertraun, am Nordfuß des Krippensteins. Auffahrt zur Bergstation 2 (»Krippenstein«, 2070 m) südöstlich unterm Gipfel des Krippensteins (Fahrt alle 15 Min.); vom 25./30. April bis 5. Nov. tägl. 8.40–19 Uhr, im Mai, Juni und ab 10. Sept. bis 17 (17.10) Uhr. Achtung! Die 3. Sektion Krippenstein – Krippeneck/Gjaidalm ist erst ab 10. Juni in Betrieb!

Anforderungen: Anstrengende, aber unschwierige Tagestour im hochalpinen Gelände. Nur für erfahrene Bergwanderer. Bei Schlechtwetter abzuraten!

Einkehr: Simonyhütte (42 B., 94 L., 20./25. Mai – 1./5. Okt. geöffnet, Tel. +43 680 2196374 mobil, www.simonyhuette.at), Ghf. Gjaidalm-Dachsteinalm (50 B., 20 L., 1. Juni – 26. Okt. geöffnet, Tel. +43 6131 596 und +43 664 43 33 203, www.gjaid.at).

Wichtige Hinweise: Letzte Talfahrt von der Bergstation 3 18.50 Uhr, im Juni und ab 12. Sept. 16.50 Uhr (sonst Übernachtung im nahen Ghf. Gjaidalm, 15 Gehminuten nordwestlich unterhalb der Station 3).

Nach der Auffahrt mit der Dachstein-Krippenstein-Seilbahn von der **Talstation** ❶ zur **Bergstation 2** ❷ weiter mit der Seilbahn zur **Dachsteinbahn-Station 3** ❸ auf Fahrweg kurz nach Nordwesten hinab in einen Sattel mit querender Schotterstraße. Diese 40 m nach links zu einer Teilung (geradeaus in 15 Min. zu dem in grüner Dolinenmulde gelegenen Ghf. Gjaidalm) und links haltend die Straße durch Latschen in Windungen nach Südwesten empor zum **Militärstützpunkt Oberfeld** ❹, 1830 m.

Auf Weg Nr. 650 und 654 westwärts, an mehreren Abzweigungen vorbei, im Auf und Ab über die latschenbewachsene Karrenhochfläche zu wichtiger **Verzweigung** ❺, 1840 m. Hier links auf Weg Nr. 650 nach Süden hinab in eine grüne Mulde (**Kreidgrube**), dann über Karrenfelsen, an malerischen

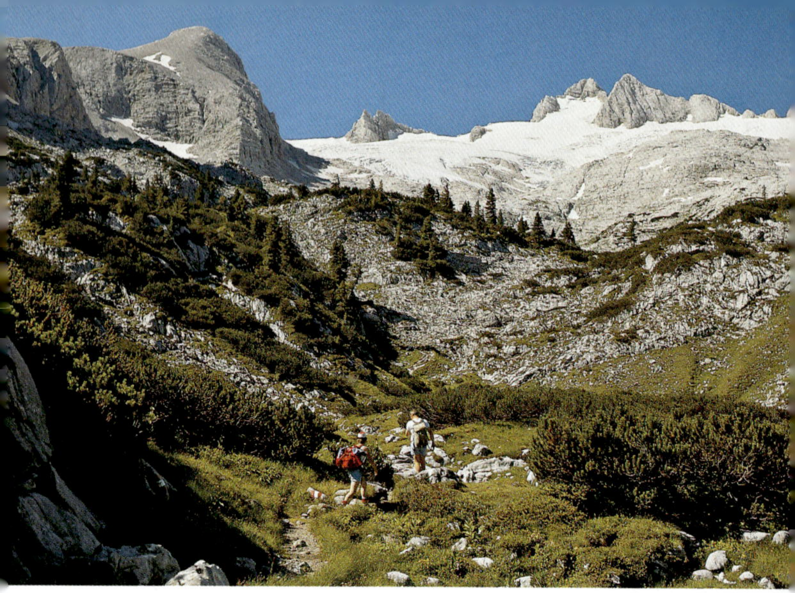

Unterwegs zur Simonyhütte im Bereich der Dachstein-Hochfläche »Am Stein«. Blick hinauf zu Gjaidstein, Dirndln, Dachstein und Hallstätter Gletscher.

Zirben vorbei, südwärts weiter, schließlich nach rechts (Westen) hinunter in die Mulde des **Taubenkares** ❻. Jetzt über eine sehr steile schrofige Rampe mühsam nach Südwesten hoch zum querenden **»Reitweg«** (Nr. 601) von Hallstatt her. Auf ihm nach links (Süden) über Karrenplatten aufwärts, dann von rechts her über einen letzten steilen Felsaufschwung in Kehren empor zur **Simonyhütte** ❼, 2205 m.
Rückkehr auf bekannter Route.

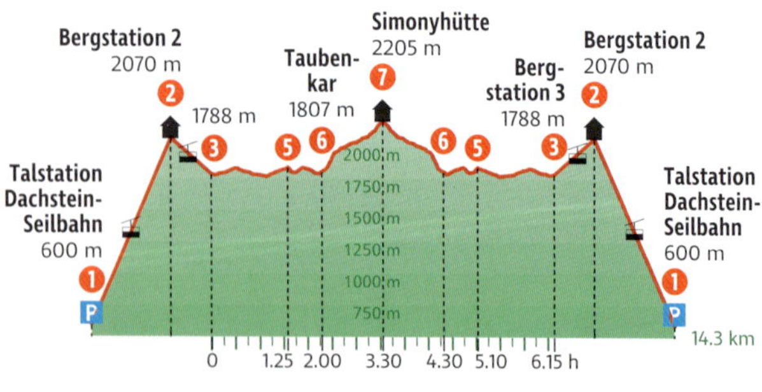

↗ 1020 m | ↘ 1020 m | 10.8 km

6.00 h

Hoher Sarstein, 1975 m

39

Ein Berg fürs Leben!

Mit Loser, Zinken, Trisselkogel und Sandling gehört der Sarstein zu den großen Wanderbergen des Ausseerlandes. Seine Nord-Süd-Überschreitung gilt unter Kennern als Paradetour. Aber auch auf dem hier gewürdigten »Kurzbesuch« vom Pötschenpass (auch »Pötschenhöhe«) her erhält man bleibende Eindrücke. Es gibt Fans, die behaupten, sie bräuchten im gesamten Alpenrund nichts weiter, als einmal im Jahr auf seinem Scheitel gestanden zu haben. Um ihnen beizupflichten, muss man freilich oben gewesen sein, die Idylle der Goiserer Sarsteinalm genossen, vor allem aber die grandiose Rundsicht mit Blickfang Dachstein geschaut haben.

Ausgangspunkt: Pötschenpass, 992 m (Parkplatz, Bushalt, Gaststätte), zwischen Sandling und Sarstein, an der B 145, 9 km von Bad Aussee bzw. Bad Goisern.
Anforderungen: Anstrengende Bergtour auf bezeichneten Wegen und Steigen mit teils gesicherten Felspassagen. Trittsicherheit, Schwindelfreiheit sowie sicheres Wetter und schneefreie Verhältnisse erforderlich.

Einkehr: Gasthaus Pötschenhöhe (keine Nächtigung, 15. Dez. – 31. März geschlossen, sonst immer geöffnet, Mo.bis Mi. Ruhetag, Tel. +43 3622/71634), Goiserer Sarsteinalm (11 L., 20. Juni – 20./25. Sept. geöffnet sowie im Okt. bei Schönwetter an Wochenenden; bei geplanter Nächtigung Voranmeldung unbedingt notwendig, Tel.+43 660 4949385 oder +43 660 1447223, www.sarstein.at).

Das Sarsteinmassiv vom Ostufer (Seewiese) des Altausseer Sees.

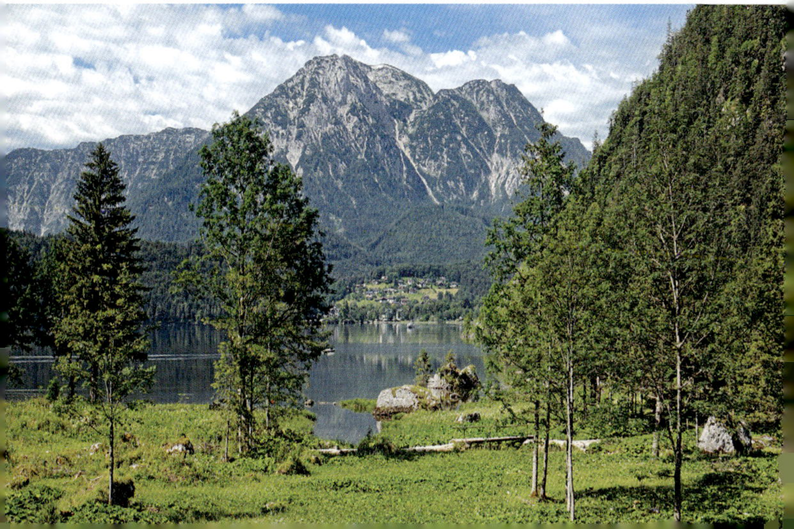

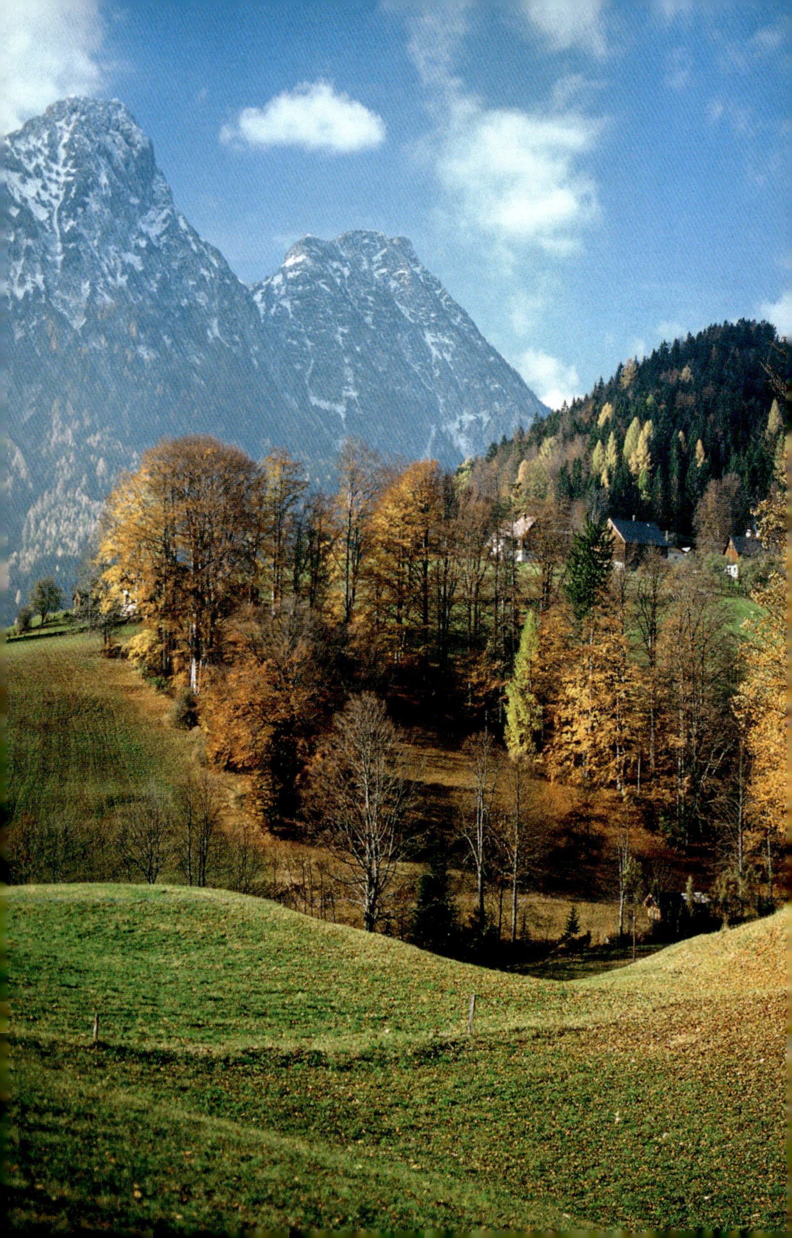

Vom **Pötschenpass** ❶ auf dem Weg Nr. 693 (Tafeln) oberhalb der B 145 an den Waldhängen in Südostrichtung mäßig steil hinauf zu einer Lichtung mit dem Querweg Nr. 691. Diesen durch Wald nach rechts (Süden) aufwärts gegen die zwischen Kleinem und Niederem Sarstein eingelagerte steile Karschlucht. Über ein angegrüntes Geröllfeld schräg nach rechts empor unter einen Felsaufschwung. Über diesen, an zwei gesicherten Felspassagen (ausgehauene Stufen, Drahtseil) vorbei, nach Süden hoch, später an der rechten Seite des Kares westwärts in Serpentinen weiter und durch ein Hochtal in den grasigen Sattel, 1711 m (Verzweigung), zwischen Kleinem und Hohem Sarstein. Jenseits kurz nach Westen hinunter zur wunderschön gelegenen **Goiserer Sarsteinalm** ❷, 1695 m.

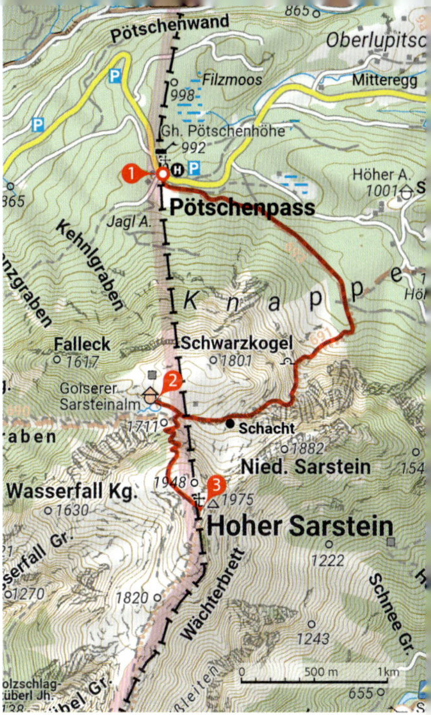

Zurück in den oben erwähnten Sattel. Dort rechts ab und auf dem steinigen Weg Nr. 692 die steile Nordflanke des Berges in Kehren hoch, später rechts um einen Rücken herum in eine Karmulde. Aus dieser nach Südosten empor zum Gipfel des **Hohen Sarsteins** ❸, 1975 m.
Abstieg entlang der Anstiegsroute.

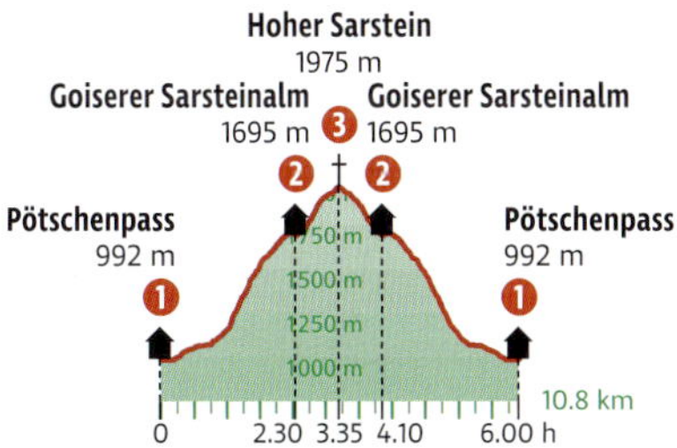

Das Massiv des Hohen Sarsteins von Südosten betrachtet.

↗ 210 m | ↘ 210 m | 9.7 km

40 Sommersbergsee, 856 m

2.40 h

Ein warmer Moorsee im Ausseer Mittelgebirge

Die Gegend um Bad Aussee bietet eine Tourenauswahl für alle Ansprüche. Neben Gipfelbesteigungen und See-Umwanderungen lassen sich auch bequeme Spaziergänge in Mittelgebirgslagen unternehmen. Von besonderem Reiz sind da die von malerischen Baumgruppen durchsetzten Wiesenhochflächen Schmiedgut, Ischlberg, Helmbichl und Wasnerin westlich über Aussee. Der hier beschriebene Rundwanderweg führt durch diese Gebiete und auch am dunklen Sommersbergsee – ein warmer Moorsee mit Bademöglichkeit – vorbei.

Ausgangspunkt: Ortsmitte von Bad Aussee, 659 m (Bahn- und Bushalt sowie teils kostenpflichtige Parkplätze), beim Kur- und Congresshaus und der bekannten Café-Konditorei Lewandofsky-Temmel.

Anforderungen: Einfache kurze Wanderung auf bezeichneten Wegen und Straßen.

Einkehr: Hotel Wasnerin (200 B., im Nov. zwei Wochen zu, sonst ganzj. geöffnet, kein Ruhetag, Tel. +43 3622 52108, www.diewasnerin.at). Zahlreiche Gastbetriebe in Bad Aussee.

Tipp: Besuch des Bad Ausseer Alpengartens (Mai –Okt. tägl. 8–18 Uhr geöffnet, Anreise mit öffentlichem Bus, Linie 952: Haltestelle Bad Aussee Alpengarten, www.steiermark-card.net).

Wichtiger Hinweis: Aufgrund von Rechtsstreitigkeiten ist der Sommersbergsee derzeit (Stand: Sommer 2022) nicht zugänglich. Die vorliegende Wanderung kann somit vorübergehend nicht unternommen werden. Nach Auskunft der Gemeinde Bad Aussee steht jedoch eine Klärung der Verhältnisse in Aussicht, sodass der Seebesuch eventuell schon ab Sommer 2023 wieder möglich sein dürfte.

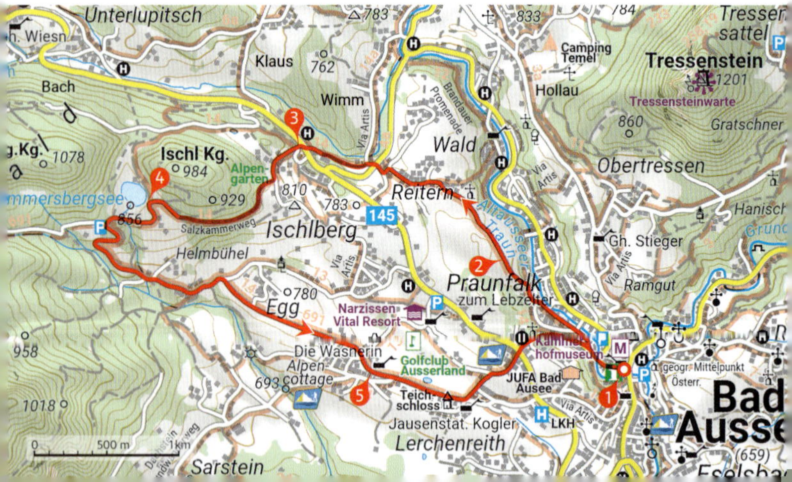

Aus dem Ortszentrum von **Bad Aussee** ❶ nordwestwärts durch die Ischler Straße zur Reitererbrücke über die Altausseer Traun und jenseits an einem kleinen Einkaufszentrum vorbei zur Rechtsabzweigung der Elisabeth-Promenade. Auf ihr (Weg Nr. 14) nahe der Traun in Nordwestrichtung weiter, dann nach links in die Schmiedgutstraße und diese steil aufwärts zur Wiesenhochfläche und den Häusern **Schmiedgut** ❷. Nordwestwärts weiter, dann nach rechts hinab zur Altausseer Zubringerstraße. Jenseits (Weg) über Wiesen und durch Wald westwärts empor zur B 145 ❸, die traversiert wird. Jenseits auf Naturstraße (Weg Nr. 14) durch Wald nach Südwesten aufwärts zu Verzweigung bei einigen Häusern (nach rechts zum Alpengarten). Auf bezeichnetem Weg am Waldrand gerade fort, dann im Rechtsbogen um den Ischlkogel herum zu dem westlich von ihm in einer Mulde gelegenen **Sommersbergsee** ❹, 856 m.

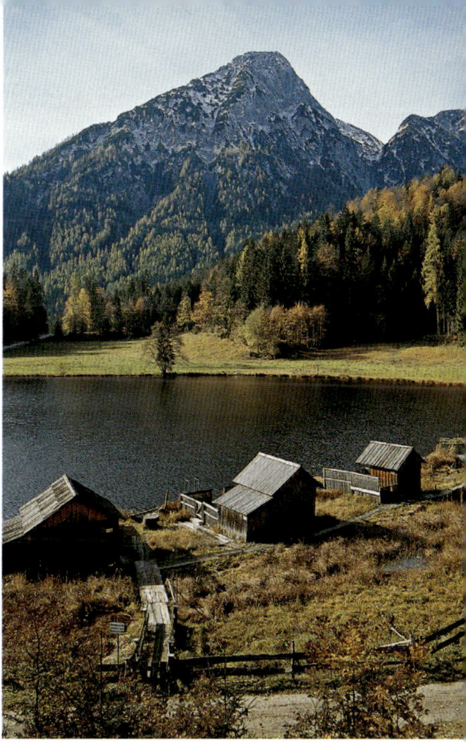

Sommersbergsee und Hoher Sarstein von Norden.

Vom Sommersbergsee nach Südwesten hinauf zum Beginn einer Asphaltstraße. Diese in Kehren nach Süden hinunter, dann ostwärts über Wiesen, am **Hotel Wasnerin** ❺ vorbei, zur Linksabzweigung einer Straße. Auf ihr – die ehemalige Panoramapension Teichwirt bleibt links – zur B145 und jenseits steil hinab nach **Bad Aussee** ❶.

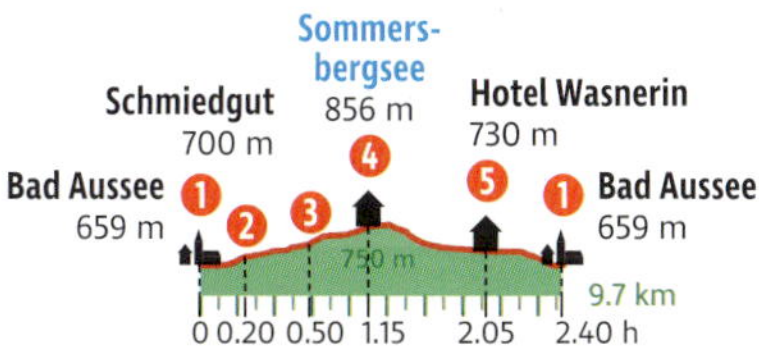

↗ 400 m | ↘ 400 m | 9.6 km

41 Moosberg-Steinberg-Runde

2.45 h

Viel Wanderglück für wenig Mühe

Das ist eine Wanderung, die problemlos auch an Regentagen zu machen ist. Nach einer Besichtigung der Ruine Pflindsberg (Aussichtswarte) geht es über die Moorhochflächen Langmoos und Moosberg (interessante Vegetation!) zum Altausseer Salzbergwerk, wo man auf Führungen ins Berginnere die alten und neuen Methoden des Salzabbaus kennenlernt.

Ausgangspunkt: Straßenverzweigung beim Restaurant »Postillions Einkehr« im Ortsteil Puchen in Altaussee, 720 m (Bushalt, teils kostenpflichtige Parkplätze).
Anforderungen: Bequeme Wanderung meist auf Forststraßen.
Einkehr: Buffet im Altausseer Salzbergwerk (zu den Betriebszeiten der Salzbergbahn geöffnet: 5./10. Jan. – 1./5. Feb. geschlossen, sonst tägl. 9–16.30 Uhr, 1. April – 30. Sept. bis 18 Uhr). Zahlreiche Gastbetriebe in Altaussee.
Variante: Zur Ruine Pflindsberg kommt man auch durch den Graben des Trattenbaches (100 m hoher Wasserfall!).
Tipp: Das Altausseer Salzbergwerk »Ausseer Salzwelten« kann von 1. April bis 2. Nov. zu jeder vollen Stunde im Rahmen von Führungen besichtigt werden: jeden Mittwoch (außer November) Abendführungen (17 Uhr, www.salzwelten.at).

Von der Straßenverzweigung beim Restaurant »Postillions Einkehr« in **Altaussee** ❶ die Asphaltstraße nach Lupitsch nordwestwärts zu einer Verzweigung. Links über Wiesen hinauf in den Graben des **Trattenbaches**. Dort auf Sträßchen rechts ab und in Kehren zu den Häusern von **Zenzenbichl**, dann westwärts zum Waldrand empor. Den bezeichneten Fahrweg durch Wald

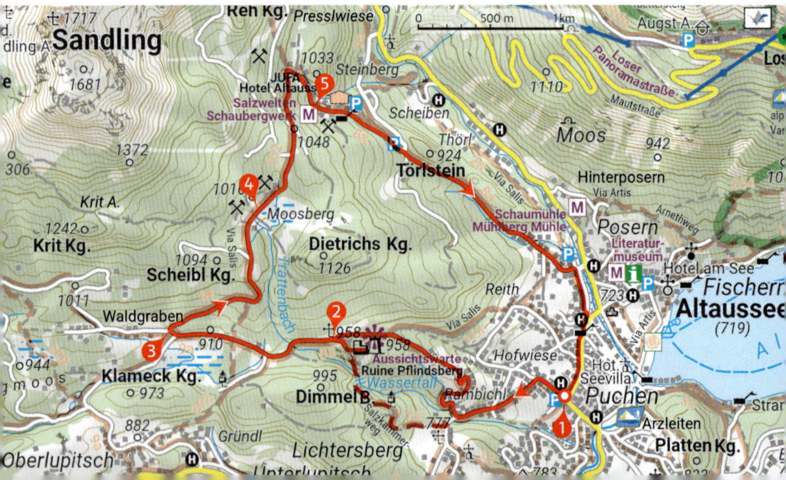

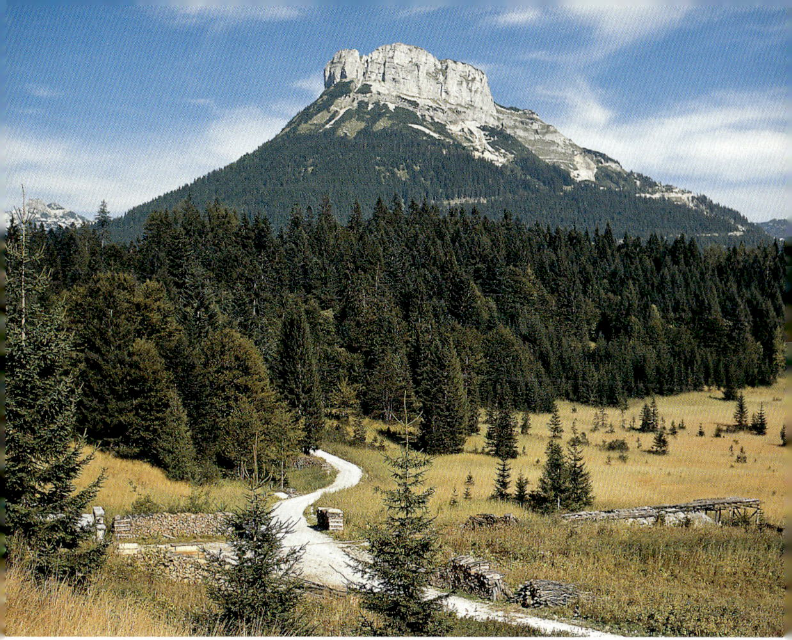

Die Moorhochfläche Moosberg mit dem Loser.

nach Westen aufwärts zur **Schlosswiese** 2 mit Verzweigung (Bank, Kruzifix). Von hier lohnende Besichtigung der im Osten auf einem bewaldeten Hügel stehenden, um 1250 errichteten **Ruine Pflindsberg**, 958 m, mit hölzerner Aussichtswarte. Auf Forststraße durch Wald nach Westen zur Moorhochfläche **Langmoos** und zur Straße nach Lupitsch. Auf ihr geradeaus zu einer **Verzweigung** 3. Rechts ab (!) und auf Forststraße (Weg Nr. 8a) durch Wald nach Nordosten aufwärts, dann nach links (Norden) über eine Wiese hinauf zu einer Anhöhe, 1040 m. Jenseits die Straße mit Weg Nr. 252 hinab zur Moorhochfläche **Moosberg** 4, 1010 m (Loserblick), mit Stolleneingang und nordwärts durch Wald hinauf zur nächsten Anhöhe, 1048 m, mit Verzweigung dreier Straßen. Wir folgen der mittleren (asphaltiert) hinab in einen Graben und durch ihn nach rechts zum **Altausseer Salzbergwerk** 5 am Steinberg, 950 m. Die asphaltierte Zufahrtsstraße an den Hängen des Dietrichkogels nach Südosten hinab zu Linkskehre. Dort auf abzweigender Straße geradeaus durch einen Waldgraben hinunter in den Ortsteil Reith und weiter nach **Altaussee** 1.

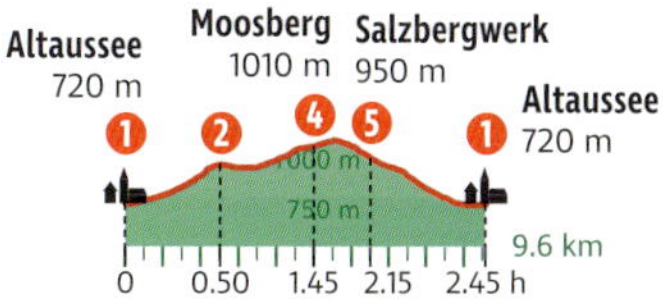

↗ 960 m | ↘ 960 m | 14.1 km

42 Sandling, 1717 m

6.45 h

Ein Tagespensum für Wadenstarke

Seine großartige Westwand macht den Sandling zu einem Schaustück im Umkreis des Pötschenpasses, während er sich nach den anderen Seiten in gemäßigten begrünten Flanken abdacht. Wir besuchen ihn vom Parkplatz beim Altausseer Salzbergwerk auf markierter Route über die Ausseer Sandlingalm. Danach kehren wir aber nicht gleich wieder zum Ausgangspunkt zurück, sondern umwandern den Recken über die Vordere Sandlingalm und die Moosberg-Hochfläche, was das Unternehmen zu einer tagfüllenden Runde um und auf den Berg erweitert.

Ausgangspunkt: Altausseer Salzbergwerk (»Salzwelten«), 950 m (Großparkplatz), am Steinberg, 4,5 km nordwestlich oberhalb von Altaussee.
Anforderungen: Lange, anstrengende Tour. Bergerfahrung und Ausdauer nötig!
Einkehr: Buffet im Altausseer Salzbergwerk (mit Salzbergbahn geöffnet: 5./10. Jan. – 1./5. Feb. zu, sonst tägl. 9–16.30 Uhr, 1. April – 30. Sept. bis 18 Uhr), Jst. Vordere Sandlingalm (keine Nächtigung, 25. Mai / 1. Juni – 15. Sept.).
Tipp: Das Altausseer Salzbergwerk »Ausseer Salzwelten« kann von 1. April bis 2. Nov. zu jeder vollen Stunde im Rahmen von Führungen besichtigt werden: jeden Mittwoch (außer Nov.) Abendführungen (17 Uhr, www.salzwelten.at).

Die Ausseer Sandlingalm, rechts dahinter das Losermassiv.

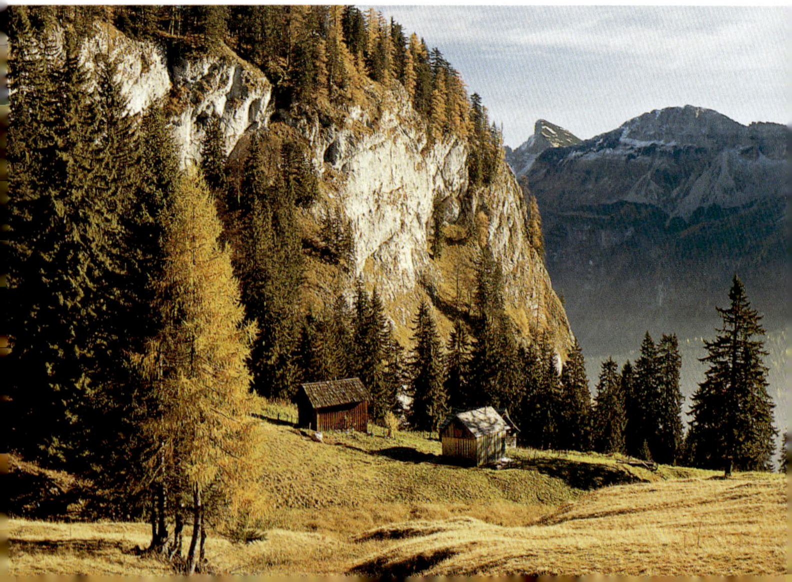

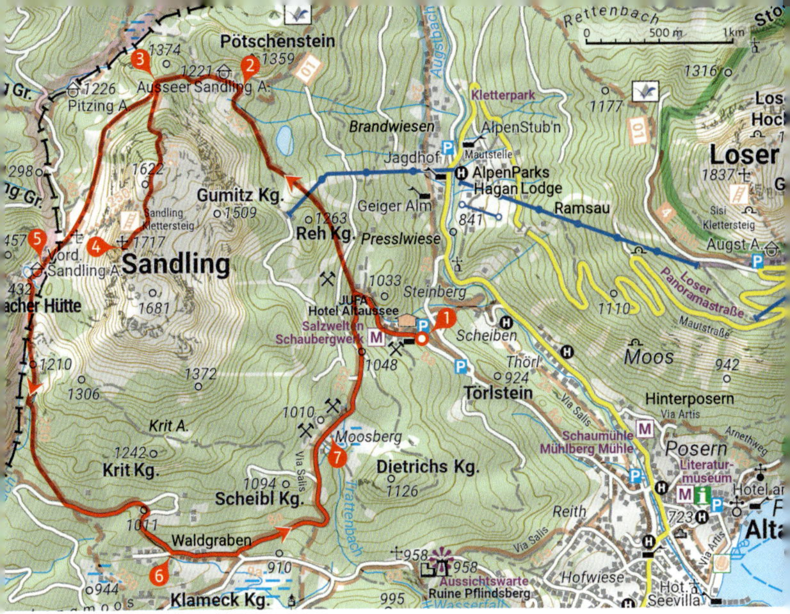

Vom **Altausseer Salzbergwerk** ❶ auf Asphaltstraße durch einen Graben nach Nordwesten aufwärts zur Linkskehre beim Stollen **»Kriechbaumberg«**. Halb rechts ab und auf Weg Nr. 252, zwei Skipisten und eine Sessellift-Trasse kreuzend, am bewaldeten Ostabhang des Sandling nach Nordwesten empor zur **Ausseer Sandlingalm** ❷, 1221 m (Brunnen, Verzweigung). Links den Weg Nr. 252, an Heuhütten vorbei, nach Westen hinauf zu einer Teilung. Nach links empor in den Wald und dort in einen **Sattel**, 1330 m, danach zu einer Schulter mit **Verzweigung** ❸. Links den Weg Nr. 251 am Nordrücken durch Wald und Buschwerk sehr steil hoch, schließlich über zwei Felsaufschwünge (Drahtseile) zur latschenbewachsenen Karrenhochfläche des Berges. Über sie, links am P. 1622 m vorbei, nach Süden zur Senke vor dem Hauptgipfel und hinauf zu einer Teilung. Nun geradeaus über Felsstufen auf den nach Westen in Wänden abstürzenden Gipfel des **Sandling** ❹, 1717 m (Kruzifix, Buch).

Zurück zur Schulter mit **Verzweigung** ❸. Den Querweg Nr. 252 links haltend quer durch die bewaldete Westseite des Berges in den Sattel (Verzweigung) zwischen Sandling und Sonnkogel. Die sanfte Wiesenmulde kurz südwärts hinab zur **Vorderen Sandlingalm** ❺, 1320 m (Jausenstation, Dachsteinblick).

Auf Weg Nr. 250, an der Rechtsabzweigung zur Lambacher Hütte vorbei, die Mulde weiter bergab in den Wald. Dort zunächst durch einen Graben,

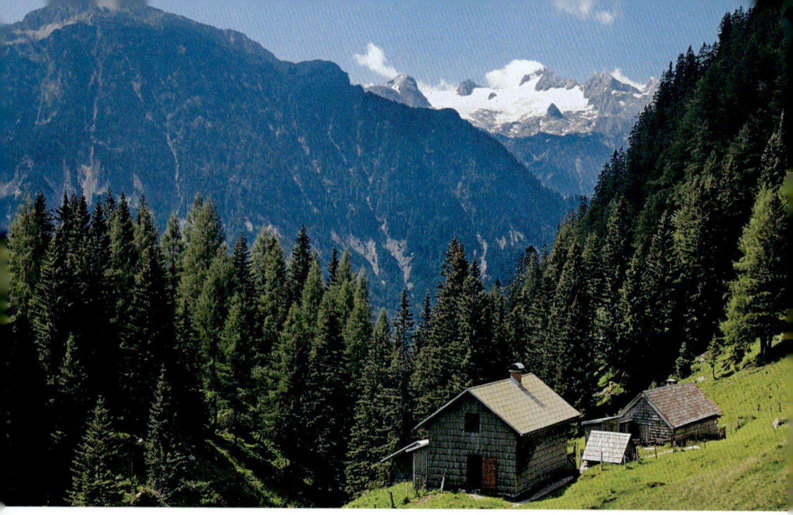

Oben: Die Hütten der Vorderen Sandlingalm mit Sarstein und Dachstein.
Rechts: Der wuchtige Sandlingstock über der Vorderen Sandlingalm.

später über den Rücken links von ihm steil hinab in ein Quellengebiet, danach zu querender Forststraße. Diese nach links aufwärts zur Rechtsabzweigung von Weg Nr. 250. Die jetzt unbezeichnete Straße eben fort, bis sie zu steigen beginnt. Rechts ab und auf bezeichnetem Fußweg nach Süden abwärts, später auf Karrenweg zu den Häusern von **Waldgraben** ❻. Die querende Naturstraße 450 m nach links zu einer Teilung und links haltend die Straße mit Weg Nr. 252 und 8a durch Wald und über Wiesen in Nordrichtung aufwärts zu einer Anhöhe, 1040 m. Jenseits hinab auf die Moorhochfläche **Moosberg** ❼, 1010 m (Loserblick), mit Stolleneingang. Nordwärts weiter und durch Wald hinauf zur nächsten Anhöhe mit Verzweigung dreier Straßen. Auf der mittleren (asphaltiert) nach Norden hinab in einen Graben und durch ihn nach rechts zum **Altausseer Salzbergwerk** ❶.

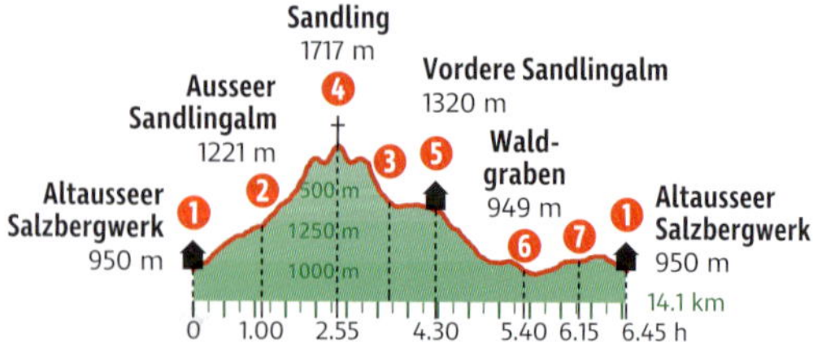

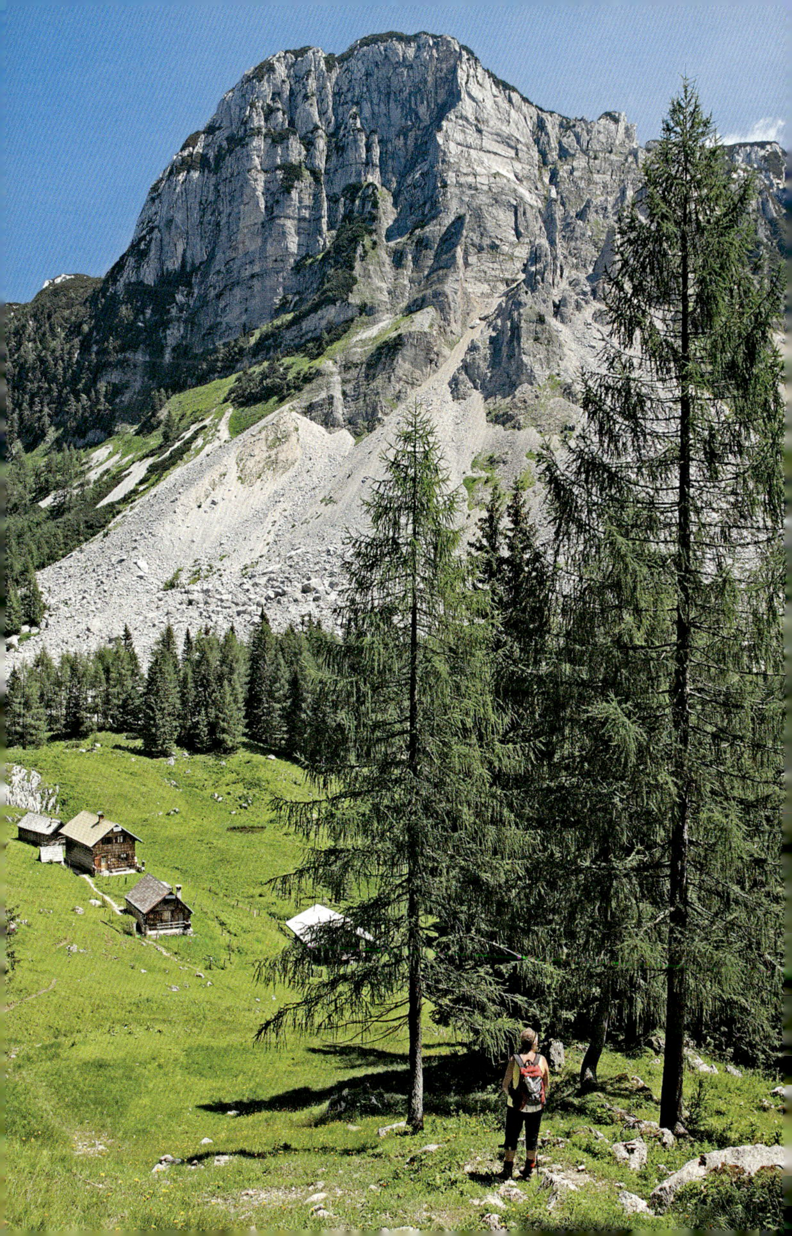

↗ 180 m | ↘ 180 m | 10.2 km

43 Blaa-Alm, 902 m

2.30 h

Beliebtes Wanderziel im Schatten von Loser und Sandling

Die zwischen Loser und Sandling eingelagerte Senke der Blaa-Alm ermöglicht eine Verbindung zwischen dem steirischen und dem oberösterreichischen Salzkammergut. Der »Wiesenweg« von Altaussee durch das Tal des Augstbaches zu ihr ist ein Begriff und wurde schon von vielen, auch von prominenten Besuchern, gewürdigt. Freilich besitzt die Gegend heute nicht mehr jene Ursprünglichkeit wie noch vor 30 oder 40 Jahren. Die Mautstraße auf den Loser, die »Loser-Skiarena« und eine Zufahrtsstraße zur Blaa-Alm haben sie zerstört. Trotzdem ist die Begehung des »Wiesenweges« nach wie vor reizvoll und kann mit dem Abstieg durch das Rettenbachtal nach Bad Ischl (noch 4.00 Std. Gehzeit) zu einem großzügigen Unternehmen erweitert werden.

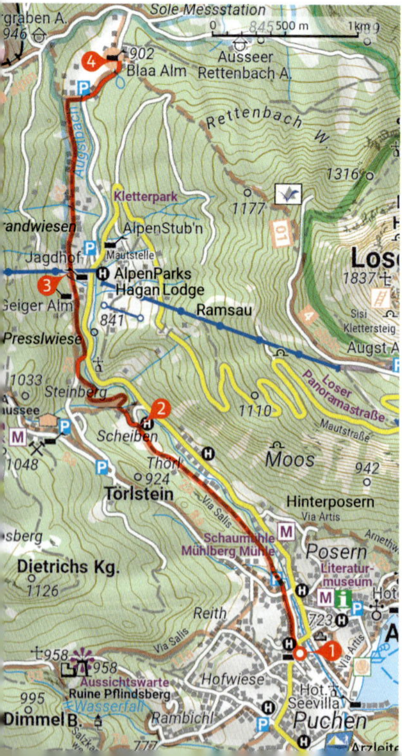

Ausgangspunkt: Pension »Villa Salis«, 723 m (Restaurant Berndl), in Altaussee.
Anforderungen: Bequeme Wanderung auf bezeichneten Fahr- und Fußwegen.
Einkehr: Ghf. Blaa-Alm (16 B., 18 L., ganzjährig geöffnet, Mo. und Di., Juli und Aug. nur Mo. Ruhetag, Tel. + 43 3622 71102, www.blaa-alm.co.at). Zahlreiche Gastbetriebe in Altaussee.
Tipp: Die Begehung des »Wiesenweges« ist besonders zur Zeit der Narzissenblüte (Mai) zu empfehlen. Beim Ghf. Blaa-Alm Kinderspielplatz und Murmeltier-Gehege.

Von der »Villa Salis« in **Altaussee** ❶ die Asphaltstraße links neben dem Augstbach nach Nordwesten zur querenden Salzbergstraße und jenseits steiler aufwärts zum Beginn eines Karrenweges (**»Wiesenweg«**, Nr. 2a). Auf ihm vorerst durch Wald, dann über gemuldete Wiesen sanft aufwärts zu den Häusern von **Scheiben** ❷. Links überm Augstbach durch das sich verschmälernde Waldtal in Windungen nach Nordwesten hinauf und an der **»Loser-Skiarena«** ❸ vorbei, danach in be-

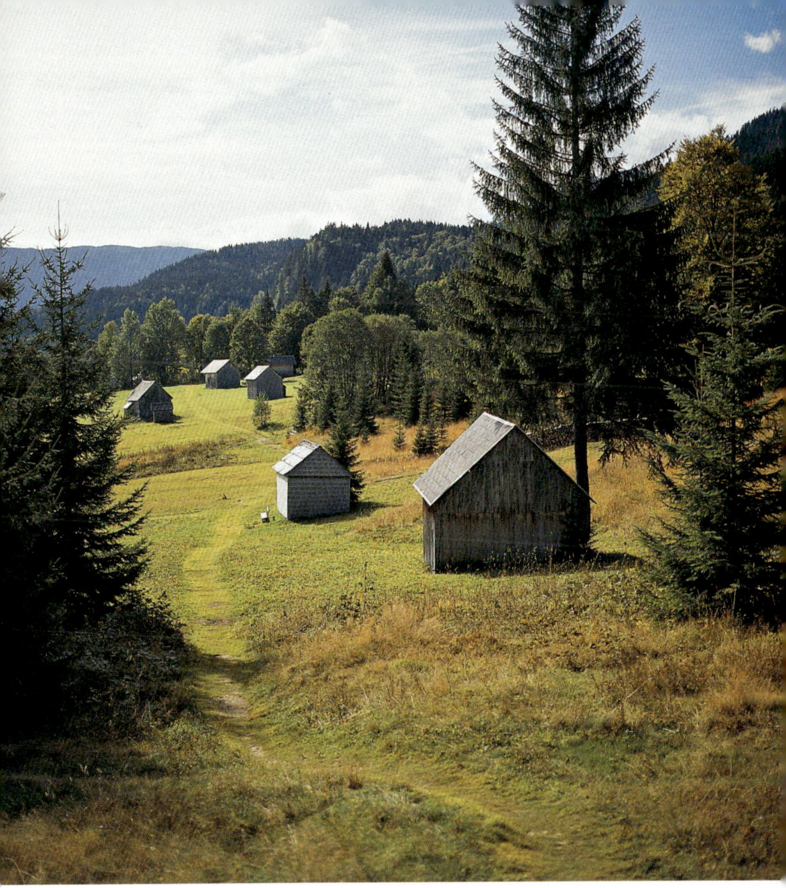

Malerische Heuhütten begleiten uns am Wiesenweg zur Blaa-Alm.

sonders schöner Wanderung über weite Wiesenflächen mit malerischen Heuhütten nach Norden, später kurz durch Wald zu einem querenden Forstweg. Auf ihm 100 m nach rechts zur Blaa-Alm-Zufahrtsstraße, der man links zum nahen **Gasthof Blaa-Alm** (4), 902 m, folgt.

Rückkehr auf demselben Weg.

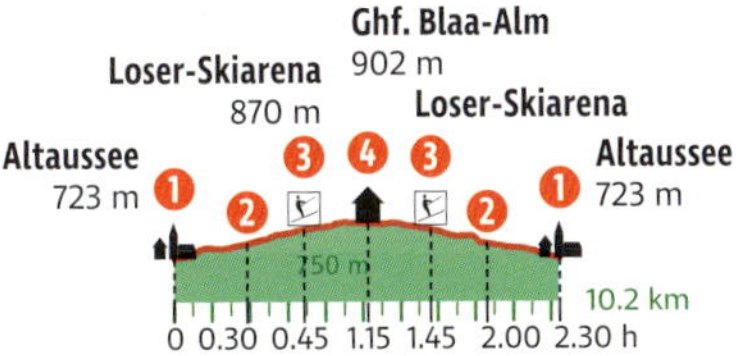

TOP

44 Loser, 1837 m

↗ 410 m | ↘ 410 m | 5.1 km

2.15 h

Viel besuchtes Proszenium über dem Ausseerland

Die liebliche grüne Weite des Ausseer Talbeckens und der in hehrer Gletscherpracht darüber aufsteigende Dachstein ergeben ein Paradestück alpiner Landschaftsharmonie. Wer's nicht glaubt, der steige ins Auto und fahre zur Loserhütte hinauf. Will man jedoch Schau- und Wandererlebnis kombinieren, dann kommt man an einer Überschreitung des Losermassivs nicht vorbei. Da genießt man zunächst die fantastische Gipfelrundsicht, wandert später zum »merkwürdigen« Loserfenster hinüber und beschließt die Tour an den Ufern des lieblichen Augstsees, von dem es nur noch ein Katzensprung zurück zum Parkplatz Loserhütte ist.

Ausgangspunkt: Parkplatz Loserhütte, 1504 m (Bushalt), an der Loser-Mautstraße 50 m östlich der Hütte, 11 km von Altaussee.
Anforderungen: Unschwierige, aber teilweise exponierte Route. Trittsicherheit und Schwindelfreiheit nötig. Vorsicht mit Kindern!
Höhenunterschied: 410 m im An- und Abstieg.

Einkehr: Loserhütte (25 B., 75 L., 10./15 Mai – 1. Nov. tägl. geöffnet, bei Schlechtwetter geschlossen, Tel. +43 3622 71202, www.willkommeninaltaussee.at), Bergrestaurant Loser-Alm beim Großparkplatz am Ende der Mautstraße (keine Nächtigung, mit der Loser-Panoramastraße je nach Schneelage 1./15. Mai – 1./15. Nov. geöffnet, Tel. +43 3622 71315-600, www.loseralm.at).

Vom **Parkplatz Loserhütte** ❶ auf dem Fahrweg 50 m nach Westen zur **Loserhütte** ❷, 1498 m. Den Fußweg Nr. 201 westwärts zu einer Teilung und rechts haltend (Weg Nr. 255) über bewaldete Hänge in Nordrichtung empor. Weiter über begrünte Steilflanken (Vorsicht!) schräg nach links hinauf in ein grasiges Tälchen. Durch dieses weniger steil nach Norden hoch zur **Verzweigung** ❸ unterm Sattel zwischen Loser und Hochanger. Links, an grasigen Hängen entlang, nach Südwesten empor zum Gipfel des **Loser** ❹, 1837 m (großes Metallkreuz).

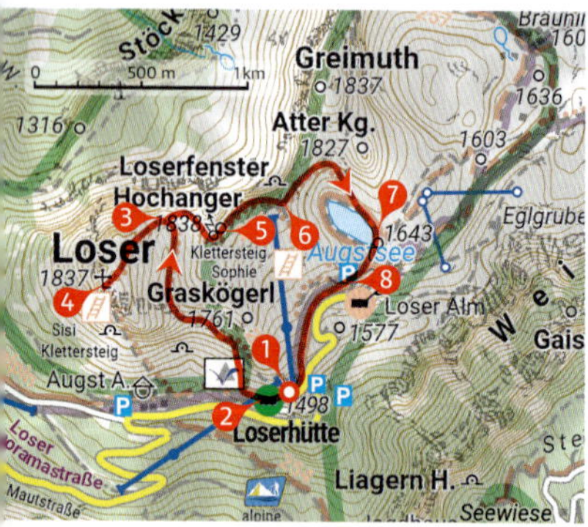

Zurück zur **Verzweigung** ❸ unterhalb des Sattels zwischen Loser und Hochanger. Jenseits (Weg Nr. 256) durch Latschen steil nach Osten empor auf den **Hochanger** ❺, 1838 m (Fernsehsender). Über einen latschenbewachsenen Felskamm

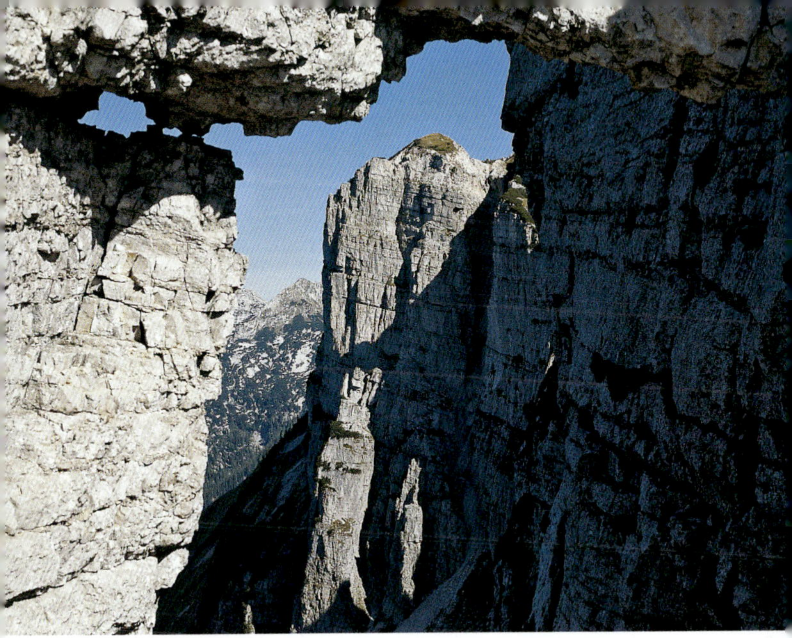

Das berühmte Loserfenster mit Durchblick gegen die Steilwände des Greimuth.

im Auf und Ab nach Nordosten (gegen den Greimuth) zum Loserfenster ❻. Nun in der rechten Seite des Kammes abwärts, dann durch eine Blockrinne und über Felsstufen in die Mulde vor dem Atterkogel. Durch sie über Wiesen nach rechts hinab zum **Augstsee** ❼, 1643 m, und an seinem linken Ufer zu einer Wiesenschulter (Wegteilung). Kurz nach Südwesten bergab zum **Großparkplatz Loser-Alm** ❽, 1600 m (Restaurant, Bushalt), am Ende der Mautstraße und entlang dieser bzw. auf abkürzendem Fußweg oberhalb der Straße nach Süden hinunter zum **Parkplatz Loserhütte** ❶.

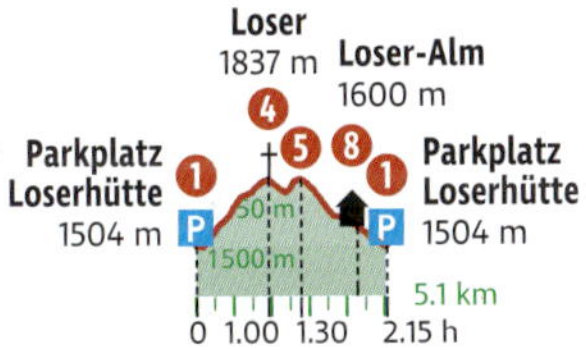

Loser und Loserhütte von Südosten.

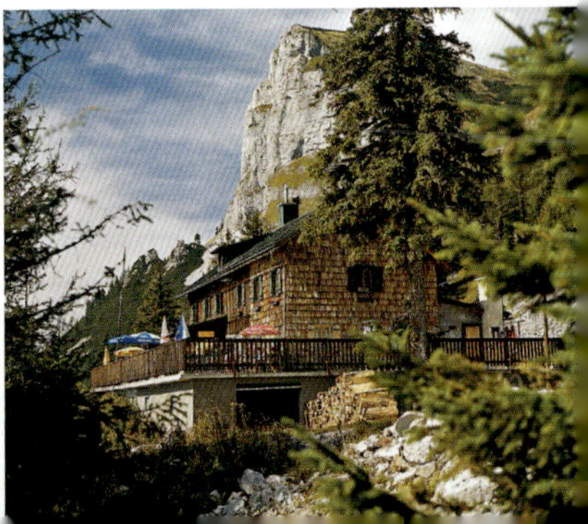

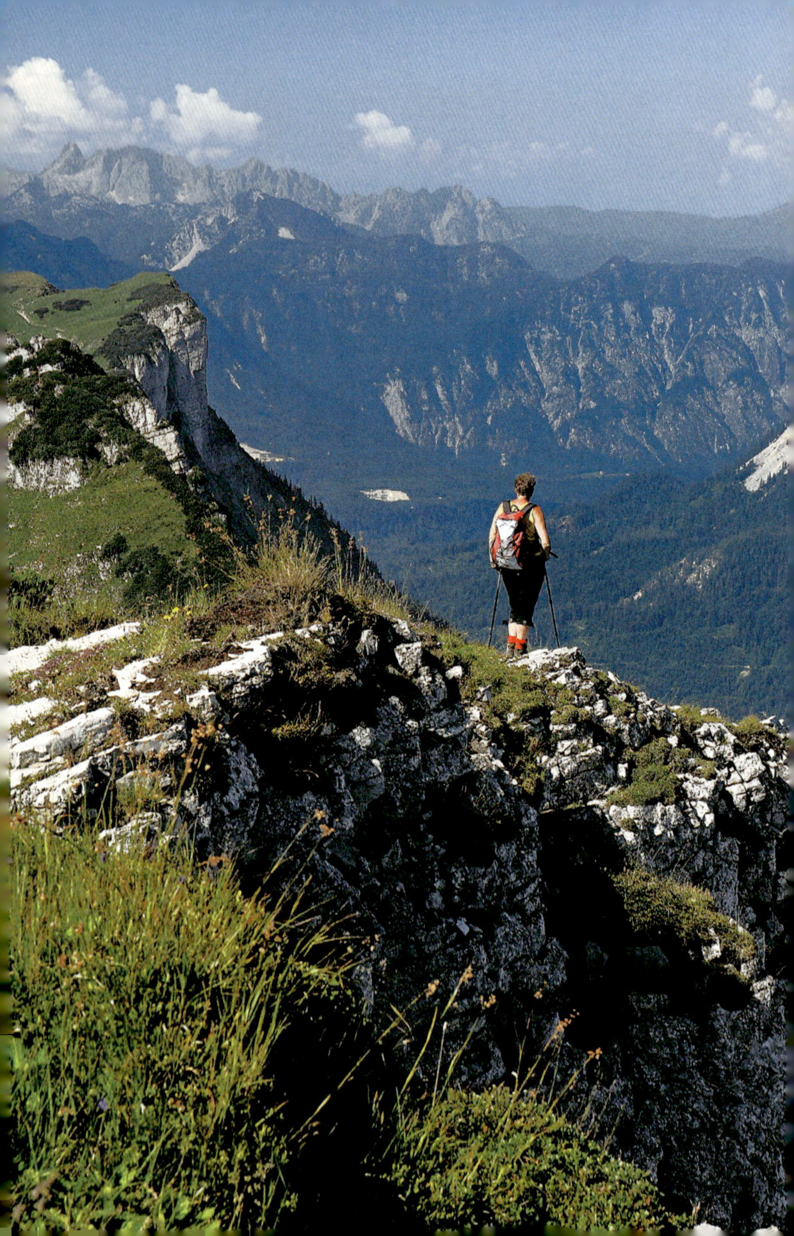

↗ 400 m | ↘ 400 m | 6.0 km

2.45 h

Bräuningzinken, 1899 m

45

Schnuppertour in die Einöde des Toten Gebirges

Der Bräuningzinken ist eines jener Gipfelziele, die sich dem Wanderer vom Parkplatz am Ende der Loser-Panoramastraße anbieten. Im Gegensatz zu dem noch beliebteren Loser greift das Unternehmen mehr gegen die Hochfläche des Toten Gebirges aus und vermittelt einen Eindruck von der grenzenlosen Weite der begrünten Karrenhochfläche. Die Tour ist weder schwierig noch beschwerlich, verlangt aber Trittsicherheit sowie gute Wetter- und Sichtverhältnisse.

Ausgangspunkt: Großparkplatz Loser-Alm, 1600 m (Restaurant, Bushalt), am Ende der Loser-Mautstraße, 12 km ab Altaussee.
Anforderungen: Unschwieriger, kurzer Anstieg auf bezeichnetem Steig. Trittsicherheit nötig. Vorsicht mit Kindern im Gipfelbereich (Steilabstürze!).
Einkehr: Bergrestaurant Loser-Alm beim Großparkplatz am Ende der Loser Mautstraße (keine Nächtigung, mit der Loser-Panoramastraße je nach Schneelage 1./15. Mai bis 1./15. Nov. geöffnet; Tel. +43 3622 71315-600, www.loseralm.com), Loserhütte nahe der Mautstraße (25 B., 75 L., 10./15 Mai – 1. Nov. tägl. geöffnet, bei Schlechtwetter geschlossen, Tel. +43 3622 71202, www.willkommeninaltaussee.at). Unterwegs keine Einkehr.

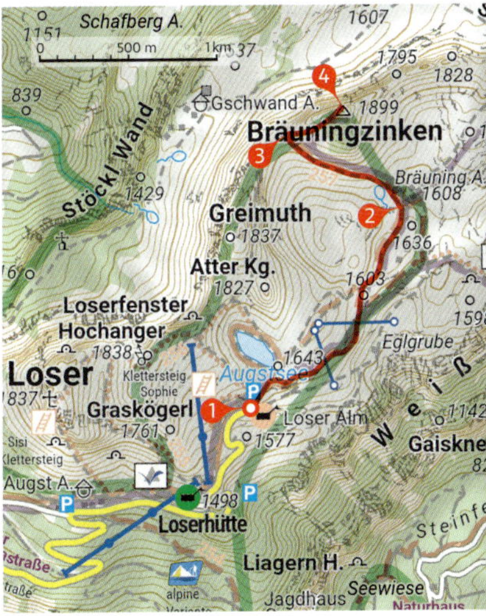

Vom Ostende des **Loser-Alm-Großparkplatzes** ❶ den Weg Nr. 201 in Richtung Appelhaus/Wildenseehütte (nicht dem weiter links abzweigenden Weg über den Augstsee folgen!), an den begrünten Hängen entlang, eben nach Nordosten, später aufwärts zu einer Anhöhe mit Querweg. Jenseits in fortgesetzter Hangquerung über Karrenfelsen und Wiesen sanft bergab zu wichtiger Verzweigung. Links den Weg Nr. 257 in Nordostrichtung eben in einen Sattel und aus ihm über Wiesen nach rechts empor auf den Grasrücken, der die Dolinenmulde des **Kuhntals** im Osten flankiert. Über den Rücken, an den Bergstationen einiger Schlepplifte vorbei, nach Norden eben und abwärts, dann in seine

Blick vom Bräuningzinken nach Südwesten gegen den Gosaukamm.

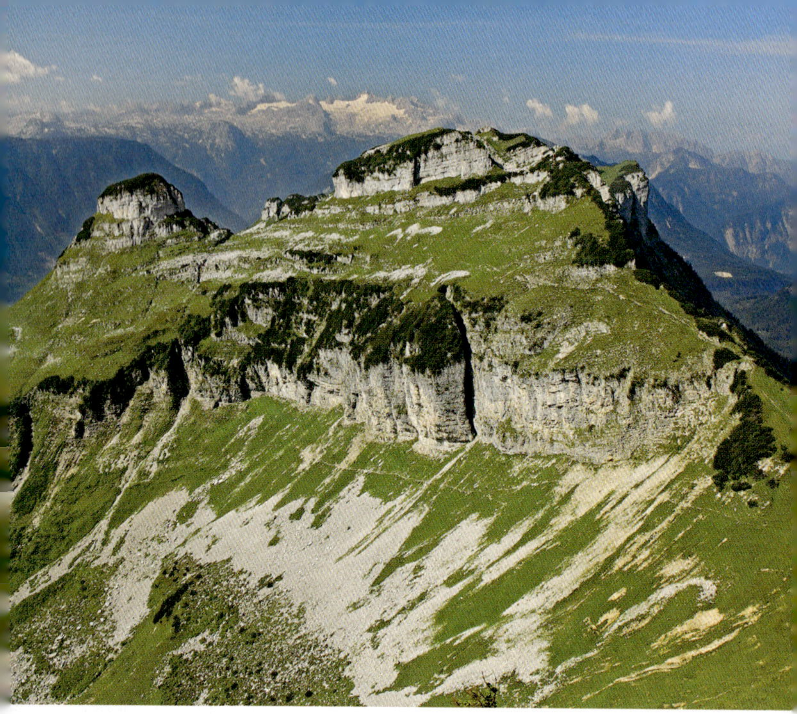

Am Bräuningzinken. Im Südwesten hinter dem Greimuth der Dachstein.

linke Seite und dort hinab zu den Hütten der **Bräuningalm** ❷, 1608 m, am Sattel vor dem Bräuningzinken. Den Weg Nr. 257 über Wiesen nach links in die grasige Südflanke des Berges hinein. Dort in langer Querung der Wiesen- und Latschenhänge mäßig steil nach Nordwesten aufwärts in den **Sattel** ❸, 1755 m, zwischen Greimuth und Bräuningzinken. Rechts am Westrücken des Berges durch Wiesen und Latschen empor zu einer Schulter mit dem **»Bräuning Fenster«** und weiter zum Gipfel des **Bräuningzinken** ❹, 1899 m (Holzkreuz mit Buch).
Abstieg zur **Loser-Alm** ❶ entlang der Anstiegsroute.

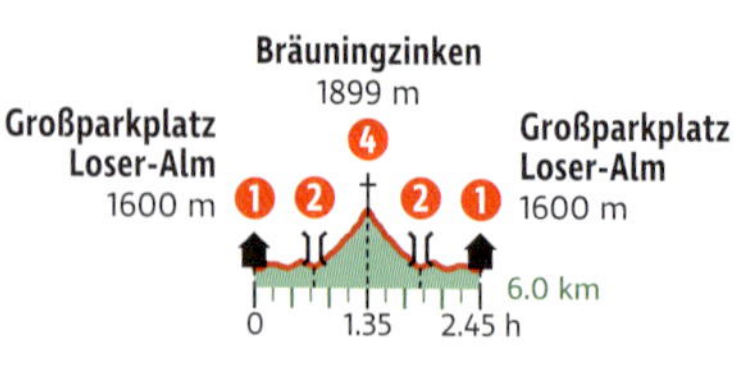

↗ 10 m | ↘ 10 m | 6.9 km

TOP

46 Rund um den Altausseer See

2.00 h

Schönster Uferspaziergang im steirischen Salzkammergut

Mehr als alle anderen See-Rundwanderwege gehört jener um den Altausseer See zum klassischen Tourenprogramm des Salzkammerguts. Einige Abschnitte dieses herrlichen und problemlosen Promenadenwegs sind sogar berühmt geworden, etwa die stimmungsvolle »Seewiese« mit zwei beliebten Gaststätten und faszinierender Dachstein-Schau. Oder der »Brahmsweg«, der mit Blick auf die grandiose, aus dem See unvermittelt aufsteigende Trisselkogel-Westwand (»Trisselwand«) aufwartet. Dass man auf dem Rundweg kaum je alleine unterwegs ist, spricht für ihn!

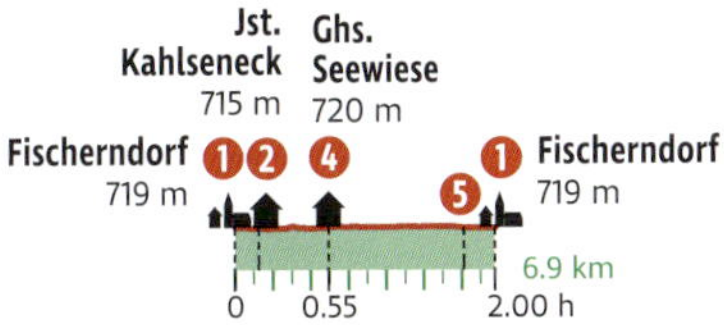

Das neue Gasthaus Seewiese am Ostende des Altausseer Sees.

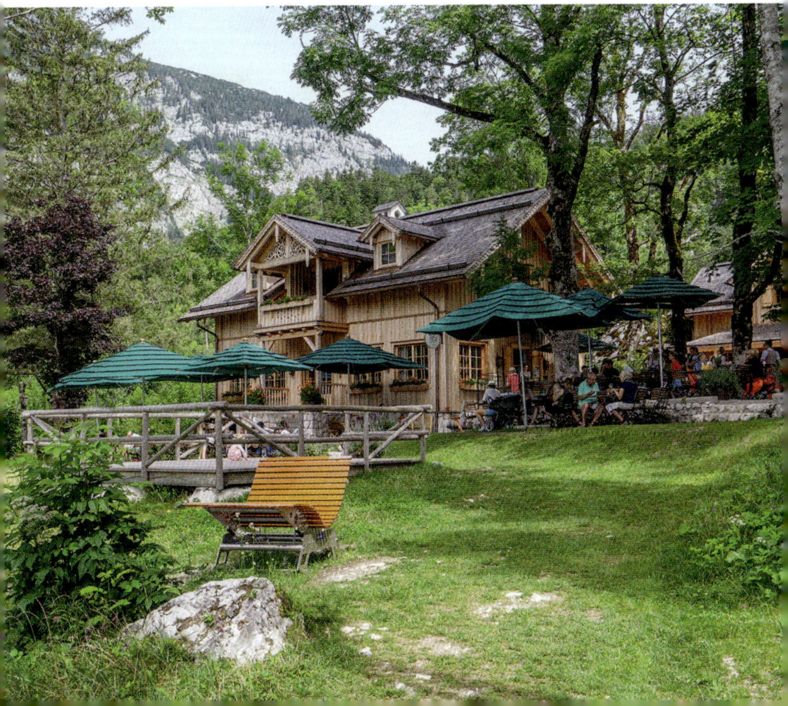

Ausgangspunkt: Das »Hotel am See« in Fischerndorf, 719 m, östlicher Ortsteil von Altaussee, direkt am See gelegen.
Anforderungen: Problemlose Tour auf breitem Promenadenweg. Viel begangen.
Einkehr: Jst. Kahlseneck (keine Nächtigung, ganzj. geöffnet, außerhalb der Hauptsaison bei Schlechtwetter Mi. und Do. Ruhetag, Tel. +43 664 4102545, www.kahlseneck.at), Jagdhaus Seewiese (keine Nächtigung, 1. Mai – 31. Okt. ab 10 Uhr geöffnet, im Okt. Mo., sonst kein Ruhetag, Museum »Naturraum Altausseer See«, Tel. +43 664 3387622, www.jagdhaus-seewiese.com), Ausflugsgasthaus Seewiese (keine Nächtigung, 1. Mai – 31. Okt. geöffnet, Juli und Aug. kein, sonst Mo., im Okt. Mo. und Di. Ruhetag, Tel. +43 3622 71205, www.seewiesealtaussee.at), Strandcafé (Appartements, Tel. +43 664 212 9309, 1. Mai – 30. Sept. tägl. 11–23 Uhr geöffnet). Mehrere Gaststätten am Westufer und in Altaussee.
Variante: Von der Anlegestelle auf der Seewiese kann auch per Schiff (verkehrt mehrmals tägl.) nach Fischerndorf zurückgekehrt werden; 1 Std. Zeitersparnis.
Hinweis: Zur Zeit der Schneeschmelze oder nach längeren Regenfällen können die »Liager« bestaunt werden, aus einer Felswand nahe dem Jagdhaus Seewiese stoßweise heraussprühende Überlaufquellen (Wasserspeier).

Vom »Hotel am See« in **Fischerndorf** ❶ entlang der Uferpromenade (**»Kerry-Weg«**, Nr. 1a und 212) an der **Jst. Kahlseneck** ❷, schöner Freibadeplatz, vorbei, dann auf breitem Weg, am steilen, teilweise felsigen Nordufer zum Nordostende des Sees mit Weggabelung. Rechts ab und auf unbezeichnetem Fußweg zur nahen »Seewiese« mit dem **Jagdhaus Seewiese** ❸,

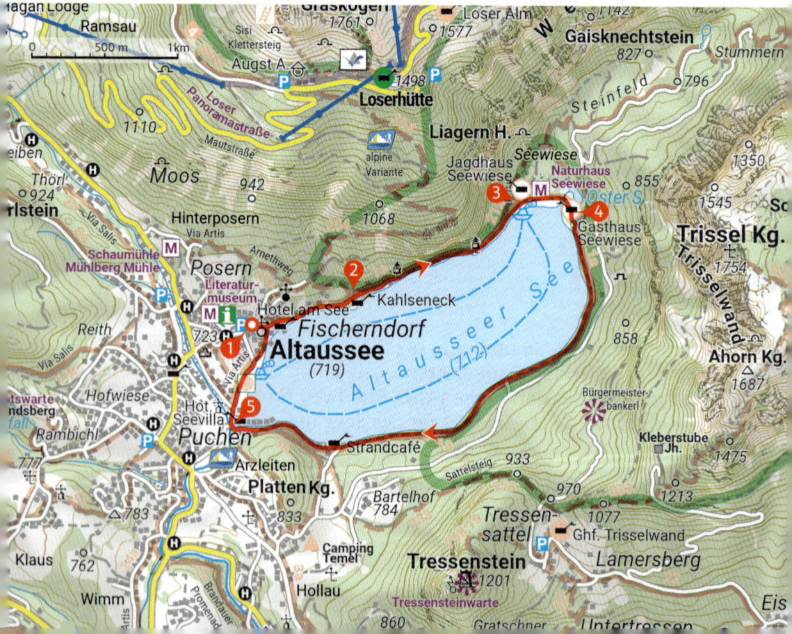

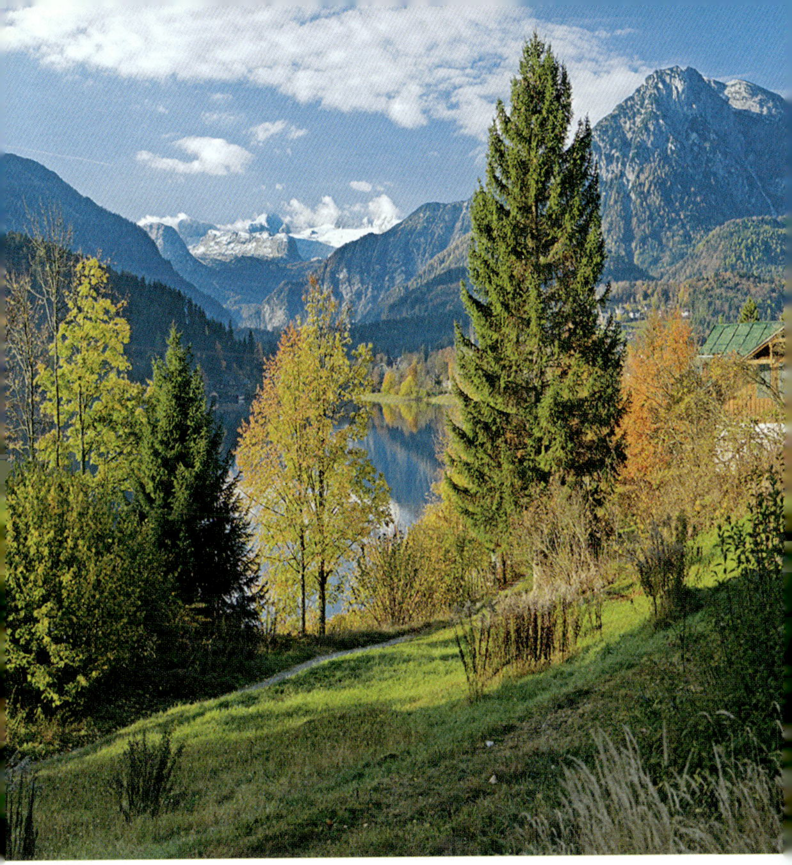

Auf dem »Kerry-Weg« unterwegs am Nordufer des Altausseer Sees. Rückblick auf Dachstein und Sarstein.

713 m (Schiffsanlegestelle) und über die Wiese nahe dem Seeufer ostwärts weiter zu dem im lichten Baumbestand gelegenen **Gasthaus Seewiese** **4**, 715 m, wo man wieder den breiten Ufer-Rundweg erreicht. Auf ihm durch Buschwerk und Wald nun am Ostufer des Sees unter der imposanten Trisselwand entlang, dann am Südufer, mehrere Buchten ausgehend, zum **Strandcafé** und weiter zum westlichen See-Ende beim Abfluss der Altausseer Traun, **»Seeklause«** **5**. Nach rechts über den Bach zum **Hotel Seevilla**, dann auf dem **»Johannes-Brahms-Weg«**, am Westufer des Sees entlang, zurück nach **Altaussee/Fischerndorf** **1**.

↗ 500 m | ↘ 500 m | 12.1 km

47 Um und auf den Tressenstein, 1201 m

3.45 h

Unterhaltsame Rundwanderung mit lohnender Gipfelbesteigung

Im Gegensatz zur Umwanderung des Altausseer Sees (Tour 46) geht es diesmal nicht ohne Anstiegsmühen ab. Das merkt man auf dem durch eine originelle Felsstiege »gewürzten« Steilanstieg zum Tressensattel ebenso wie später am Weg auf den Tressenstein, der wegen seiner zentralen Lage und dem neuen Aussichtsturm zu den privilegierten Orientierungspunkten des Ausseerlandes gehört. Im Abstieg nach Altaussee kommt man am Erholungsdorf Obertressen vorbei, wo der Dichter Hugo von Hofmannsthal jahrelang seinen Sommerurlaub verbrachte.

Ausgangspunkt: Das »Hotel am See« in Fischerndorf, 719 m, östlicher Ortsteil von Altaussee, direkt am See gelegen.
Anforderungen: Leichte Wanderung auf teils schlecht bezeichneten Wegen.
Höhenunterschied: 500 m auf und ab.

Einkehr: Ghf. Trisselwand (auf unbestimmte Zeit geschlossen; Stand Sommer 2022) am Tressensattel, Ghf. Stieger in Obertressen (keine Nächtigung, ganzj. geöffnet, Mo. Ruhetag, Tel. +43 3622 52282).

Tiefblick vom Sandling (Tour 42) auf den Altausseer See (Tour 46). Rechts darüber der niedrige Tressenstein, der auf unserer Tour umwandert und bestiegen wird.

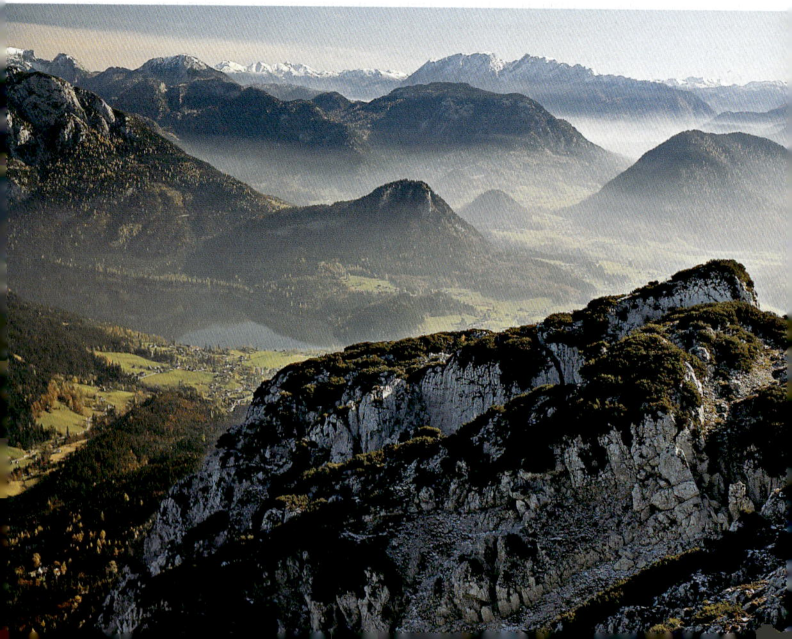

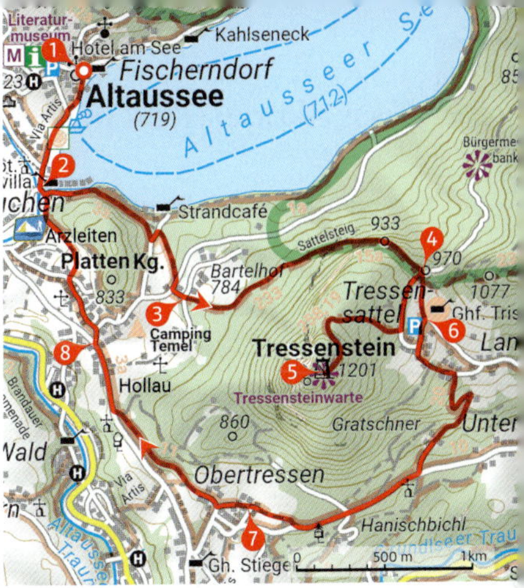

Vom »Hotel am See« in **Fischerndorf** ❶ den »Johannes-Brahms-Weg« am Westufer des Sees nach Süden zum Hotel Seevilla und zum Abfluss der Altausseer Traun, **»Seeklause«** ❷. Jenseits am Südufer nach links zu einer Verzweigung. Rechts haltend durch Wald nach Süden aufwärts in den Wiesensattel zwischen Plattenkogel und Tressenstein. Eine Asphaltstraße nach links zu den Häusern von **Bartelhof** ❸, dort links ab und auf Fahrweg an den bewaldeten Nordhängen des Tressensteins nach Osten aufwärts zur Rechtsabzweigung des **»Sattelsteiges«** (Nr. 233). Diesen steil hoch, später unter Felswänden eine Stiege nach links (Osten) hinauf und weiter in den **Tressensattel** ❹, 970 m. Auf Forststraße nach rechts in die bewaldeten Osthänge des Tressensteins hinein, bald jedoch auf breitem Weg (Nr. 19 und 258) rechts ab und hinauf an den Nordostrücken. Diesen in Kehren empor zum Gipfel des **Tressensteins** ❺, 1201 m, mit Kruzifix und 14 m hoher, nahe der »Kanzel« (Panoramaplattform) errichteter Aussichtswarte.

Zurück in den **Tressensattel** ❹ und dort durch Wiesen nach rechts (Süden) zum derzeit geschlossenen **Ghf. Trisselwand** ❻, 963 m. Auf Straße nach Südwesten zu einigen Höfen, dann auf Weg Nr. 20 in Südostrichtung abwärts zu den Häusern von Lamersberg, danach durch Wald, an der Lichtung beim Hof Gratschner vorbei, hinab zu einer Asphaltstraße. Diese nach rechts, später auf Weg Nr. 11 rechts ab und westwärts bald über Wiesen nach **Obertressen** ❼, 780 m. Den Weg Nr. 11 nach Nordwesten hinunter in den Wald und wieder zur Asphaltstraße. Auf ihr rechts haltend durch die Westseite des Tressensteins zu den Häusern von **Platten** ❽, 740 m. Bei Verzweigung geradeaus weiter zur **»Seeklause** ❷ « und auf bekanntem Weg nach **Altaussee/Fischerndorf** ❶.

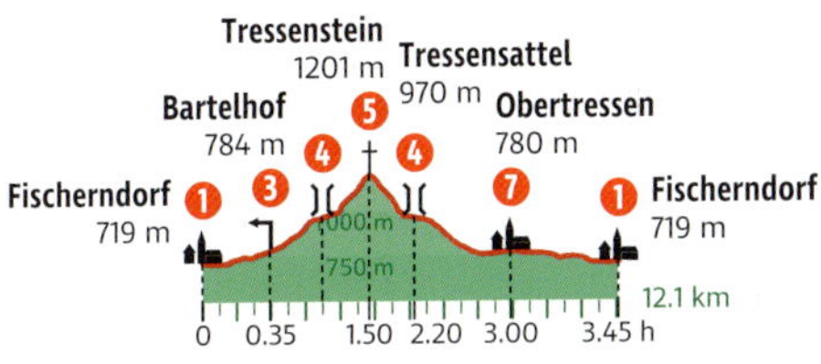

TOP

48 Trisselkogel, 1754 m

↗ 880 m | ↘ 880 m | 7.4 km

4.15 h

Im Steilanstieg auf ein Wahrzeichen des steirischen Salzkammerguts

Mit seiner über dem Altausseer See grandios aufragenden Westwand gehört der Trisselkogel zu den bekanntesten Schaustücken des steirischen Salzkammerguts. Von dem per Auto erreichbaren Tressensattel führt ein markierter Steig, der Trittsicherheit und etwas Ausdauer erfordert, zu ihm empor. Es ist eine Wanderung der Superlative, auf der sich die Glanzpunkte der Talschaft, die blauen Fluten des Altausseer Sees in der Tiefe und der im gleißenden Firngewand dastehende Dachstein in der Ferne nach und nach erschließen.

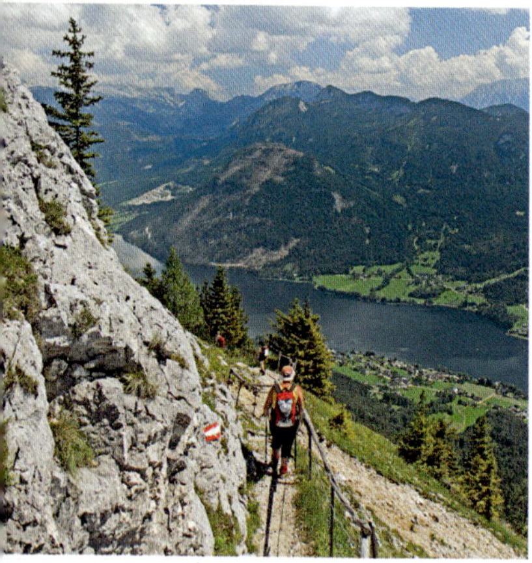

Im Bereich des »Großen Riebeisens« am Trisselkogel mit Tiefblick auf den Grundlsee.

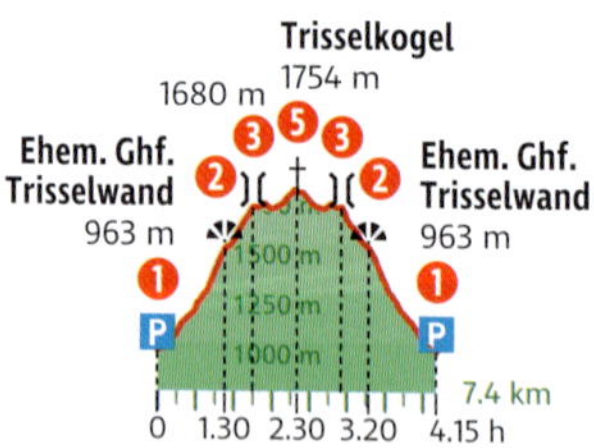

Ausgangspunkt: Parkplatz, 963 m, südlich des Tressensattels beim Ghf. Trisselwand. Zufahrt mit eigenem Kfz auf schmaler Asphaltstraße entweder von Bad Aussee über Grundlsee-Seeklause (7 km) oder von Altaussee über Obertressen (7,5 km).
Anforderungen: Mittellange Bergtour für trittfeste Geher. Nur bei Schönwetter ratsam und lohnend. Viel begangen.
Einkehr: Ghf. Trisselwand am Tressensattel (auf unbestimmte Zeit geschlossen; Stand Sommer 2022). Unterwegs keine Einkehr.

Vom Parkplatz am derzeit geschlossenen **Ghf. Trisselwand** ❶ auf dem Weg Nr. 233 über den Ahornkogel-Südwestrücken anfangs durch Wiesen, dann im Wald nach Nordosten empor unter einen Aufschwung. Über ihn sehr steil hoch, danach durch eine Felskluft an den jetzt weniger steilen Rücken. In seiner linken Flanke, später am Rücken selbst durch Buschwerk und Wald hinauf zu einer Forststraße, die traversiert wird. Durch lichten Wald in Windungen weiter zu großer Windbruchzone und über diese hoch, dann durch Latschen und lichten Wald über einen Steilaufschwung in Kehren em-

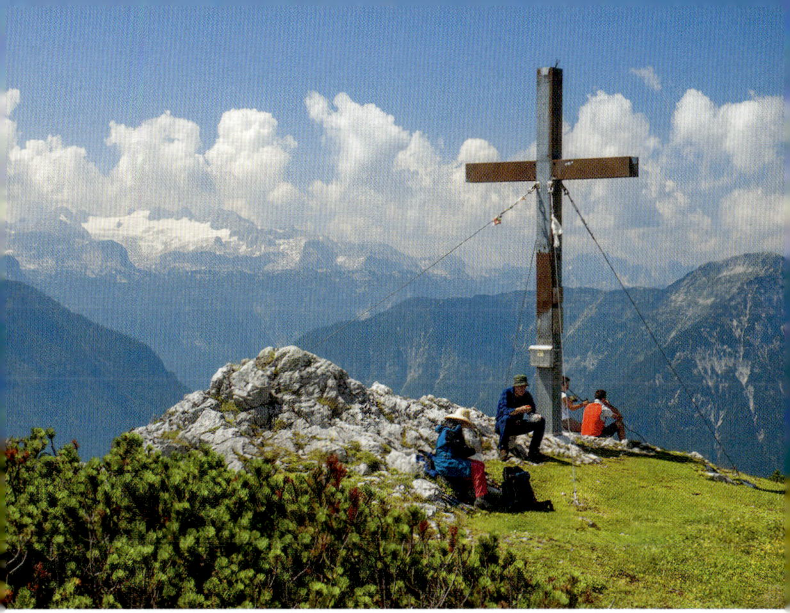

Gipfelrast am Trisselkogel mit Dachstein links und Sarstein rechts im Hintergrund.

por zu aussichtsreicher **Schulter** ❷, 1475 m. Durch Latschen weiter aufwärts, später über eine abgezäunte, in den Fels geschlagene Stiege (»Kleines und Großes Riebeisen«) durch eine steile schrofige Wand nach links empor in geneigtes Gelände. Dort in Kehren nach Nordosten hinauf in den **Sattel** ❸, 1680 m, rechts unterm Ahornkogel. Nun in der linken Flanke (Westseite) der folgenden Kammerhebung zu einer Schulter empor und jenseits durch Latschengassen hinab zur **Rechtsabzweigung** ❹ von Weg Nr. 234 (zum Appelhaus), bereits auf der Hochfläche des Toten Gebirges. Hier links den Weg Nr. 233 durch Latschen und über Karrenfelsen im Auf und Ab nach Norden, zuletzt nach links (Nordwesten) steiler empor zum höchsten Punkt des **Trisselkogels** ❺, 1754 m, mit dem jenseits etwas tiefer stehenden Gipfelkreuz (Buch in der Metallschatulle).
Abstieg auf demselben Weg.

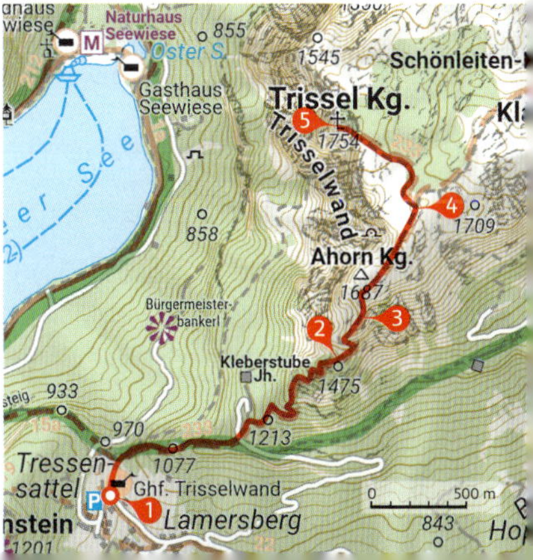

↗ 290 m | ↘ 290 m | 5.1 km

49 Zimitz-Wasserfall und Zimitzalm, 983 m

2.00 h

Bergromantik mit Wasserfall und idyllisch gelegener Alm

Die gegen den Grundlsee gerichteten Südabstürze des Toten Gebirges geben dem Wanderer ein reiches Betätigungsfeld. Als hervorragendste Ziele seien Gößler Alm (Tour 50), Vorderer Lahngangsee, Pühringer Hütte und Elm (Tour 51) erwähnt. Weit weniger beschwerlich, aber keinesfalls undankbar, ist der Besuch des romantischen Zimitztales. Vor allem der im Mittelteil über senkrechte Felsen herabstürzende Wasserfall ist eine richtige Sehenswürdigkeit. Bei etwas mehr Zeit sollte man unbedingt noch bis zu der im Talschluss gelegenen Zimitzalm weiterwandern, wo die urige Seidlhütte in den Sommermonaten Juli und August tagsüber bewirtschaftet wird.

Ausgangspunkt: Parkplatz Zimitzbach, 720 m (Gebühr 9–18 Uhr per Parkautomat / Stunde 1 €, Tag 4 €; Bushalt an der Straße 200 m weiter westlich), nördlich der Grundlsee-Uferstraße beim Murbodenhüttl, 9 km von Bad Aussee.
Anforderungen: Unschwierige Wanderung auf gutem, aber unbezeichnetem Weg.
Einkehr: Ghs. Murbodenhüttl (keine Nächtigung, ganzj. geöffnet, Tel. +43 3622 8588, www.murbodenhuettl.com, schöner Badeplatz am unverbauten Grundlseeufer), Jst. Seidlhütte auf der Zimitzalm (keine Nächtigung, im Juli und Aug. tägl. 10–16 Uhr geöffnet)
Hinweis: Der obere Zimitzbach mit vermoderten Bäumen und moosigen Felsen ist ein ideales Spielgewässer für Kinder.

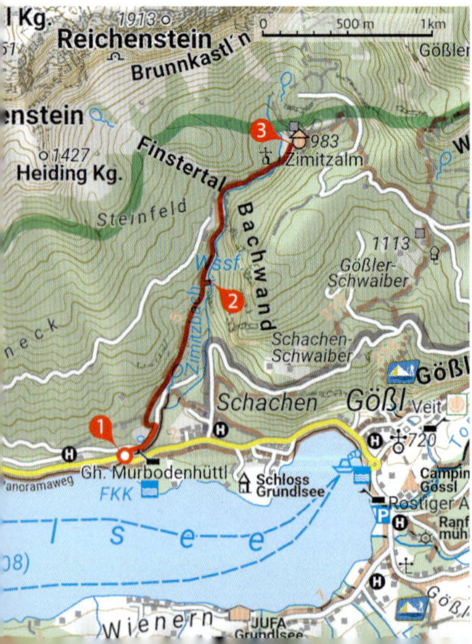

Vom **Parkplatz Zimitzbach** ❶ auf Forststraße im Wald nach Norden aufwärts zu aufgelassener Schottergrube und 200 m weiter zur Abzweigung eines Fußweges scharf nach links hoch. Auf diesem durch lichten Wald im Rechtsbogen bergan zu einem schönen, breiten Waldweg. Diesen (Weg Nr. 5, keine Markierung) an der linken Talseite nach Nordosten aufwärts zu einer

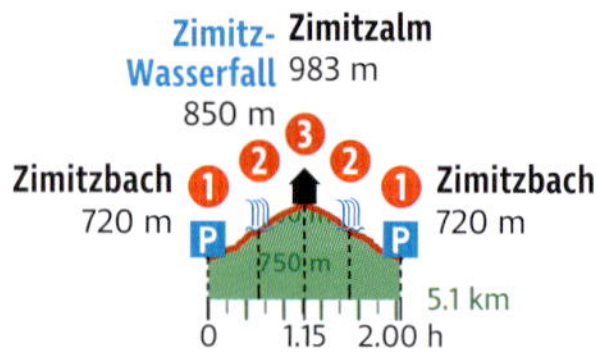

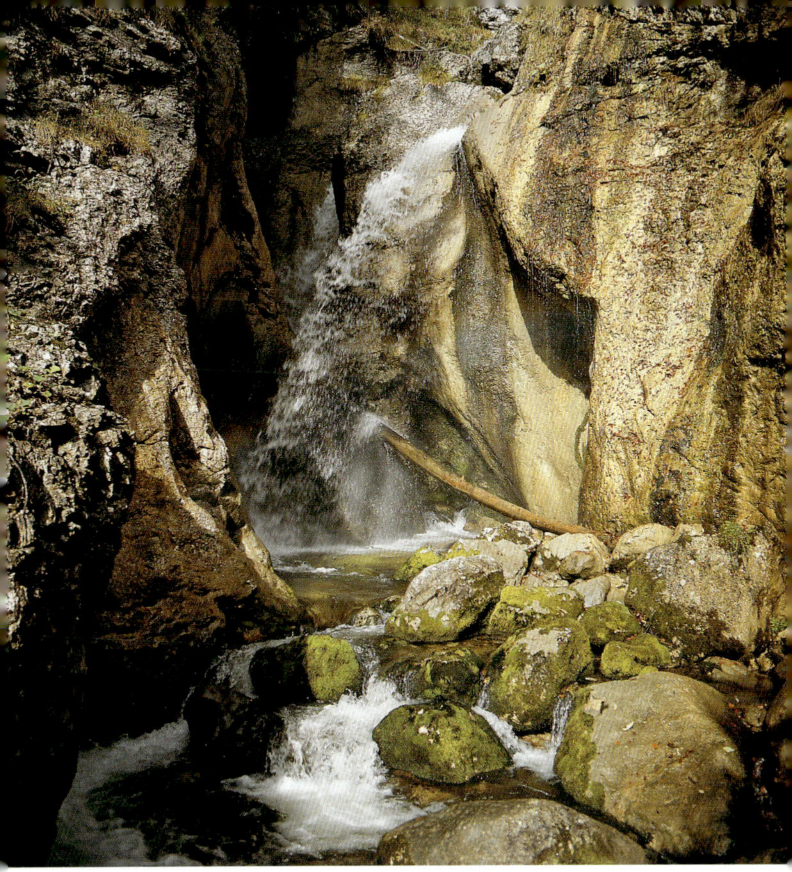

Eine Sehenswürdigkeit im Gebiet des Grundlsees: der Zimitz-Wasserfall.

Verzweigung. Rechts ab und auf unbezeichnetem Steig hinab zum abgezäunten Aussichtsplatz **Zimitz-Wasserfall** ❷, 860 m. Von hier können Geübte auf unbefestigtem Pfad noch weiter bis in den Schluchtgrund, 850 m, absteigen.
Wieder hinauf zum Hauptweg und diesen rechts haltend an der linken Talseite neben dem rauschenden Zimitzbach weiter, zuletzt über den Bach nach rechts und hinauf zu den auf schöner Waldwiese gelegenen Hütten der **Zimitzalm** ❸, 983 m, mit Einblick in die grandiose Südwand des Reichenstein und imponierender Fernschau zum Dachstein.
Abstieg auf demselben Weg.

TOP

50

↗ 1130 m | ↘ 1130 m | 11.5 km

Gößler Alm, 1585 m, und Graswand, 1840 m

5.15 h

Ein Bergparadies überm Grundlsee

Die herrlichen Almen des Salzkammergutes mit ihren Matten und charakteristischen Holzhütten bieten sich als lohnende Tourenziele an. Als eine der reizvollsten muss die an der Südseite des Toten Gebirges hoch über dem Grundlsee gelegene Gößler Alm genannt werden. Um sie zu erreichen, sind 850 Höhenmeter im anstrengenden Steilanstieg zu bewältigen. Danach aber öffnet sich der Berghimmel im wahrsten Sinne des Wortes. Man betritt einen zauberhaften Wiesenbezirk mit malerischen Baumgruppen und verstreut liegenden Heuhütten. Wie von einer Tribüne überschaut man von hier und von der noch höheren Graswand (mit unvergleichlichem Tiefblick gegen den Vorderen Lahngangsee als Draufgabe, siehe Bild S. 167) den tiefblauen Grundlsee, in dem sich die Gletscher des Dachsteins spiegeln. Hier herauf muss man an klaren Herbsttagen kommen!

Ausgangspunkt: Parkplatz bei den Häusern von Schachen, 730 m (Gebühr 9–18 Uhr per Parkautomat, Bushalt), am Nordufer des Grundlsees, 10 km von Bad Aussee.
Anforderungen: Unschwierige, der Steilheit und des zu bewältigenden Höhenunterschieds wegen anstrengende Tour. Trittsicherheit nötig. Nur bei guter Sicht!
Einkehr: Unterwegs keine Einkehr. Ghs. Murbodenhüttl nahe Ausgangspunkt (keine Nächtigung, ganzj. geöffnet, Tel. +43 3622 8588, www.murbodenhuettl.com, schöner Badeplatz am unverbauten Grundlseeufer).

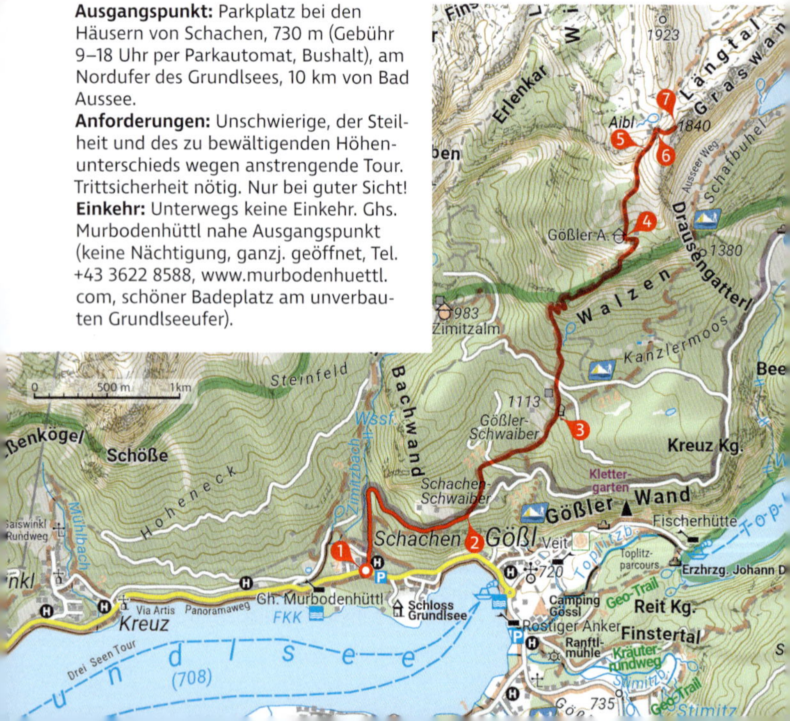

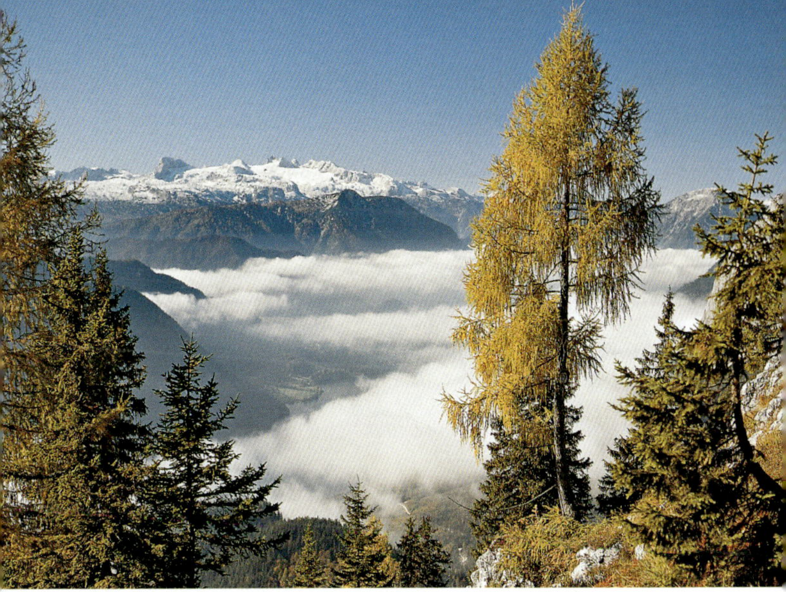

Im Spätherbst auf der Gößler Alm. Blick zum Dachstein.

Von **Schachen** ❶ die Forststraße mit Weg Nr. 214 zunächst nordwärts durch den Graben des **Zimitzbaches** aufwärts, dann nach rechts (Osten) und an bewaldeten Hängen entlang hinauf zur **Linksabzweigung** ❷ des Weges zur Pühringer Hütte. Diesen durch Wald nach Nordosten empor zu licht bewaldeter Bergschulter, links die Wiesen der **Schwaiber Alm** ❸, 1113 m, und weiter zu einer Wegteilung. Links auf Weg Nr. 213 weiterhin im Wald über steiler werdende Hänge nach Norden empor zur Bergrippe **»Walzen«**. Über sie durch den sich lichtenden Wald bei abnehmender Steilheit hinauf zur **Gößler Alm** ❹, 1585 m.

Durch lichten Lärchenbestand, mehrere Mulden querend, in Nordrichtung aufwärts, später in Kehren steiler hoch in den **Aiblsattel** ❺, 1746 m, danach zur **Aiblalm** ❻, 1740 m (Hütte). Rechts von der bezeichneten Route ab und weglos durch Latschen und über Steilwiesen nach Osten empor auf den Südwestgipfel der **Graswand** ❼, 1840 m (Stange), mit herrlicher Rundsicht!

Abstieg nach **Schachen** ❶ auf dem bekannten Weg.

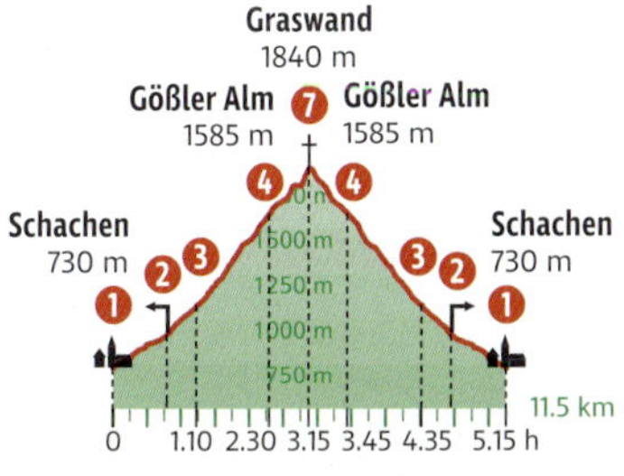

↗ 1470 m | ↘ 1470 m | 23.4 km

51 Lahngangseen, Pühringer Hütte und Elm, 2128 m

9.00 h

Meilensteine am Weg auf einen klassischen Aussichtsberg

Unter den Zugängen zur ausgedehnten Plateauregion des Toten Gebirges steht jener vom Grundlsee über die von steilen Bergflanken eingeengten Lahngangseen landschaftlich an vorderster Stelle. Unterwegs zur Pühringer Hütte berührt man auch den Kessel der Elmgrube, wo in den dort stehenden Almhütten einst kaiserliche Jagdgesellschaften residierten. Wer zwei Tage für die Tour veranschlagt und an der Pühringer Hütte nächtigt, ist frei von Zeitproblemen und darf an den Ufern von Lahngang- und Elmsee unbeschwert rasten und baden. Vor allem bietet sich dann die Gelegenheit, das tolle Elm-Panorama mit Blick über die Karsthochfläche des Toten Gebirges und auf Grundlsee und Dachstein in aller Herrgottsfrühe zu bestaunen.

Ausgangspunkt: Parkplatz bei den Häusern von Schachen, 730 m (Gebühr 9–18 Uhr per Parkautomat, Bushalt), am Nordufer des Grundlsees, 10 km von Bad Aussee.
Anforderungen: Unschwierige, bei Zwischennächtigung an der Pühringer Hütte auch nicht übermäßig anstrengende Tour. Trittsicherheit im unwegsamen, zerfurchten Karrengelände nötig. Nur bei nebelfreiem Wetter!
Einkehr: Ghs. Murbodenhüttl nahe Ausgangspunkt (keine Nächtigung, ganzj. geöffnet, Tel. +43 3622 8588, www.murbodenhuettl.com, schöner Badeplatz am unverbauten Grundlseeufer), Pühringer Hütte (80 L., 1. Juni – 5./10. Okt. durchgehend geöffnet, Tel. +43 720 920442 und +43 664 5443368, www.alpenverein.at/puehringerhuette).

Von **Schachen** ❶ auf Forststraße (Weg Nr. 214) zur **Linksabzweigung** ❷ des Weges zur Pühringer Hütte. Diesen durch Wald empor zur Bergschulter bei der **Schwaiber Alm** ❸, 1113 m, und zu einer Wegteilung. Rechts auf Weg Nr. 214 durch schönen Bergwald, dann über eine lang gestreckte Wiese in Nordostrichtung hinauf zum bewaldeten **Kanzlermoos-Plateau**. Über dieses, dann an den Steilhängen des »Walzen« durch Wald und über Kahlschläge, an einer Quelle vorbei, nach Nordosten aufwärts zum Felsgrat des **Drausengatterls** ❹, 1380 m. Auf gutem Steig unter überhängender Felswand nach links hinab zu den steilen, angegrünten Schutthängen unterhalb der Gras-

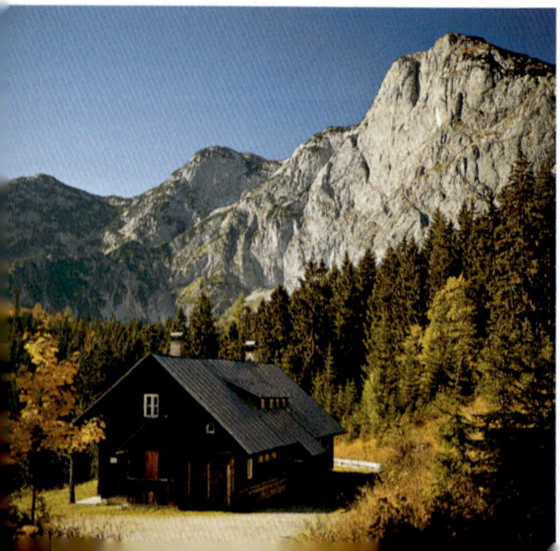

Die Jagdhütte bei der Schwaiber Alm mit dem imposanten Reichenstein darüber.

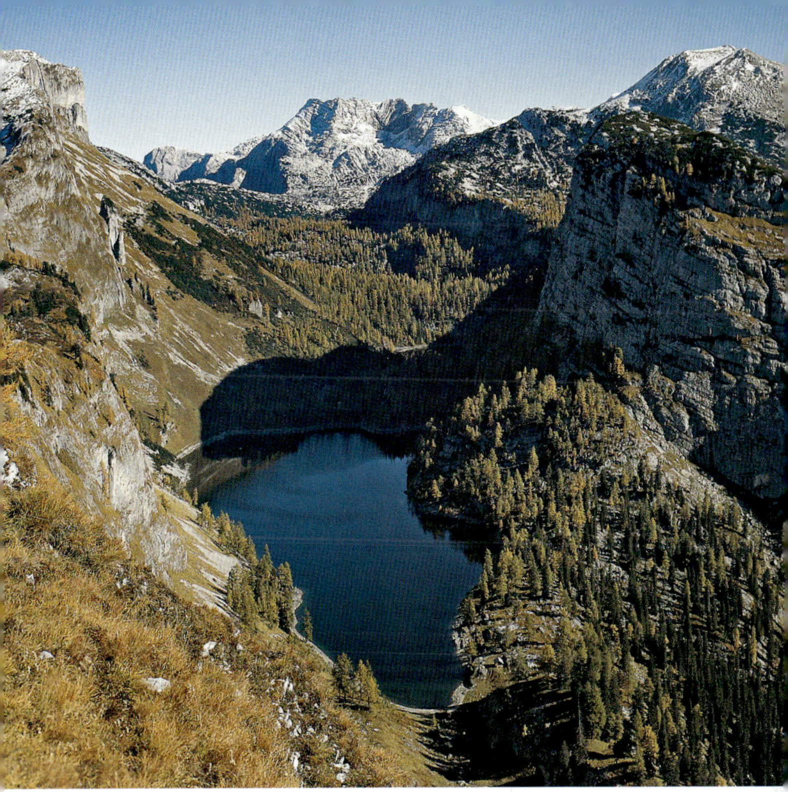

Der Vordere Lahngangsee von der Graswand (Tour 50). Im Hintergrund das Rotgschirr, weiter rechts unser Tourenziel, der Elm.

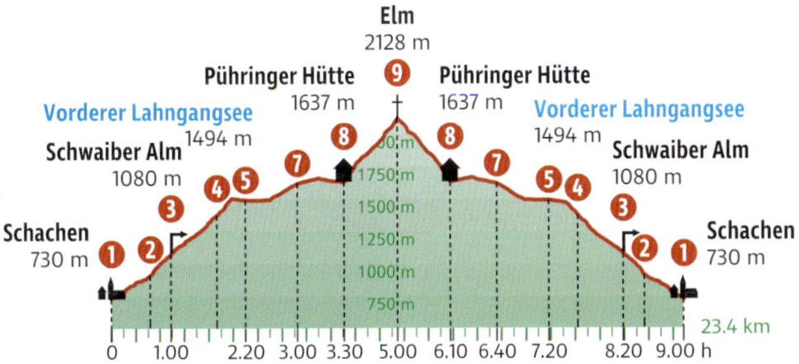

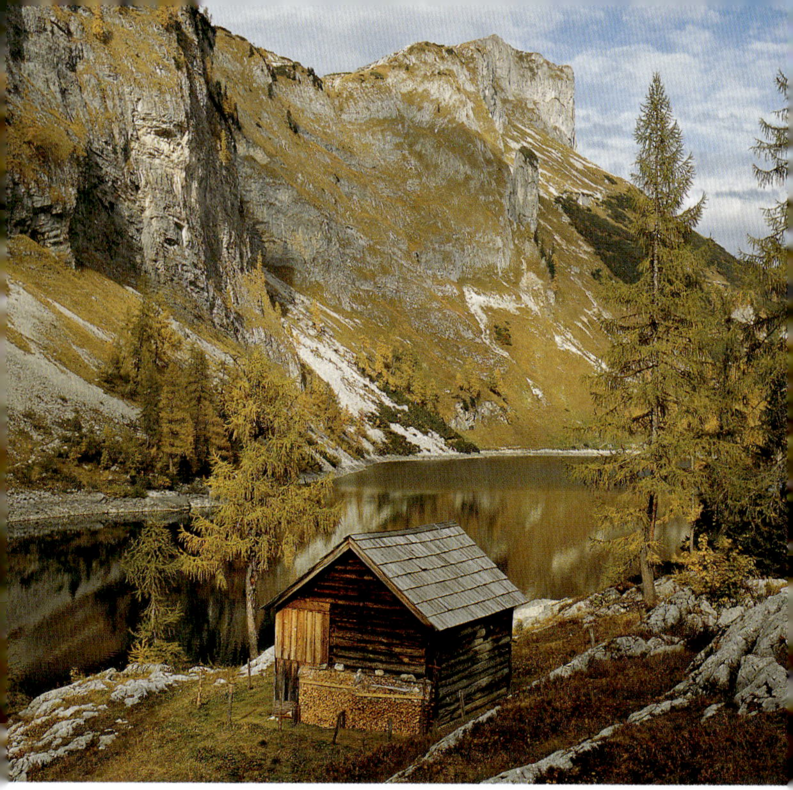

Am Vorderen Lahngangsee mit Blick hinauf zur Graswand.

wand. Über sie in langer Querung (am Vormittag heiß!) schräg nach rechts empor zur Geländerampe des **Schafbühels**. Über Karrenfelsen eben weiter, dann durch die Mulde zwischen Schafbühel und Graswand hinab zum **Vorderen Lahngangsee** 5, 1494 m. An seinem linken Ufer (Westufer) in schöner Wanderung eben zum Nordende bei der unbewirtschafteten **Lahngangalm** 6, 1494 m. Links oberhalb des im Wald verborgenen **Hinteren Lahngangsees** durch Lärchenbestände in Nordostrichtung weiter aufwärts zu

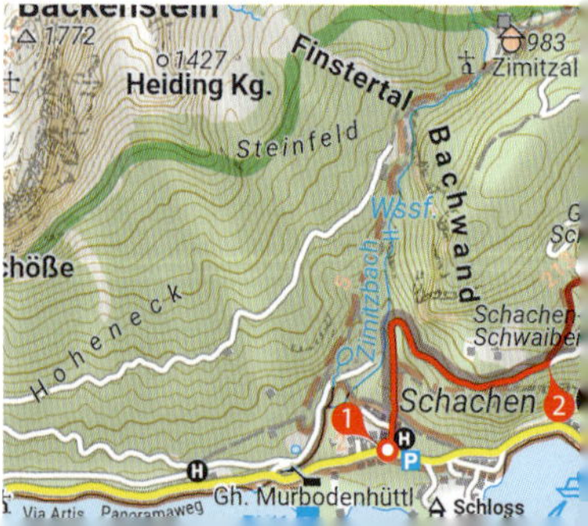

den Jagdhütten der **Elmgrube** 7, 1622 m (Verzweigung). Rechts haltend auf dem breiten Weg Nr. 201 und 214 durch sanft ansteigendes, von einzelnen Lärchen bestandenes Gelände nordostwärts zum **Elmsee** und weiter zur **Pühringer Hütte** 8, 1637 m.
Auf bezeichnetem Steig (keine Nummer) durch den Felsabbruch des **Rauen Elm** nach Osten empor auf ein Plateau. Dort durch Wiesen, Latschen und lichten Baumbestand nach rechts (Südwesten) aufwärts, später über Karrenfelsen, an Dolinen vorbei, an den breiten Nordostrücken des Berges und über diesen zu einer Terrasse empor. Nun im steilen, felsigen Gelände weiter auf den Gipfel des **Elm** 9, 2128 m (Gipfelkreuz, Buch).
Abstieg auf derselben Route.

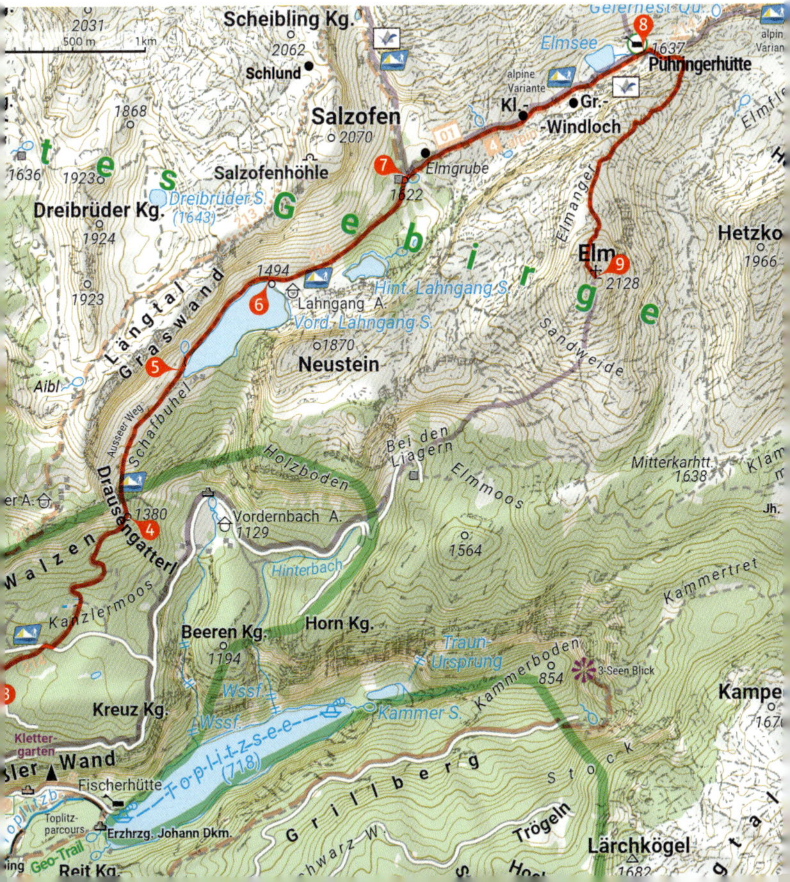

↗ 130 m | ↘ 130 m | 4.1 km

52 Toplitzsee und Kammersee

1.15 h

Dankbare Ausflugsziele im Quellgebiet der Traun

Grüner Fjord in düsterer Waldschlucht, Wasserfälle und geheimnisschwangere Tiefe – das ist der Toplitzsee, ein überaus beliebtes Ausflugsziel im Quellgebiet der Traun. Hier soll Erzherzog Johann im Juli 1819 seine spätere Gemahlin, die aus Aussee stammende Postmeisterstochter Anna Plochl, kennengelernt haben. Viel später hat der See durch seine besondere Natur (markante Schichtung durch salzhaltiges Tiefenwasser) und Ende des Zweiten Weltkriegs durch Versenkungsmanöver und Minen-Erprobungen Berühmtheit erlangt. Eine Bootsfahrt über den See (keine Uferwege!) und ein kurzer Anstieg bringen uns zu dem im hintersten Talabschnitt gelegenen kleinen Kammersee, in dessen Umgebung die Traun entspringt.

Ausgangspunkt: Freizeitzentrum Gößl, 710 m (Schiffsanlegestelle, Bushalt, Strandbad, Parkplatz Mai bis Okt. kostenpflichtig, 4 €/Tag), am Ostende des Grundlsees knapp südlich vom Gasthaus »Rostiger Anker«, 11 km von Bad Aussee.
Anforderungen: Leichte Spazierwanderung mit Bootsfahrt über den Toplitzsee.
Einkehr: In Gößl mehrere Gasthöfe. Fischerhütte (keine Nächtigung, 5. Nov. – 20. Dez. geschlossen, sonst immer offen, im Juli und Aug. kein, sonst Mi. Ruhetag, Tel. +43 3622 8296 und +43 676 5390 590, www.toplitzsee.at).

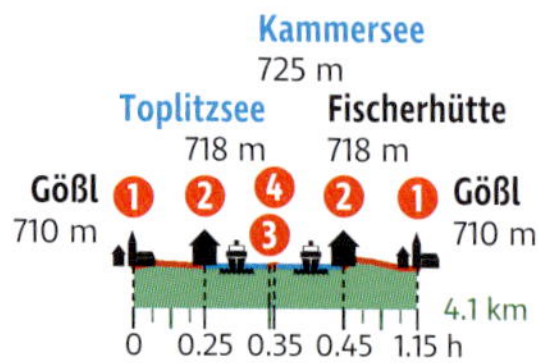

Hinweis: Betrieb der Motorplätten auf dem Toplitzsee 1. Mai–31. Okt. tägl. 10.30–15.30/16.30 Uhr; Tickets an der Anlegestelle oder an Bord.

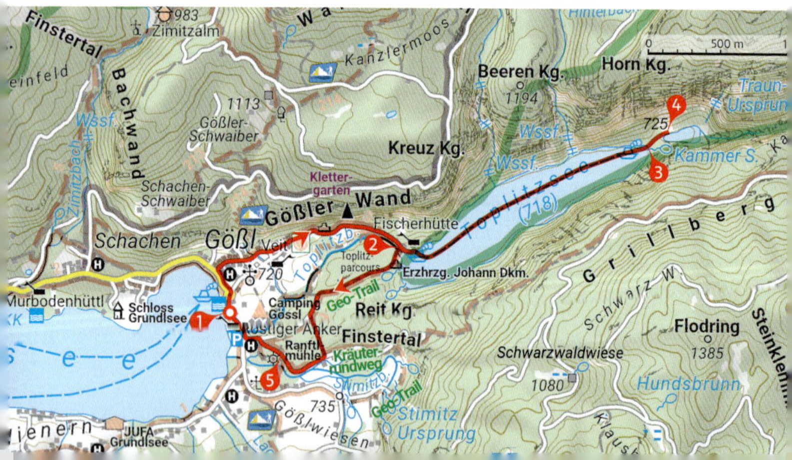

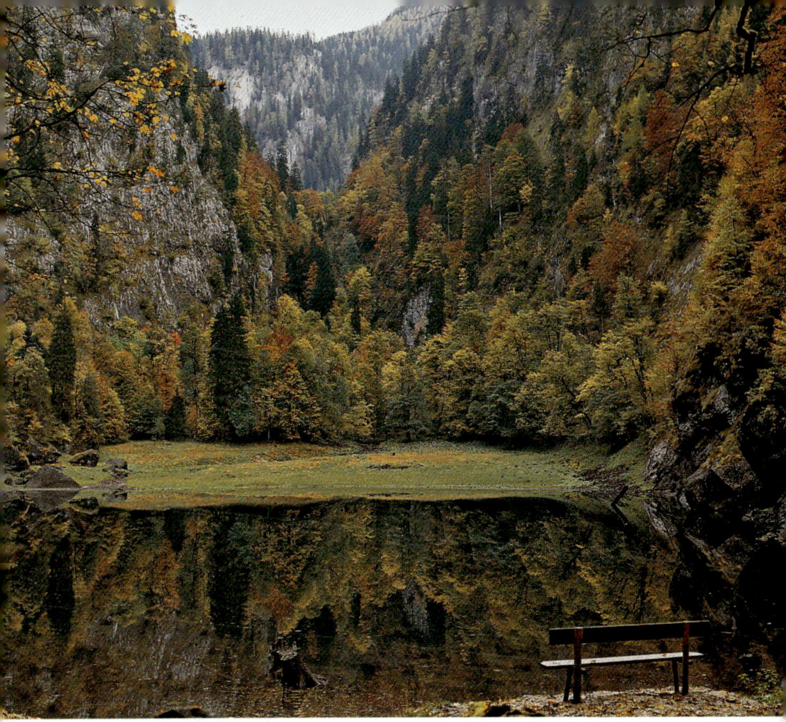

Der kleine, im Quellgebiet der Traun gelegene Kammersee.

Vom Freizeitzentrum in **Gößl** ❶ die Uferstraße 100 m nach Norden, dann auf Asphaltstraße rechts ab und ostwärts durch den Ort **Gößl**, 720 m, zu einer Verzweigung. Geradeaus bald auf Naturstraße (Schranke; Weg Nr. 3) unter der imposanten Gößler Wand entlang durch Wald und über Wiesen zur **Fischerhütte** ❷ am Westende des **Toplitzsees**, 718 m.
Von der Fischerhütte geführte Überfahrten mit Motorplätten zur »Villa Wolkenbruch« am Ostende des **Toplitzsees** ❸. Von dort kurzer Anstieg durch Wald zum kleinen **Kammersee** ❹, 725 m.
Rückweg: Zurück zur **Fischerhütte** ❷ am Toplitzsee. Dort nach Süden über den See-Abfluss zur schönen Uferwiese mit dem **Erzherzog-Johann-Gedenkstein**. Auf Fahrweg Nr. 4 durch Wald nach rechts (Südwesten) aufwärts, dann auf Forststraße eben zu einer Wegteilung. Links haltend weiter, später auf Weg nochmals links ab und durch Wald nach Süden zur **Ranftlmühle** ❺, 712 m. In Nordwestrichtung zu querender Forststraße und diese nach links zur **Grundlsee-Ostuferstraße**. Auf ihr rechts haltend zurück zum **Freizeitzentrum Gößl** ❶.

↗ 550 m | ↘ 550 m | 12.1 km

53 Gößler Dreiseenblick, 1190 m

4.30 h

Zu einem Glanzpunkt des Salzkammerguts

Die acht Kilometer lange Hangtraverse vom Grundlseeufer bei Gößl in den Hintergrund des Trauntales endet mit dem Erreichen des Dreiseenblicks unerwartet und abrupt: Dort, an den Steilwänden des Handhabkogels oberhalb der Traunquellen und des Kammerbodens, tut sich ein unerhörter Tiefblick zu den wie aufgefädelt daliegenden »Augen« des Kammer-, Toplitz- und Grundlsees auf. Das ist eine Wanderung für Landschaftsliebhaber, die sich zwar vom Wasser entfernt, dafür umso imponierende Ausblicke auf die drei Seen-Juwele bietet.

Ausgangspunkt: Freizeitzentrum Gößl, 710 m (Schiffsanlegestelle, Bushalt, Strandbad, Parkplatz Mai bis Okt. kostenpflichtig, 4 €/Tag), am Ostende des Grundlsees knapp südlich vom Gasthaus »Rostiger Anker«, 11 km von Bad Aussee.

Anforderungen: Lange, im felsigen Schlussabschnitt etwas beschwerliche Tour auf zwar gut beschilderten aber unmarkierten Wegen, unterbrochen durch ein 2½ km langes ebenes Forststraßenstück. Trittsicherheit nötig!

Einkehr: Im Umkreis des Freizeitzentrums Gößl mehrere Gastbetriebe. Unterwegs keine Einkehr!

Hinweis: Besondere Vorsicht im Bereich der in hohen Steilwänden gegen den Kammerboden abfallenden Schulter des Dreiseenblicks. Kinder im Auge behalten. Es besteht Absturzgefahr!

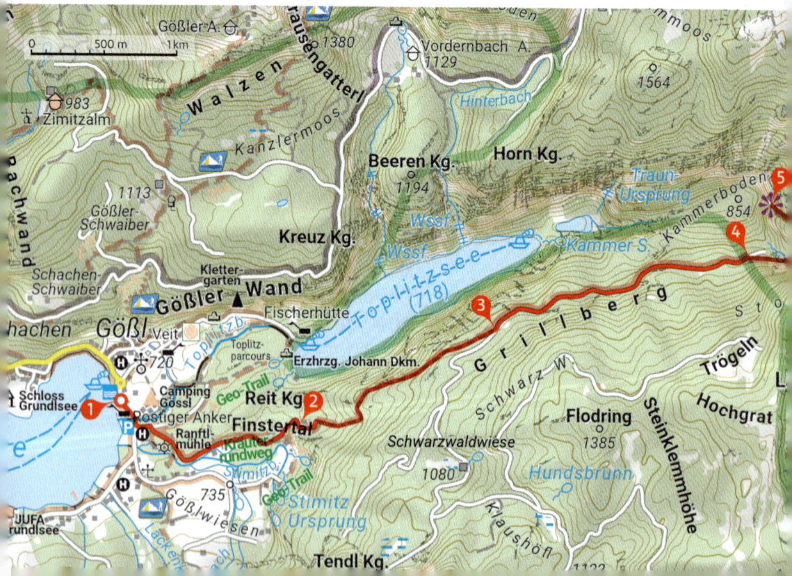

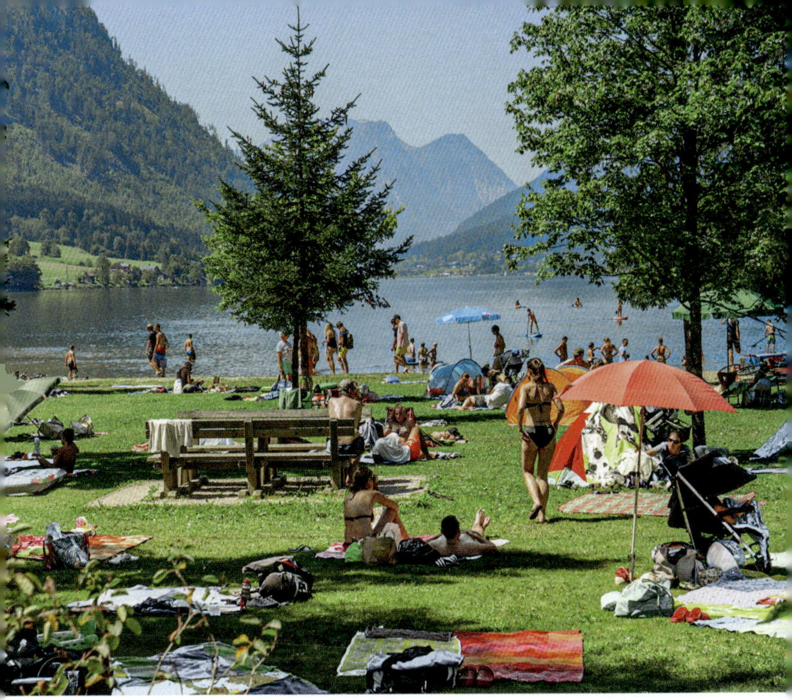

Sonntäglicher Betrieb Strandbad (Gößler Freizeitzentrum) am Ostufer des Grundlsees.

Vom **Freizeitzentrum Gößl** ❶ die Asphaltstraße Richtung Wienern kurz nach Süden zur Verzweigung gleich nach der Brücke über den Stimitzbach. Links ab und auf Naturstraße ostwärts nach 50 m zu einer Gabelung. Rechts entlang der Schotterstraße (»Rundweg Gößler Wiesen«, »Kräuterrundweg«) anfangs neben dem Stimitzbach, dann am Unterrand der Gößler Wiesen durch Wald nach Nordosten aufwärts, nun in einigen Windungen empor zum Straßenende an einer Bauhütte.

Kurz vor der Hütte rechts ab ❷ (kleine grüne Tafel) und auf unbezeichnetem Fußweg vorerst in krautig bewachsenem Gelände, dann an den Waldhängen in Nordostrichtung aufwärts zu einem Aussichtspunkt (Blick auf Grundlsee und Sarstein). Kurz durch ein bewaldetes Hochtal, dann in langer Hangquerung an den felsdurchsetzten Waldhängen oberhalb des Toplitzsees (Tiefblick!) steil bergauf, später weniger steil unterhalb von Felswänden weiter, zuletzt eben zu querender **Forststraße** ❸. Die Straße links haltend, hoch über dem nicht einsehbaren Trauntal entlang, an den Waldhängen rund 2½ km eben nach Osten, zuletzt stärker fallend zu wichtiger **Verzweigung** ❹.

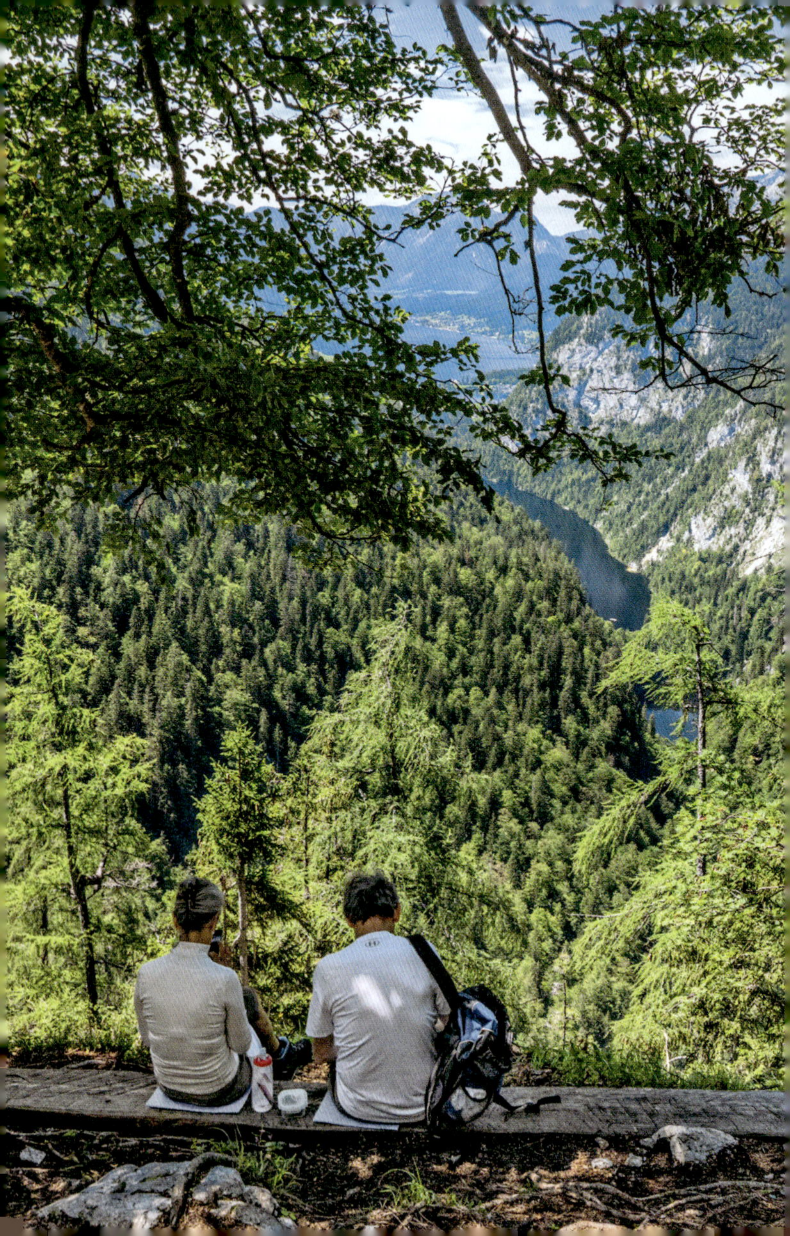

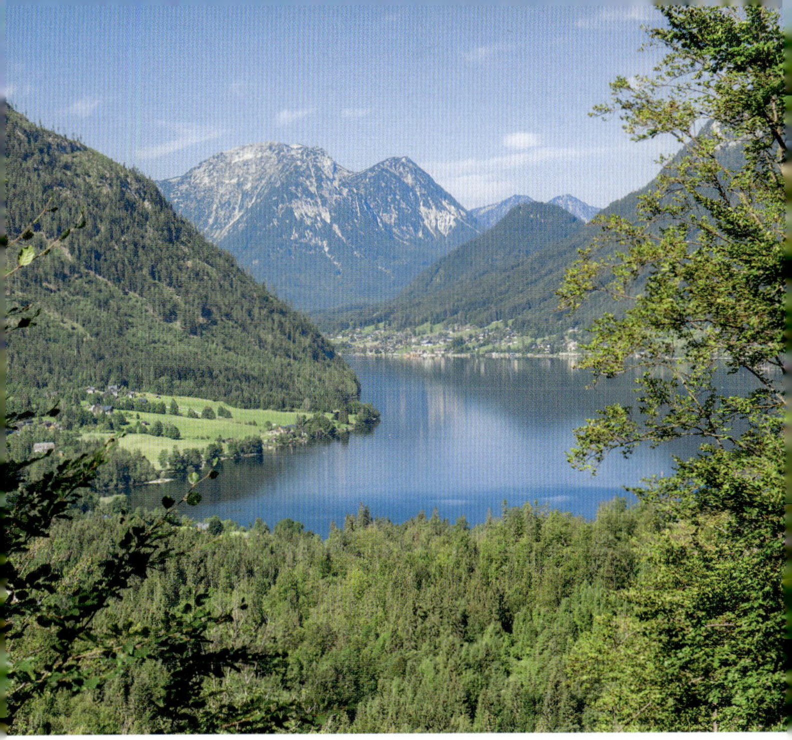

Links: Verdiente Rast am Gößler Dreiseenblick.
Oben: Grundlsee und Hoher Sarstein vom Anstieg zum Dreiseenblick.

Rechts ab und auf Fußweg im lichten felsdurchsetzten Wald nach Osten aufwärts unter die Felswände des Sulzenofens. Die angegrünten Blockhänge »Im Winkel« (Vorsicht, bei Nässe rutschig!) querend, nach links in die Steilwände des Handhabkogels hinein und dort nach Norden hoch, zuletzt an einer Felswand (mit Drahtseil) nach links empor zum licht bewaldeten Felsabsatz **»Dreiseenblick« 5**, 1190 m (»Gipfelbuch« in der Holzschatulle, Sitzgelegenheit auf großen Brettern). Imponierender Tiefblick auf Kammersee, Toplitzsee und Grundlsee, darüber der Sarstein. Weiter links der Gosaukamm (Mandlkogel) und links davor der Zinkenkogel über Bad Aussee. **Abstieg** entlang der Anstiegsroute.

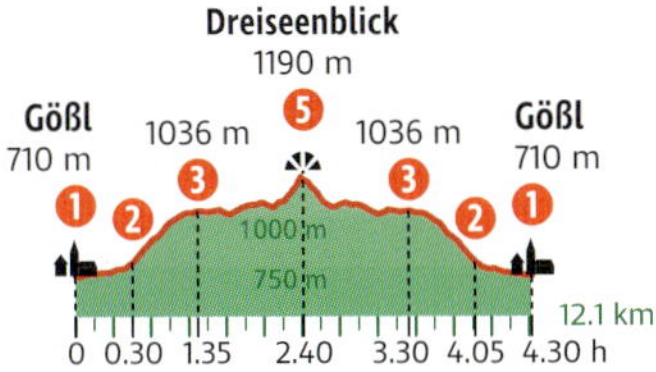

↗ 90 m | ↘ 80 m | 7.8 km

54 Grundlsee-Süduferweg

1.30 h

Reizvoller Spaziergang von der Seeklause nach Gößl

Das lang gestreckte, zum Teil auch steile und bewaldete Südufer des Grundlsees erlaubt genussreiches Wandern angesichts der felsgewaltigen Südabstürze des Toten Gebirges. Hier kommt in erster Linie der Geher auf seine Kosten, der nicht so sehr die ständig wechselnden Szenerien wie vielmehr das Wandererlebnis an sich sucht. Dennoch ist die Tour alles andere als langweilig und vermittelt dem Naturliebhaber wiederholt Ausblicke auf zauberhafte Uferlandschaften.

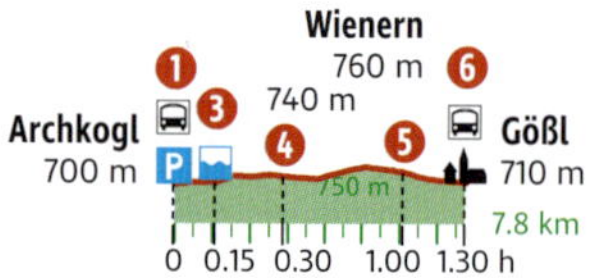

Ausgangspunkt: Bushalt und Großparkplatz Archkogel, 700 m, an der Straße von Bad Aussee zum Grundlsee, ca. 400 m vor dem Erreichen des Seeufers, 3,5 km von Bad Aussee.
Endpunkt: Gößl, 710 m, am Ostende des Grundlsees. Rückfahrt zum Ort Grundlsee-Seeklause per Bus (ganzj. und nahezu stündlich 7.00/8.30 Uhr bis 18.50 Uhr) oder mit dem Schiff (Anfang Mai bis Ende Okt. 4 bis 6 Kurse tägl., Tel. +43 3622 86044-333, www.schifffahrt-grundlsee.at).
Anforderungen: Unschwierige Uferwanderung auf bezeichneten Wegen.
Einkehr: Mehrere Gaststätten in Gößl. Mostschenke »Ress'n Stüberl« in Hinterau (2 Appartements für 1–3 Personen, ganzj. geöffnet, außer Juli und Aug. Di. Ruhetag, Tel. +43 664 1060685, https://ressenstueberl.at).
Varianten: Vom Zielort Gößl lohnender Ausflug zum Toplitzsee (siehe Tour 52) sowie zu den Gößler Wiesen im Südosten des Ortes (besonders schön zur Narzissenblüte im Mai!).

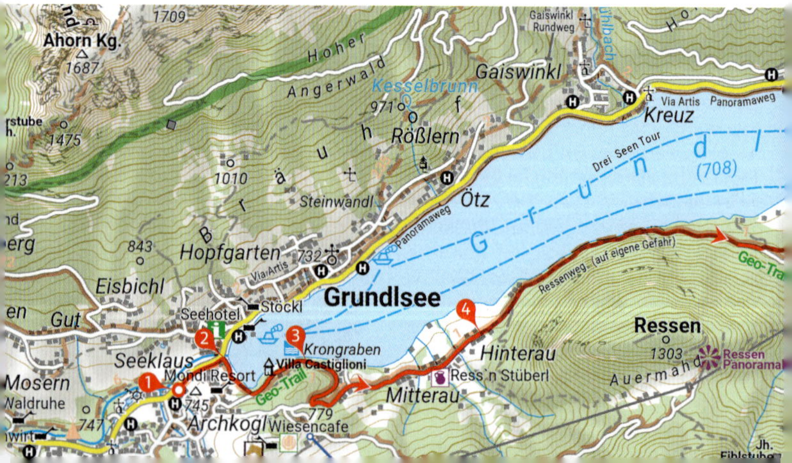

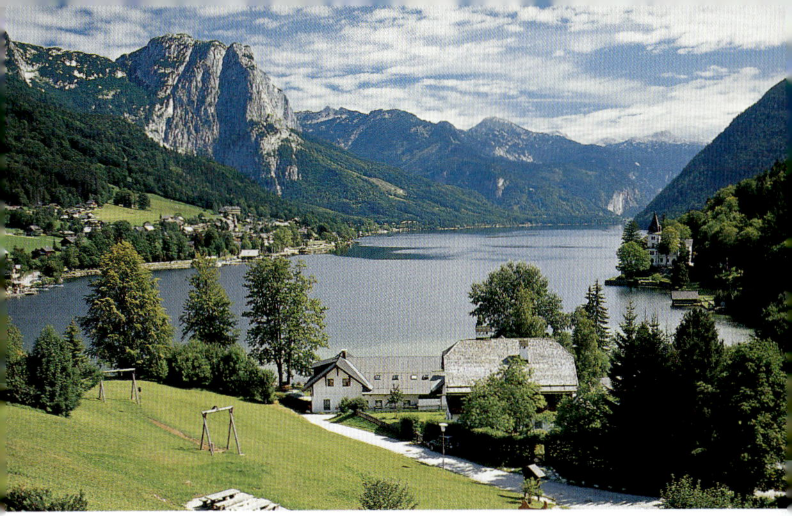

Der Grundlsee mit dem Backenstein von Westen betrachtet.

Vom **Parkplatz** und **Bushalt Archkogl** ❶ rechts der Grundlsee-Straße auf gutem Fußweg nach Nordosten aufwärts und eben zum Grundlsee beim **Seeabfluss** ❷. Dort rechts den Promenadenweg Nr. 1 nach Südosten zu Verzweigung. Links auf geteertem Weg, eine Straße traversierend, aufwärts, dann in Ostrichtung am bewaldeten steilen Seeufer entlang und abwärts zum **Freibad** ❸. Eine Straße 250 m nach rechts (Süden) hinauf zu querender Asphaltstraße. Diese über Wiesen nach links nach Mitterau und weiter zum Straßenende in **Hinterau** ❹, 740 m (Mostschenke). Auf dem Promenadenweg am bewaldeten Nordabhang (Windbruch) des Ressen in Ostrichtung eben dahin, dann an der teils felsigen Steilflanke (z. T. Geländersicherung) im Auf und Ab weiter, schließlich durch wieder geneigteres Gelände aufwärts zu einer Forststraße. Auf ihr durch Wald nach Osten zur Streusiedlung **Wienern** ❺, 760 m. Auf der Asphaltstraße durch den Ort, dann durch Wald und über Wiesen in weiter Linksschleife zum **Ostende des Sees**. In Nordrichtung, am Strandbad vorbei, nach **Gößl** ❻, 710 m, mit Schiffsanlegestelle und Bushalt.

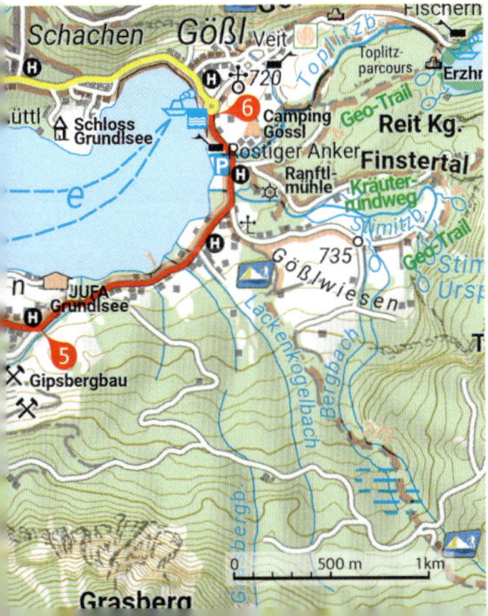

↗ 1000 m | ↘ 1000 m | 17.7 km

55 Türkenkogel, 1756 m

6.30 h

Einsames Bergziel inmitten der Ausseer »Hitparade«

Auch für Kenner gibt es im Ausseerland noch geheime, stille Winkel, die einer Entdeckung harren. Der Türkenkogel südlich des Grundlsees ist solch eine Rarität, deren Besuch eine neue Seite des Gebiets offenbart. Ein langer Güterweg-Marsch von der Streusiedlung Straßen (Radlingpassstraße) zur Weißenbachalm macht den Anfang. Danach bringt uns ein 400-Meter-Steilanstieg auf das licht bewaldete Plateau und weiter auf den aussichtsreichen Gipfel, wo man sich inmitten einer von Naturschönheiten überhäuften Bergwelt zu verdienter Rast niederlässt.

Ausgangspunkt: Parkplatz an der Verzweigung Radlingpassstraße/Grundlseestraße, 790 m (Bushalt), beim ehemaligen Almwirt im Ortsteil Straßen, 3 km von Bad Aussee.
Anforderungen: Lange, anstrengende Tour auf bezeichneten Wegen und Forststraßen. Nur für trittfeste Geher!
Einkehr: Jst. Weißenbachalm-Hütte (keine Nächtigung, 25./31. Mai – 30. Sept. bei Schönwetter Do. und Sa. ab 13 Uhr geöffnet, Tel. +43 3622 54256) und +43 670 2025425).
Hinweis: Besuchenswert ist die alljährlich an einem Sonntag Mitte Juli stattfindende Bergmesse (freie Auffahrt mit Privatautos zur Alm, Ausschank an allen Hütten).

Vom **Parkplatz** ❶ die Asphaltstraße in Richtung Grundlsee 150 m eben nach Nordosten zur Rechtsabzweigung der Weißenbachstraße. Auf ihr (Naturstraße mit Weg Nr. 6 und 259) über Wiesen und durch lichten Wald nach Südosten aufwärts zu einer Teilung. Rechts haltend die Straße (Schranke) weiter bergauf, später an der rechten Seite des **Weißenbachtales** durch den **Hochleitenwald** ostwärts in die Talsohle, danach links vom Weißenbach weiter zu einer wichtigen Teilung. Hier links ab und auf der Naturstraße, an den Heuhütten der Weißenbachalm vorbei, über Wiesen in zwei Kehren nach Norden empor zum Ende der Straße bei der **Jst. Weißenbachalm-Hütte** ❷, 1326 m, mit Blick nach Westen auf Zinkenkogel und Sarstein.

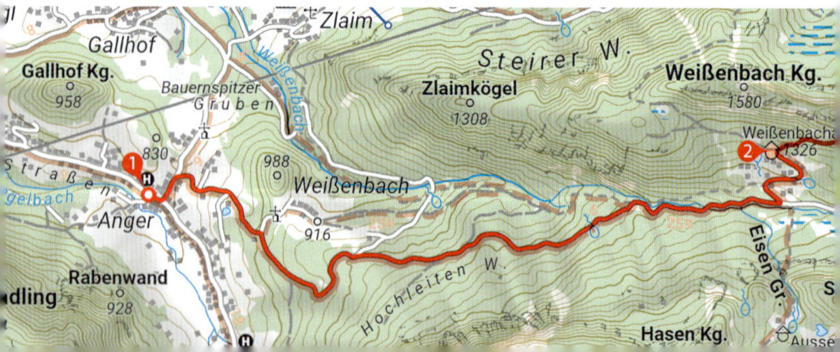

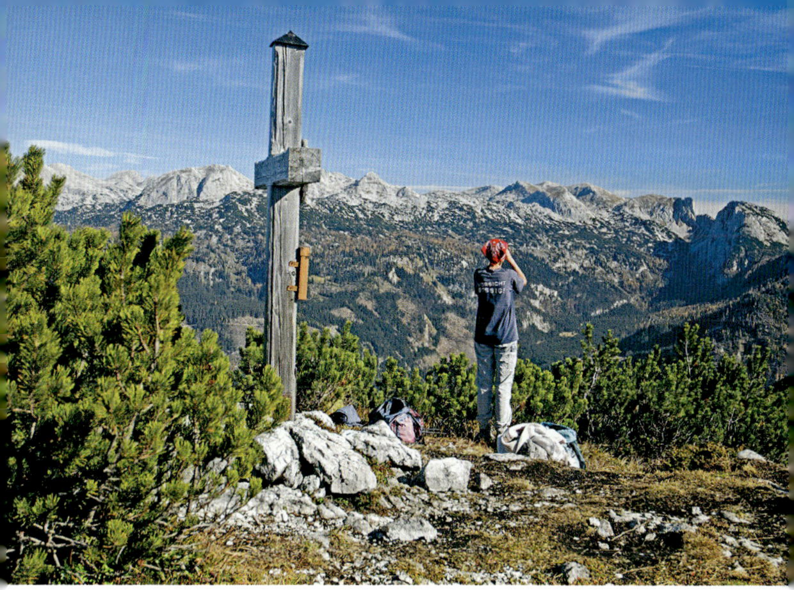

Am Gipfel des Türkenkogels. Im Nordosten die Höhen des Toten Gebirges.

Kurz nach Norden empor in den Wald und dort den bezeichneten Steig Nr. 259 an den steilen Südflanken des Weißenbachkogels teils in Kehren schräg nach rechts (Osten) aufwärts an den **Türkenkogel-Westrücken**. Über ihn durch lichten Nadelwald und über Wiesen sanft bergauf, dann steiler hoch an den Gipfelkamm. Im Auf und Ab über mehrere Latschenkuppen hinweg und kurz hinab in den **Sattel** ③, 1610 m, vor dem Gipfelaufbau. Gegen diesen steiler empor zum höchsten Punkt des **Türkenkogels** ④, 1756 m (Gipfelkreuz, Buch), mit umfassendem Überblick über das Ausseer Bergland.

Abstieg entlang der Anstiegsroute.

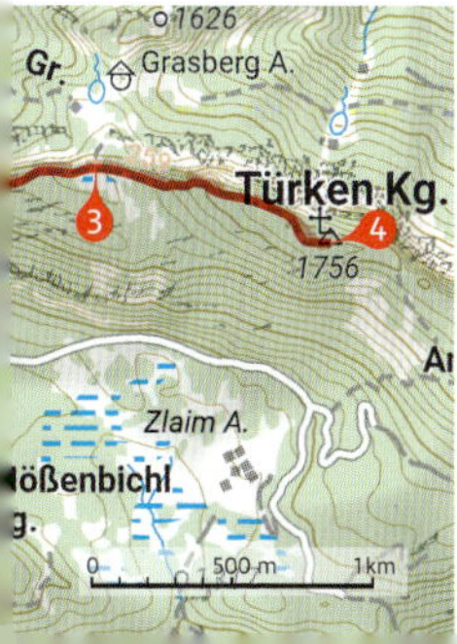

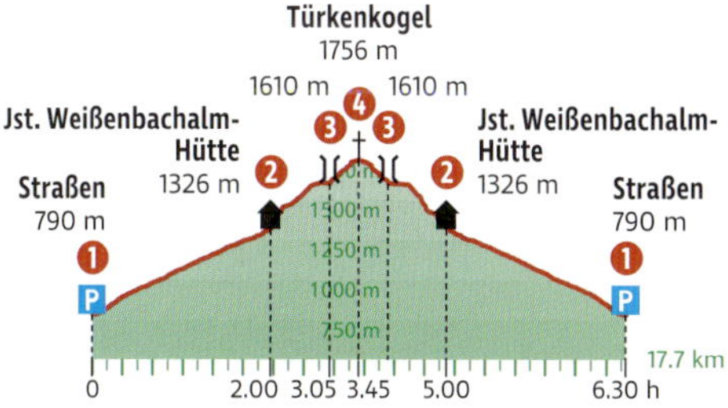

↗ 930 m | ↘ 930 m | 11.4 km

56 Rötelstein, 1614 m, und Kampl, 1685 m

5.00 h

Spritztour auf zwei lohnende Aussichtsberge

Das auf steile Flanken gestützte Kampl-Rötelstein-Massiv ist ein Südausläufer des Toten Gebirges. Dank dieser Randlage und der isolierten Stellung überschaut man von dort die beiden Talbecken von Aussee und Mitterndorf (Hinterbergtal) und hat als ständigen Blickfang die Gletscherwelt des Dachsteins vor sich. Wer an einem schönen Herbsttag über die vor Nebelnässe triefende Südflanke ansteigt, wird das erste durchscheinende Himmelsblau für drohende Regenwolken halten. Überwältigend fürwahr, wenn uns später bei der Langmoosalm wärmende Sonnenstrahlen und grenzenlose Fernsicht empfangen. Welcher Salzkammergut-Besucher ließe sich diese zugegebenermaßen anstrengende, aber immer lohnende Tour entgehen?

Ausgangspunkt: Die Häuser von Straußental, 853 m (Parkplatz, Bushalt), an der Radlingpassstraße, 5 km von Bad Aussee.

Anforderungen: Ausdauer erfordernde, aber unschwierige Bergtour. Nur bei gutem Wetter!
Einkehr: Keine.

Von **Straußental** ❶ auf Naturstraße kurz nach Osten zu einem Wohnhaus. Rechts haltend (Weg Nr. 253) die bewaldeten Südhänge des Rötelstein in Südostrichtung aufwärts, wobei mehrere Forststraßen traversiert werden. Weiter oben führt der Serpentinensteig über die steile Flanke nach Nordosten empor zur Quelle **»Kaltes Bründl«** ❷ und durch eine grasige Mulde weiter auf die Rötelstein-Kampl-Hochfläche, die bei der **Langmoosalm** ❸, 1520 m (Verzweigungspunkt), erreicht wird. Am Waldrand nach links (Weg Nr. 253) und über einen felsig-bewaldeten Steilaufschwung nach Nordwesten empor, später den breiten Gipfelrücken durch Latschen- und Fichtenbestände westwärts zum höchsten Punkt des **Rötelsteins** ❹, 1614 m. Das Gipfelkreuz (mit Buch) steht südlich davon am Plateaurand.

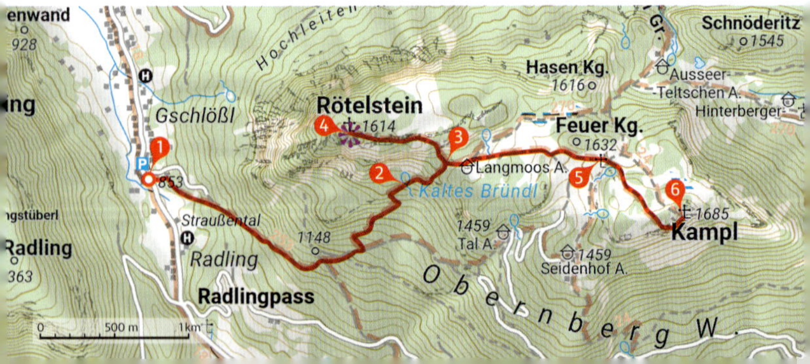

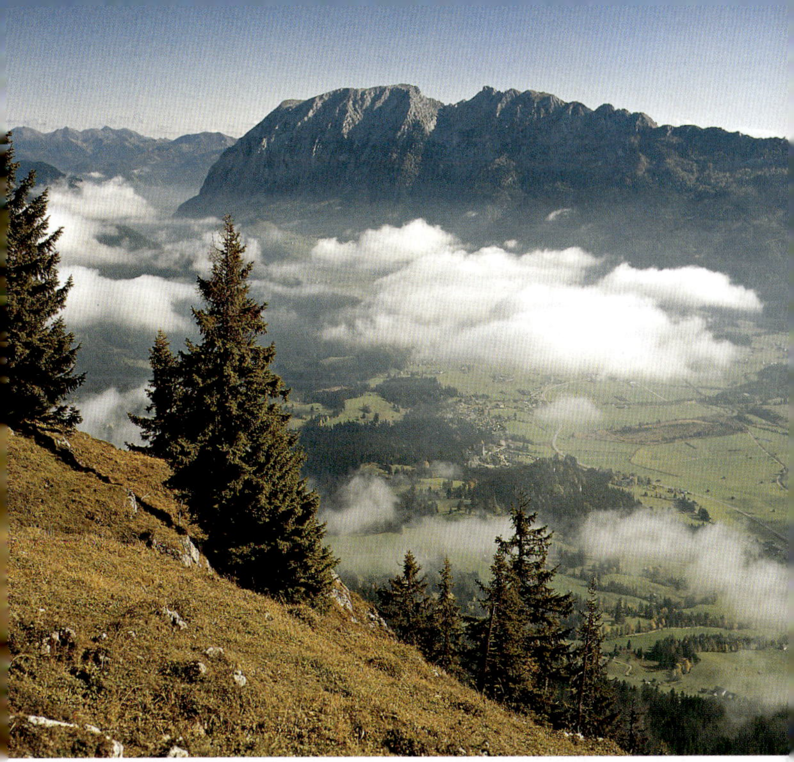

Am Gipfel des Kampl. Im Südosten über dem Hinterbergtal der mächtige Grimming.

Zurück zur Stelle, an der die Rötelstein-Kampl-Hochfläche erreicht wurde. Hier nun links und an den Hütten der **Langmoosalm** 3 vorbei, dann über Wiesen nach Osten aufwärts zum **Bildstock »Zum Namen Jesu«** 5, mit Buch und Quelle, südlich des Feuerkogels. Auf Weg Nr. 24 ostwärts über einen Sattel, dann durch Wiesenmulden, an Baumgruppen vorbei, nach rechts (Südosten) hinauf zum südlichen Abbruchrand der Kampl-Hochfläche. Hier links haltend, ostwärts, zum höchsten Punkt des **Kampl** 6, 1685 m (Gipfelkreuz, Buch).

Abstieg auf den bekannten Wegen.

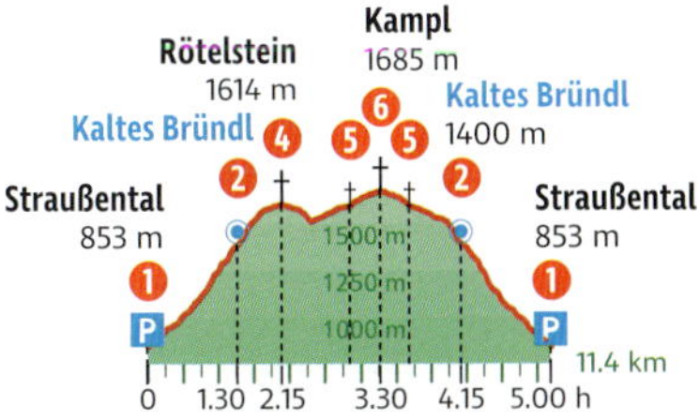

↗ 40 m | ↘ 40 m | 6.6 km

57 Ödensee, 776 m

2.15 h

Stille Wege durch ein interessantes Naturschutzgebiet

Von eher subtilem Reiz ist die Gegend um den von dunklen Wäldern gesäumten Ödensee. Er liegt am Südwestrand des Hinterbergtals, direkt zu Füßen des Dachsteinmassivs, und darf nicht mit den Almtaler Ödseen (Tour 16) verwechselt werden. Ein schöner Wanderweg führt von Kainisch über ein Hochmoor und an interessanten Karstlacken (Naturschutzgebiet) vorbei dorthin. Hübsche Ausblicke auf Rötelstein, Kampl, Tauplitzgebiet und Grimming begleiten uns rund um den stillen See.

Ausgangspunkt: Ortszentrum von Kainisch, 780 m.
Anforderungen: Problemlose Genusswanderung ohne Gegensteigungen.
Einkehr: Genuss Gasthaus Kohlröserlhütte (keine Nächtigung, ganzjährig geöffnet, 11.30–20 Uhr geöffnet, kein Ruhetag, Tel. +43 3624 213, www.genussamsee.com). Mehrere Gasthöfe in Kainisch.
Hinweise: Bademöglichkeit im Ödensee. Er kann von Kainisch auch mit dem Auto (3 km, Parkplatz 120 m nördlich des Ghs. Kohlröserlhütte) erreicht werden.

An den Ufern des Ödensees.

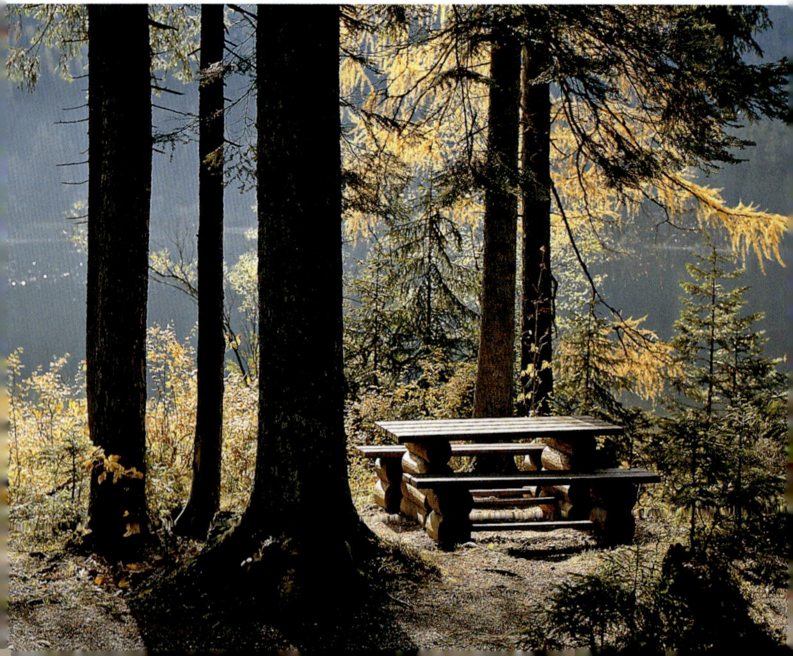

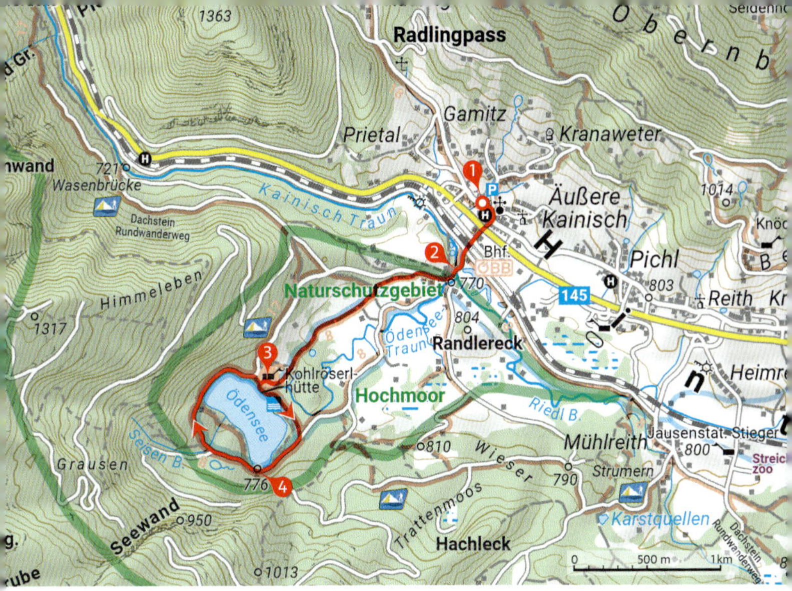

Aus dem Ortszentrum in **Kainisch** ❶ 50 m nach Osten zur Rechtsabzweigung eines Sträßchens (Fahrverbot). Auf ihm, unter der Umfahrungsstraße durch, nach Südwesten zur querenden Ödensee-Zufahrtsstraße. Diese zunächst über die Bahn, dann entlang der **Kainischer Traun** ❷ und über den Bach zu einer Rechtskurve mit Linksabzweigung einer Straße (Weg Nr. 8) und bald danach zur Linksabzweigung des Fußwegs Nr. 8. Auf ihm südwestwärts am rechten Rand eines Hochmoores eben dahin, später nach links hinaus und auf Karrenweg quer über die Moorhochfläche in den Wald. Hier südwärts an zwei Dolinenseen (»Kalter See«, »Warmer See«) vorbei, dann südwestwärts durch Wald und über Wiesen zum **Ödensee**, 776 m, der beim Genuss Gasthaus **Kohlröserlhütte** ❸ erreicht wird.

Von der Kohlröserlhütte auf dem Ufer-Rundwanderweg (Holzstege, Rastplätze) im Uhrzeigersinn um den dunklen Waldsee bis zum **Südufer des Ödensees** ❹, wobei manchmal auf Forststraßen ausgewichen und der zufließende Seisenbach überschritten werden muss. Weiter geht es am See entlang, bis sich die Runde am Gasthaus **Kohlröserlhütte** ❸ wieder schließt.

Rückkehr nach **Kainisch** ❶ auf bekanntem Weg.

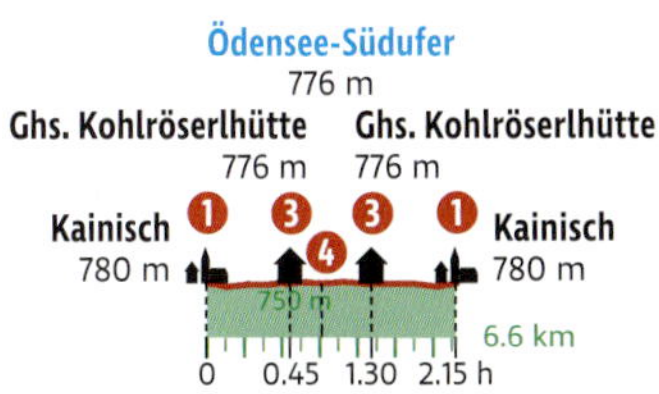

↗ 970 m | ↘ 970 m | 16.3 km

58 Hochmühleck, 1731 m

6.00 h

Einsamkeit pur im Randbereich der Dachstein-Hochfläche

Beliebte Sommerfrischen wie Bad Mitterndorf, Tauplitz und Bad Aussee sind in greifbarer Nähe, trotzdem führt diese Tour in die Einsamkeit. Denn der Ostbereich der Dachstein-Hochfläche, Kemet- oder Kammergebirge genannt, ist ein vom breiten Touristenstrom gemiedenes, unwegsames Waldgebiet. Es erschließt sich nur dem, der gewillt ist, seine subtilen Geheimnisse und Schönheiten aufzuspüren. Auf den Wiesenoasen der Steinitzen- und der Goseritzalm, auf der weitschauenden Randerhebung des Hochmühlecks wird man sie finden!

Ausgangspunkt: Parkplatz Almgraben, 791 m. Zufahrt aus dem Ortszentrum von Bad Mitterndorf mit eigenem Auto auf der Asphaltstraße in Richtung Grimmingtherme / Bad Heilbrunn zur Verzweigung 20 m nach der Ortstafel von Neuhofen. Rechts ab und auf Naturstraße zum Parkplatz an der Mündung des Almgrabens, 2,5 km.

Anforderungen: Lange, aber einfache Wanderung auf bezeichneten Fahr- und Fußwegen.

Einkehr: Jst. Steinitzenalm (6 L., im Juli und Aug. durchgehend geöffnet mit Mittwoch als Ruhetag, sonst an Wochenenden geöffnet, Tel. +43 664 5014389 oder +43 664 75057479).

Hinweis: Der Almgraben-Parkplatz südlich von Bad Mitterndorf kann von dort auch zu Fuß erreicht werden; gesamter zusätzlicher Zeitaufwand (hin und retour) 1.00 Std.

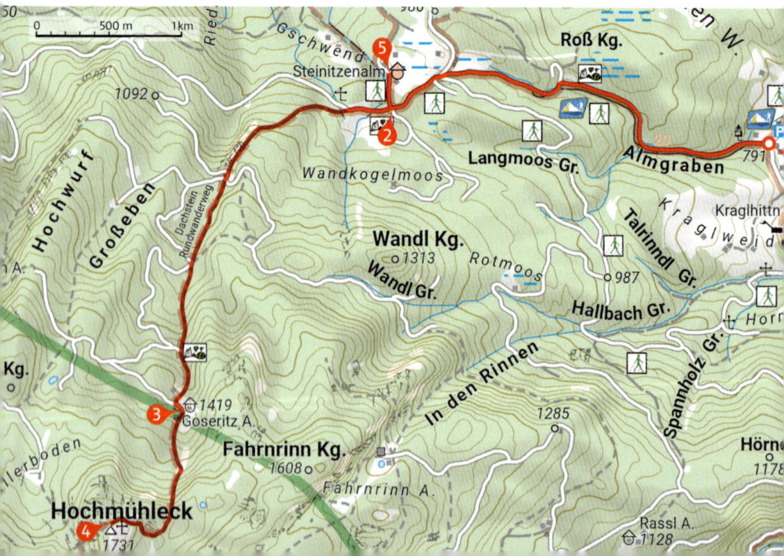

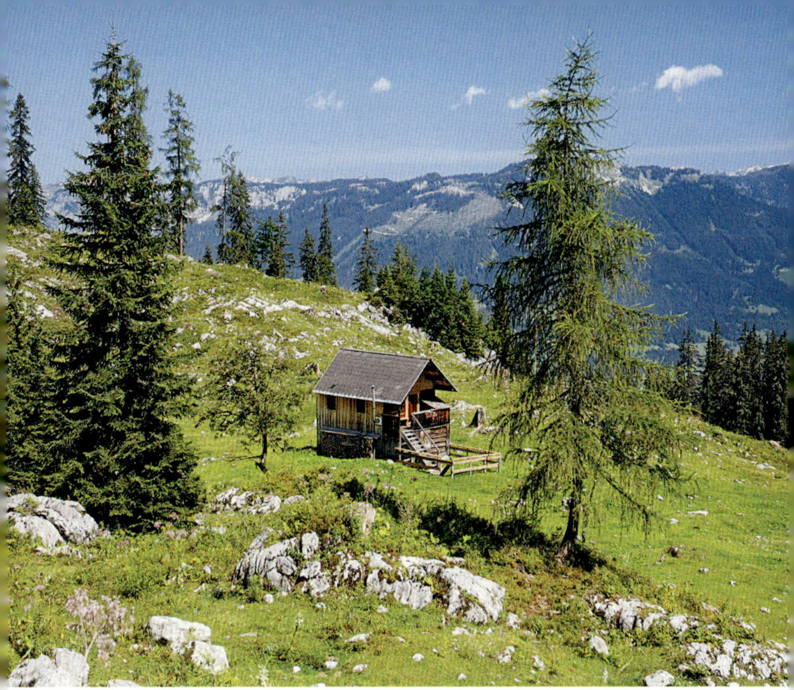

Die einsame Goseritzalm an der Nordseite des Hochmühlecks.

Vom **Parkplatz Almgraben** ❶ die Forststraße mit Weg Nr. 20 und 697 (Schranke, Fahrverbotstafel) den bewaldeten **Almgraben** in Westrichtung aufwärts zu einer Schottergrube und weiter zur ausgedehnten Wiesenschulter der **Langmoos- und Steinitzenalm**. An ihrem linken Oberrand im Wald nach Südwesten weiter zu einer **Straßenkreuzung** ❷, 1010 m (rechts zur Jst. Steinitzenalm). Auf der Straße gerade fort und quer über eine Wiese zur Verzweigung am jenseitigen Waldrand. Halb links ab und auf Fahrweg Nr. 697 im Wald steil nach Westen aufwärts, später an der linken Seite eines Grabens nach Südwesten hinauf zu einer Lichtung mit Verzweigung mehrerer Forststraßen. Ohne diesen zu folgen, den Karrenweg Nr. 697 geradeaus in den Wald (Gatter, Gedenktafel) und dort in Südrichtung vorerst sanft, dann steiler hoch, zuletzt durch einen grasigen Graben steil empor in die weite Wiesenmulde der **Goseritzalm** ❸, 1419 m. An der rechten Seite der Mulde (bezeichneter Steig), eine Forststraße kreuzend, hinauf in die oberste Wiesenbucht. Durch lichten, von Wiesen durchsetzten Wald eine steile Flanke in Kehren nach Süden hoch in geneigteres Terrain. Durch sanfte Grasmulden und lichten Baumbestand weiter aufwärts, schließlich

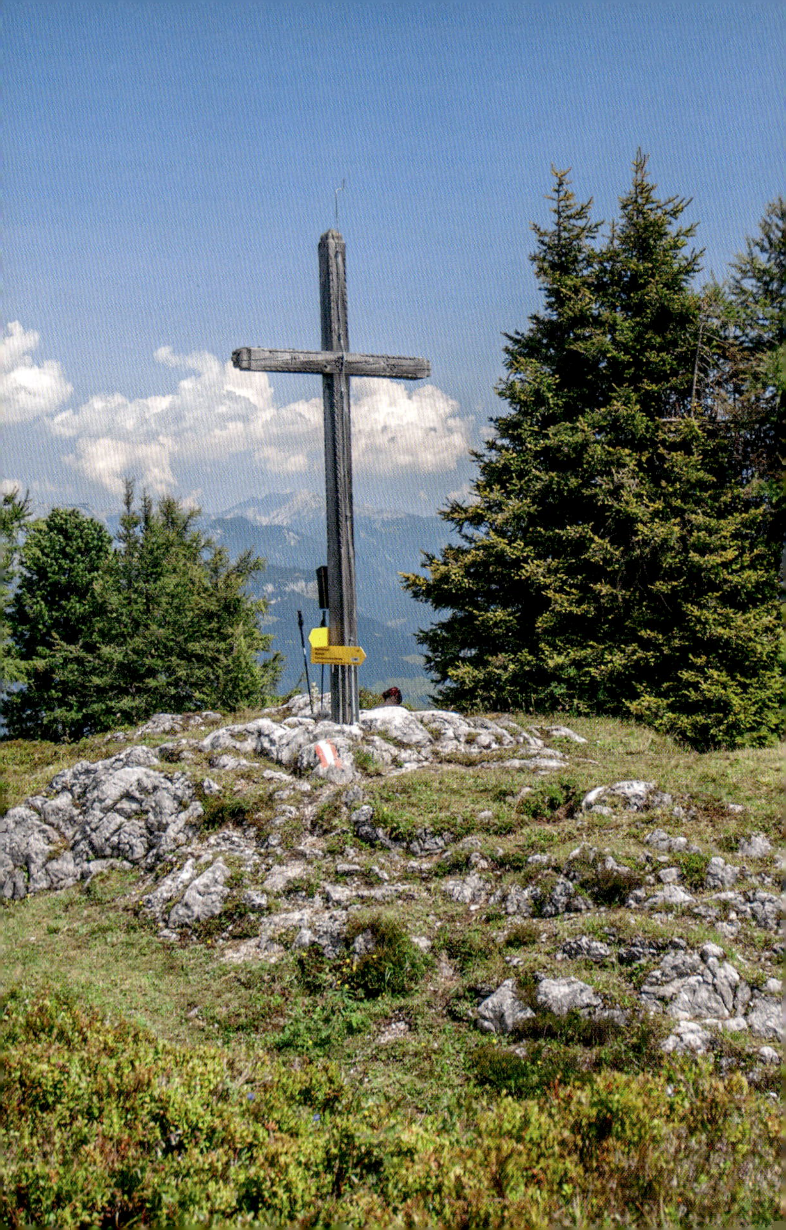

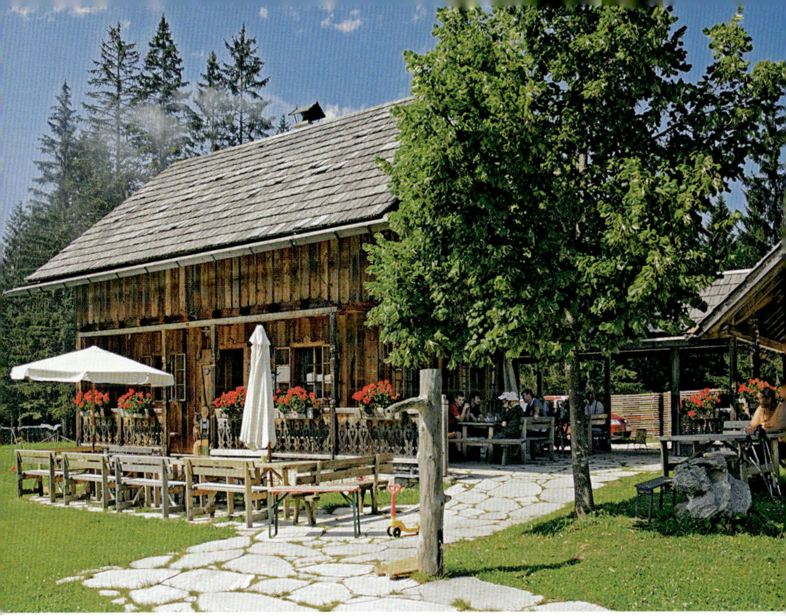

Oben: Nach der Hochmühleck-Besteigung ist eine Einkehr in der gemütlichen Jausenstation Steinitzenalm beinahe Pflicht!
Links: Das Gipfelkreuz am Hochmühleck.

nach scharfem Rechtsknick in teils felsigem Gelände steil nach Nordwesten empor auf den großteils baumfreien Gipfel des **Hochmühlecks** ❹, 1731 m (Gipfelkreuz mit Buch).
Zurück zur oben erwähnten **Straßenkreuzung** ❷, 1010 m. Nach links (Norden) hinab zur Wiesenfläche der Langmoos- und Steinitzenalm. An ihrem linken Rand nach Norden aufwärts zur **Jst. Steinitzenalm** ❺, 985 m. Auf bekanntem Weg zurück zum **Parkplatz Almgraben** ❶.

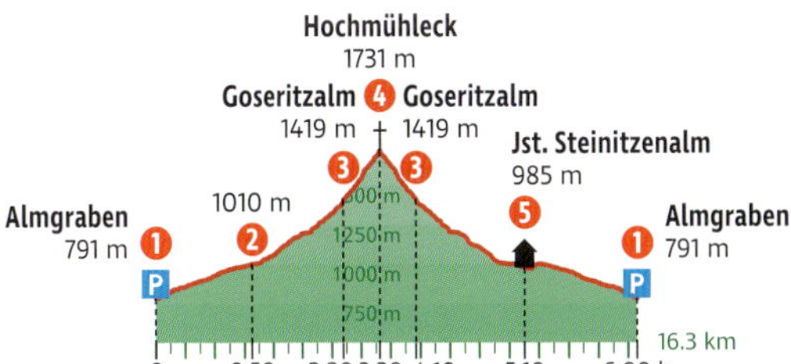

↗ 430 m | ↘ 430 m | 6.3 km

59 Lawinenstein, 1965 m

2.30 h

Ein »Hochthron« über dem Hinterbergtal

Hier kommt der einfache Wanderer auf seine Rechnung, den es nicht nach großen Taten, nach zünftigen Gipfeltouren gelüstet. Nur am 200-Meter-Steilhang zu Beginn gibt es einige Mühen. Was danach folgt, ist befreiendes Schreiten über saftig grüne Bergwiesen hinüber zu dem nach Westen vorspringenden Gipfel. Die Rundsicht kann man nicht beschreiben, man muss sie gesehen haben. Glanzpunkte sind der firngleißende Dachstein, der mächtige Grimming und die öden Karrenhochflächen des Toten Gebirges.

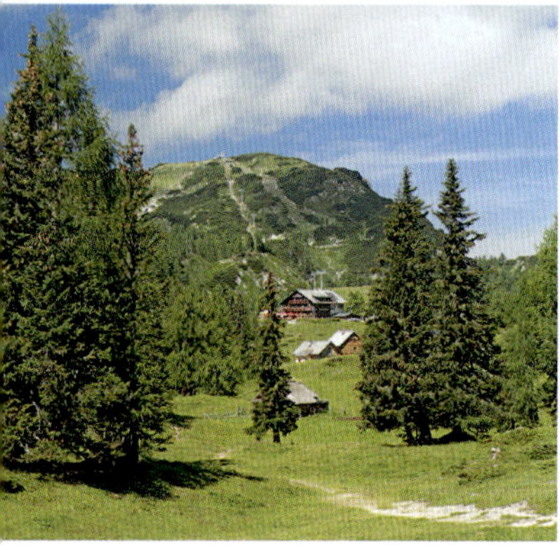

Das Kriemandl mit dem Hollhaus von Osten betrachtet.

Ausgangspunkt: Großparkplatz am Ende der Tauplitzalm-Mautstraße, 1590 m (Bushalt), 11 km vom Ortszentrum in Bad Mitterndorf.

Anforderungen: Einfache Tour auf bezeichneten Wegen. Nur bei nebelfreiem Wetter!

Einkehr: Almstüberl am Tauplitzalm-Parkplatz (keine Nächtigung, im Sommer geöffnet), Berggasthof Hollhaus (64 B., 8 L., Pfingsten – 10./15. Okt. geöffnet, Tel. +43 3688 2302, www.hollhaus.at).

Hinweis: Das Bergdorf Tauplitzalm im Zentrum der Höhenterrasse kann vom Ort Tauplitz auch mit dem Tauplitzalm-Sessellift (Vierersessellift) erreicht werden (Betrieb zwischen 20./25 Juni und 10./15. Sept. tägl. 8.30–12 Uhr und 13–16.30 Uhr, www.dietauplitz.com).

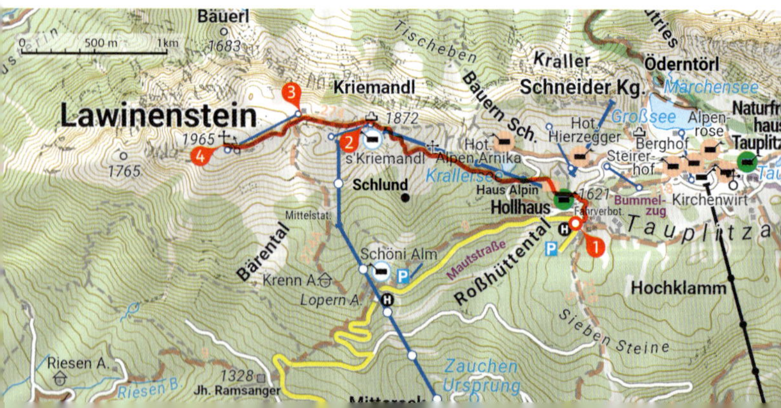

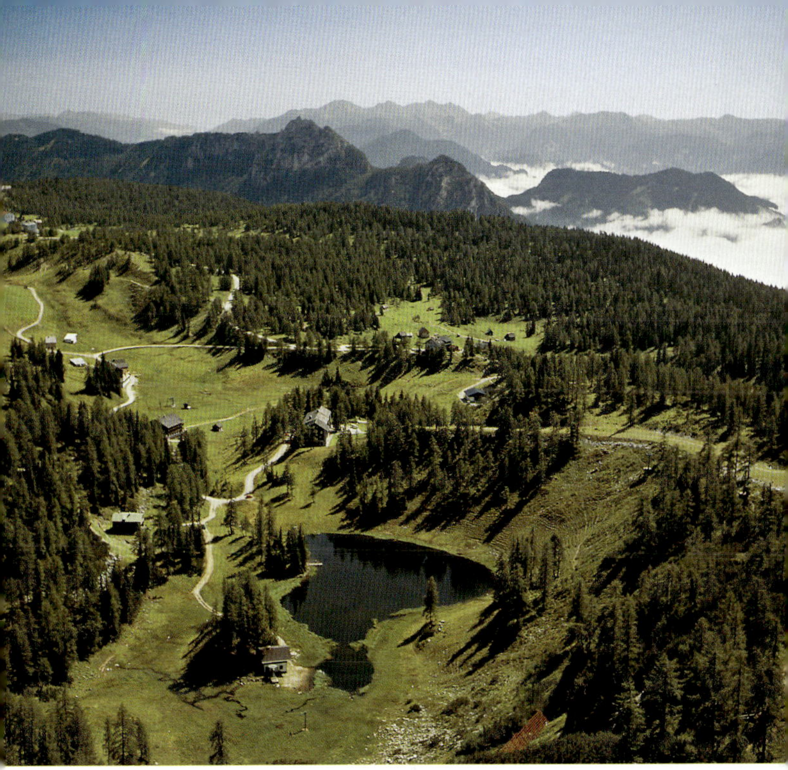

Tiefblick vom Kriemandl nach Osten auf die grüne Höhenterrasse der Tauplitzalm.

Vom **Parkplatz Tauplitzalm** ① auf einer Naturstraße in Windungen nach Norden hinauf zum **Hollhaus**, 1621 m. Links ab und auf Weg Nr. 274 westwärts, an der Talstation des Lawinenstein-Sessellifts (nur Winterbetrieb) vorbei, durch Latschen und lichten Baumbestand (Skitrassen) sanft aufwärts, später unterhalb des Sessellifts über einen Steilhang in Kehren empor zur Bergstation am Gipfel des **Kriemandl** ②, 1905 m (Skihütte). Nun über den breiten Rücken in Westrichtung sanft abwärts in einen **Sattel** ③, 1880 m, dann nach links (Südwesten) empor zum höchsten Punkt des **Lawinensteins** ④, 1965 m (Gipfelkreuz, Sendemast), mit schöner und umfassender Rundsicht. **Abstieg** auf demselben Weg.

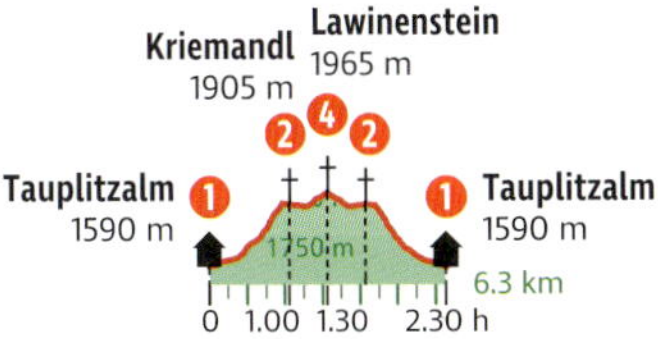

TOP

60 Traweng, 1981 m

↗ 510 m | ↘ 510 m | 7.5 km

4.00 h

Ein Gipfel für wenig Zeit

Am Sonnenbalkon der Tauplitz angelangt, hält wohl ein jeder Ausschau nach einem rasch erreichbaren Gipfelziel. Da fällt die Wahl natürlich auf den nächst liegenden, den Traweng, der sich vom Parkplatz am Ende der Mautstraße in rund zwei Stunden erreichen lässt. Das tolle 360-Grad-Panorama bringt bei klarem Wetter Schaugenüsse, die man von der körperlichen Leistung her eigentlich gar nicht verdient hat …

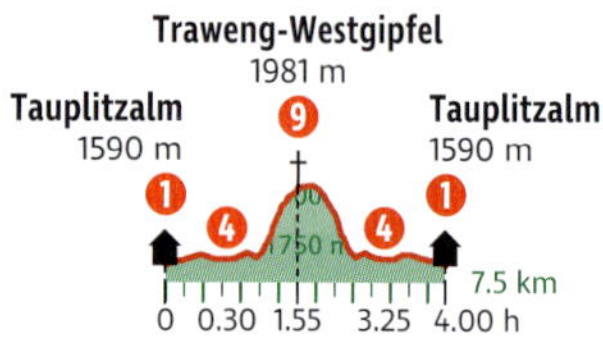

Ausgangspunkt: Großparkplatz am Ende der Tauplitzalm-Mautstraße, 1590 m (Bushalt), 11 km vom Ortszentrum in Bad Mitterndorf.
Anforderungen: Kurze, aber etwas anspruchsvolle Tour für geübte Geher auf bezeichnetem Steig. Trittsicherheit und Schwindelfreiheit nötig. Steinschlaggefahr!
Einkehr: Zahlreiche Gastbetriebe zum Teil mit Nächtigungsmöglichkeit (je nach Wetter und Schneelage meist 1./15. Juni – 15. Okt./2. Nov. geöffnet). Berggasthof Hollhaus (64 B., 8 L., Pfingsten – 10./15. Okt. geöffnet, Tel. +43 3688 2302, www.hollhaus.at), Linzer Tauplitzhaus (47 B., 16 L., 20. Mai – 26. Okt. geöffnet, im Oktober außer bei Schönwetter nur an den Wochenenden, Tel. +43 3688 2315 und +43 664 99707950, www.linzer-tauplitzhaus.com), Grazerhütte (25 B. 27 L., 25. Mai / 1 .Juni – 10./15. Okt. geöffnet, Tel. +43 664 3579 546, www.grazerhuette.at) und Hotel Hierzegger (60 B., 5. Juni – 30. Sept. geöffnet, Tel. +43 3688 2316, www.hierzegger.at).
Hinweis: Das Bergdorf Tauplitzalm im Zentrum der Höhenterrasse kann vom Ort Tauplitz auch mit dem Tauplitzalm-Sessellift (Vierersessellift) erreicht werden (Betrieb zwischen 20./25. Juni und 10./15. Sept. tägl. 8.30–12 Uhr und 13–16.30 Uhr, www.dietauplitz.com).

Vom **Parkplatz Tauplitzalm** ❶ die Asphaltstraße 50 m nach Norden zur Teilung und rechts haltend auf Fahrweg über Almweiden nach Nordosten zur nächsten Verzweigung. Rechts den **»Waldweg ins Zentrum«** ❷ durch Wald und über Wiesen nach Osten aufwärts zu einer **Anhöhe** ❸. Unter dem **Tauplitzalm-Sessellift** durch und hinab zu einem Fahrweg, der traversiert wird, danach zu einer Naturstraße. Diese rechts haltend zu der vom Bergdorf Tauplitzalm kommenden Asphaltstraße ❹ (Weg Nr. 209, 218 und 276). Auf ihr, an der **Lenzbauer Hütte** vorbei, über Wiesen nach rechts (Osten) aufwärts zu einer **Anhöhe** ❺ (rechts zum Linzer Tauplitzhaus) und jenseits hinab in eine **Mulde** ❻ mit Verzweigung. Geradeaus den Steig Nr. 72, links an der **Marburger Hütte** vorbei, nach Norden aufwärts unter die Felsflanke des Traweng und rechts haltend empor auf eine steile Rampe. Diese, an einem Höhleneingang vorbei, durch Blockwerk und über Felsabsät-

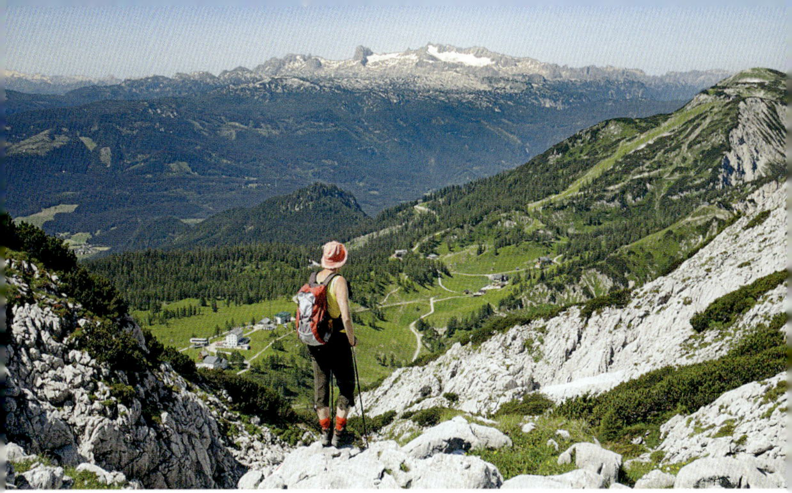

Im Anstieg auf den Traweng. Blick nach Südwesten über die Höhenterrasse der Tauplitzalm hinweg zum Dachstein.

ze schräg nach links hoch und nach kurzer Querung in eine angegrünte Rinne. An ihrer rechten Seite, an den Wänden entlang, über Geröll und Felsstufen (Steinschlaggefahr!) sehr steil zu einer Schulter, 1900 m, empor, wo der Steig nach rechts gegen ein Kar einschwenkt. Durch Wiesen und Latschen nordwärts zu einer **Verzweigung** 7. Durch ein blockiges Tälchen nach rechts (Osten) aufwärts, danach über Wiesen zu einer Schulter mit der **Linksabzweigung des Traweng-Rundweges** 8. Rechts haltend empor auf den **Traweng-Westgipfel** 9, 1981 m (Gipfelkreuz, Buch), und am begrünten Rücken eben hinüber zum **Ostgipfel** 10, 1980 m.

Zurück zur Rechtsabzweigung des **Traweng-Rundweges** 8 und auf dem bezeichneten Pfad steil abwärts in einen Sattel (Sturzhahn-Blick!). Jenseits in der linken Flanke (Südseite) des Traweng-Westrückens im Auf und Ab weiter, zuletzt über den Rücken hinab zu einem großen Steinmann, bei dem die Kammhöhe nach links verlassen wird. Über Felsstufen steil nach Süden hinunter und an einem großen Höhlenschacht (»Schlund«) vorbei, dann nach links queren und nochmals steiler bergab zum Hauptweg 7. Entlang der Anstiegsroute zurück zum **Tauplitzalm-Großparkplatz** 1.

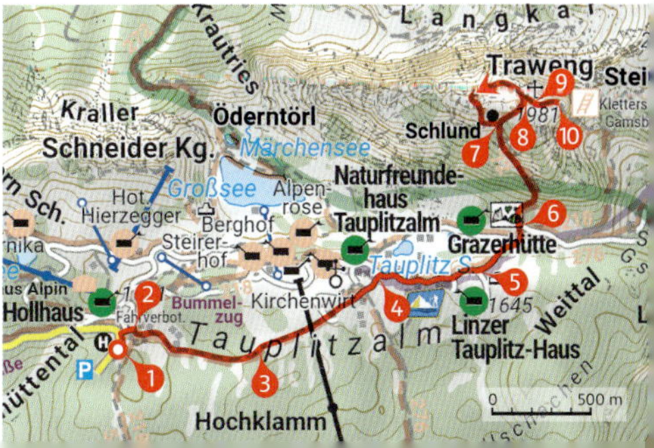

↗ 1010 m | ↘ 1010 m | 21.2 km

61 Almkogel, 2116 m

8.30 h

Ein großartiges Tourenziel für solche, die es in den Beinen haben ...

Zu den längeren Unternehmungen im Umkreis der Tauplitzalm gehört eine Besteigung des Almkogels am Salzsteigjoch. Er gewährt bereits Einblicke in die Bergumrahmung des Stodertales, auf die Massive der Spitzmauer und des Großen Priel. Dass man, allein um vom Tauplitzalm-Parkplatz zu seinem Bergfuß zu gelangen, mit etwa drei Gehstunden (in beiden Richtungen!) rechnen muss, sei jenen verraten, die leistungsmäßig Probleme haben oder sich vor einem drohenden Wetterumschwung beeilen müssen.

Ausgangspunkt: Großparkplatz am Ende der Tauplitzalm-Mautstraße, 1590 m (Bushalt), 11 km vom Ortszentrum in Bad Mitterndorf.
Anforderungen: Unschwierige, aber extrem lange Bergtour mit beachtlicher Anstiegshöhe. Meist gut bezeichnete Wege und Steige. Nur für ausdauernde Geher bei trockenem Wetter.
Einkehr: Im Bereich der Tauplitzalm zahlreiche Gastbetriebe z. T. mit Nächtigungsmöglichkeit (je nach Wetter und Schneelage 1./15. Juni – 15. Okt./2. Nov. geöffnet). Berggasthof Hollhaus (64 B., 8 L., Pfingsten – 10./15. Okt. geöffnet, Tel. +43 3688 2302, www.hollhaus.at), Linzer Tauplitzhaus (47 B., 16 L., 20. Mai – 26. Okt. geöffnet, im Oktober außer bei Schönwetter nur an den Wochenenden, Tel. +43 3688 2315 und +43 664 99707950, www.linzer-tauplitzhaus.com), Grazerhütte (25 B. 27 L., 25. Mai / 1 .Juni – 10./15. Okt. geöffnet, Tel. +43 664 3579 546, www.grazerhuette.at) und Hotel Hierzegger (60 B., 5. Juni – 30. Sept. geöffnet, Tel. +43 3688 2316, www.hierzegger.at). Jst. Trawenghütte (keine Nächtigung, 1. Juni – 15. Okt. geöffnet, außer Juli und Aug. Mi. Ruhetag; Tel.+43 664 632 36 68), Jst. Leistalm (keine Nächtigung, 15. Juni – 15. Okt. geöffnet, Tel. +43 664 9207730).
Variante: Als Alternative zur (zeitaufwendigen) Besteigung des Almkogels bietet sich der im Süden der Leistalm 5 aufragende niedrigere Roßkogel an: Auf dem Weg Nr. 218 durch Latschen und lichten Lärchenbestand nach Südosten aufwärts zu einer Teilung. Rechts auf Weg Nr. 18 durch einen Graben steil nach Süden auf eine Terrasse empor. Dort über Lärchenwiesen nach Südwesten unter den Gipfelaufbau des Roßkogels. Seine Nordflanke querend, schräg nach rechts zu einer Schulter empor, danach südwärts durch Latschen zum Gipfel des Roßkogels, 1890 m (Holzkreuz, Buch), mit herrlicher Rundsicht. Rund 2 Std. Zeitersparnis.
Hinweis: Das Bergdorf Tauplitzalm ist auch mit der Tauplitzalm-Bergbahn (Vierersessellift) erreichbar (Betrieb zwischen 20./25. Juni und 10./15. Sept. tägl. 8.30–12 Uhr und 13–16.30 Uhr, www.dietauplitz.com).

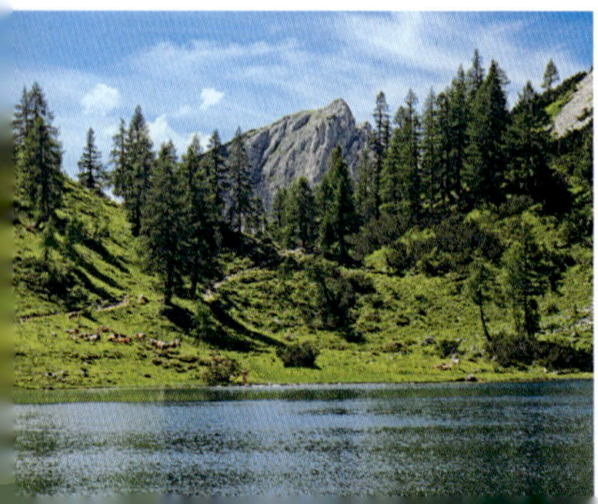

Der Schwarzensee mit dem Traweng (Tour 60) im Westen darüber.

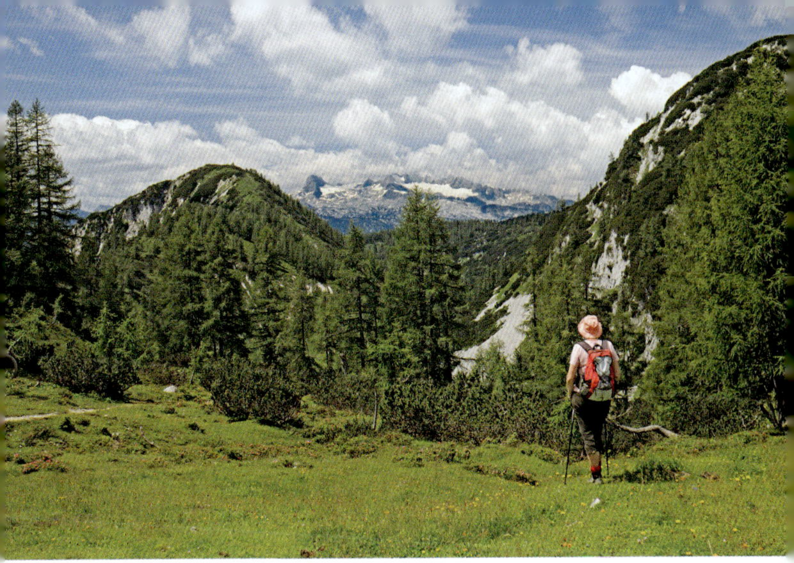

Im Anstieg zur Leistalm mit Rückblick gegen den Dachstein.

Vom **Tauplitzalm-Parkplatz** ❶ die Asphaltstraße 50 m nach Norden zur Teilung und rechts haltend auf Fahrweg über Almweiden zur nächsten Verzweigung. Rechts den **»Waldweg ins Zentrum«** durch lichten Bergwald, später über Wiesen nach Osten aufwärts zu einer Anhöhe, 1650 m. Unter dem Tauplitzalm-Sesselift durch und hinab zu einem Fahrweg, der traversiert wird, danach zu einer Naturstraße. Auf ihr, an der Petzhütte (Selbstversorgerhütte der Naturfreunde Liezen) vorbei, nach rechts zur Asphaltstraße (Weg Nr. 209, 218 und 276) vom Bergdorf Tauplitzalm her. Auf ihr nach rechts (Osten), an der **Lenzbauer Hütte** ❷ vorbei, zu einer Anhöhe (rechts zum Linzer Tauplitzhaus) und jenseits hinab in eine Mulde mit Verzweigung. Rechts auf abkürzendem Wiesenweg eben nach Osten, dann, die Straße traversierend, weiter zum Steirerseeblick, 1620 m (Bänke, Kruzifix), mit herrlicher Schau auf den in einer Doline gelegenen Steirersee und

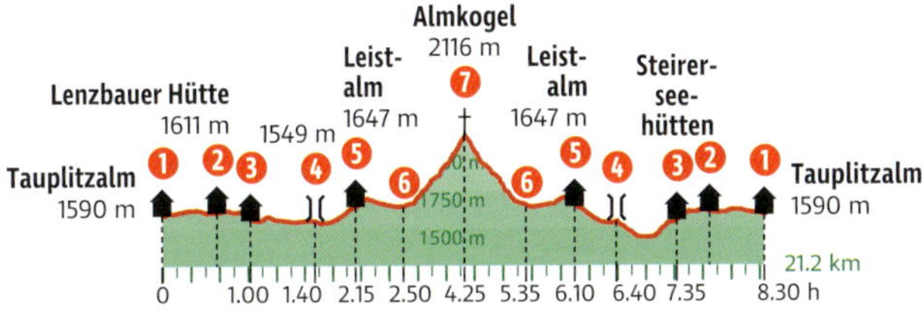

Aufblick zum Felshorn des Sturzhahns. Auf Fußweg den Steilhang nach Osten hinab zur Straße und diese nach links zu den auf einer Terrasse überm See gelegenen **Steirerseehütten** ❸, 1560 m (Jst. Trawenghütte).
Auf dem Karrenweg Nr. 209A und 218 im Auf und Ab nach Nordosten zu einer Schulter (Jagdhütte) mit Verzweigung. Geradeaus nun auf einem Fußweg links über dem in einer riesigen Dolinenmulde eingebetteten Steirersee in langer Querung der **Steirerseeleiten** durch Latschen und lichten Lärchenwald ostwärts in die Verengung des Seegrabens. Dort zur Verzweigung bei einem Gatter und kurz aufwärts in einen **Sattel** ❹. Jenseits hinunter zum Südufer des **Schwarzensees**. Dort eben über Wiesen, dann durch eine parkähnliche Landschaft aus Lärchen, Latschen, Almrosen und Wiesen hinauf zu einer Wegteilung. Geradeaus nun steiler empor in die sanfte Grasmulde um die **Jst. Leistalm** ❺, 1647 m. Rechts den Weg Nr. 218 durch Wiesen, Latschen und lichten Lärchenbestand nach Südosten hinauf zu einer Verzweigung. Auf Weg Nr. 218 ostwärts weiter bergauf, dann hinab zu den Wiesenböden der **Kamphütten**. An einer Lacke vorbei, später über ein Bächlein, 1649 m (Steg), zu wichtiger **Verzweigung** ❻. Links den Steig Nr. 277 nordwärts über Wiesen sanft aufwärts, dann im lichten Wald bald steiler hoch, schließlich an den Grashängen des Gamssteins schräg nach rechts (Nordosten) empor in eine steile Mulde und durch sie in den Sattel, 1980 m, zwischen Gamsstein und Almkogel. Über den steinigen Rücken nach rechts (Osten) empor zum Gipfel des **Almkogels** ❼, 2116 m (Kruzifix, Buch).
Abstieg: Auf der Anstiegsroute zurück in den **Sattel** ❹ nach dem Schwarzensee und jenseits zur Verzweigung bei einem Gatter. Geradeaus auf Weg Nr. 218 den Seegraben durch lichten Lärchenwald und über Wiesen hinunter zum Steirersee. Anfangs am Südufer entlang, später oberhalb des Sees im Auf und Ab über eine vorspringende Halbinsel hinweg in die Westbucht. Teils über Felsstufen steil nach Südwesten empor in einen Sattel, dann durch lichten Lärchenwald steil nach Westen hoch und schließlich auf Karrenweg schräg nach rechts hinauf zu den **Steirerseehütten** ❸. Nicht entlang der Naturstraße, sondern auf abkürzendem Karrenweg westwärts empor in die »Mulde mit Verzweigung« und auf bekanntem Weg zurück zum **Tauplitzalm-Parkplatz** ❶.

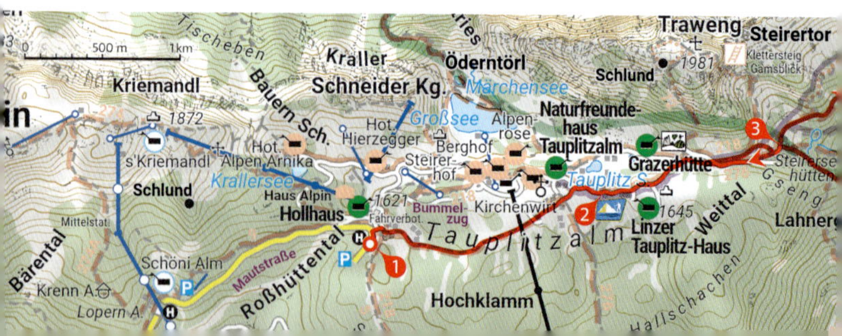

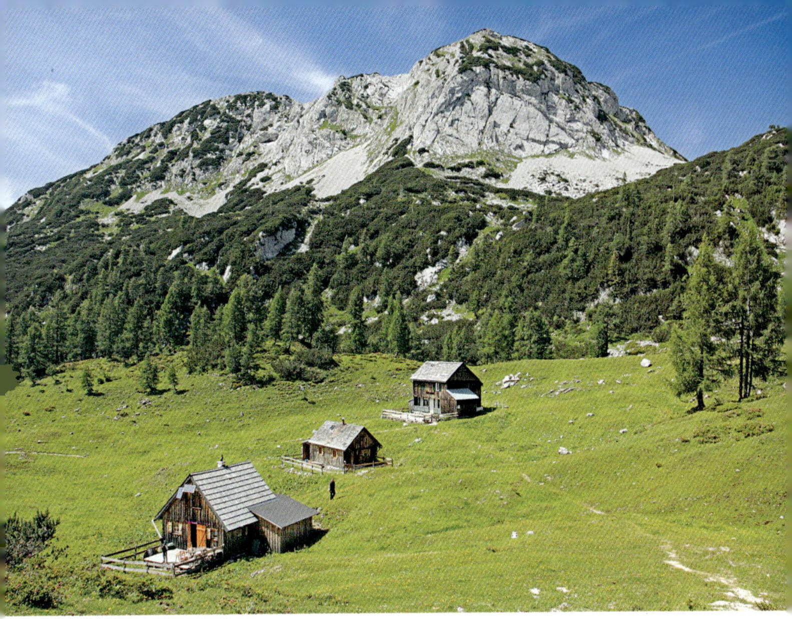

Die Hütten der Leistalm vor dem Grubstein.

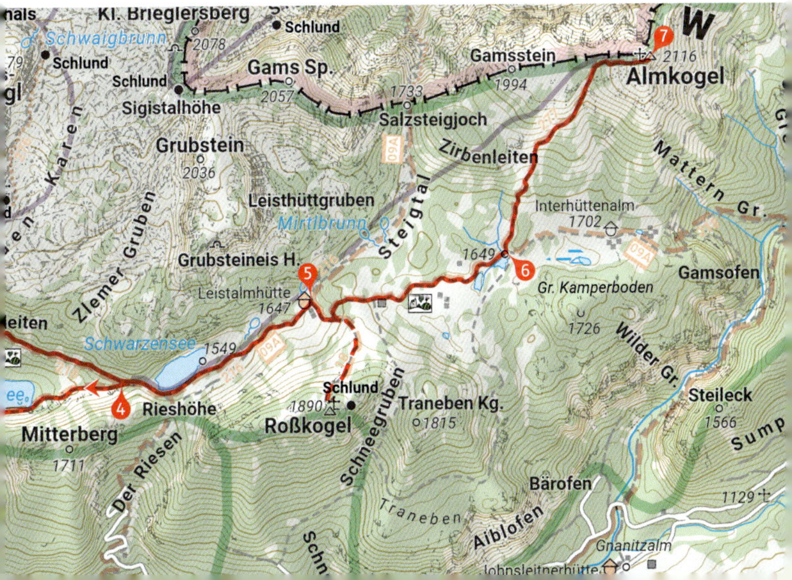

↗ 1040 m | ↘ 1040 m | 12.4 km

5.45 h

62 Hechlstein, 1814 m, und Feldl, 1696 m

Zwei Gipfelschmankerl am Rande des Salzkammerguts

Das Hochtal von Wörschachwald wird im Norden von den Höhen des Hechlsteins und des Feldl flankiert, die auf markierten Steigen überschritten werden können. Müßig die Frage, was da mehr imponiert, das Hechlstein-Panorama mit Schau auf Grimming und Dachstein oder die Rundsicht vom Feldl, wo das steile Felshorn des Hochtausing im Brennpunkt steht und sich ein toller Tiefblick zur Stoiringalm und in das Ennstal bietet.

Ausgangspunkt: Ghf. Wörschachwalderhof, 1017 m (Großparkplatz, Skigebiet), im gleichnamigen Hochtal, 7 km von Tauplitz.

Anforderungen: Unschwierige, aber lange Tour auf bezeichneten Wegen und Steigen. Trittfestigkeit nötig.

Einkehr: Ghf. Wörschachwalderhof (13 B., Nov. und April zu, sonst ganzj. geöffnet, Mo./Do. Ruhetag, Tel. +43 3688 2280, www.woerschachwalderhof.at), Spechtenseehütte (6 B., 15 L., 10./15. Mai – 26. Okt. geöffnet, Di. Ruhetag, Tel. +43 3688 2666, www.spechtensee.com).

Variante: Um die abschließende Straßenwanderung zu vermeiden, kann man vom Spechtensee dem bezeichneten Fahrweg am Nordufer entlang folgen. Auf dem bald rechts abzweigenden Steig über einen Waldrücken hinweg zum Ghf. Wörschachwalderhof. 30 Min. vom Spechtensee.

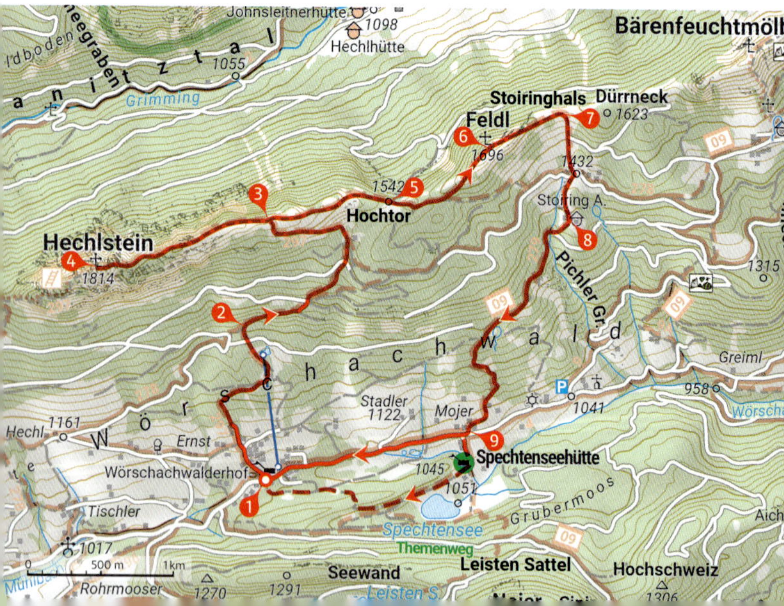

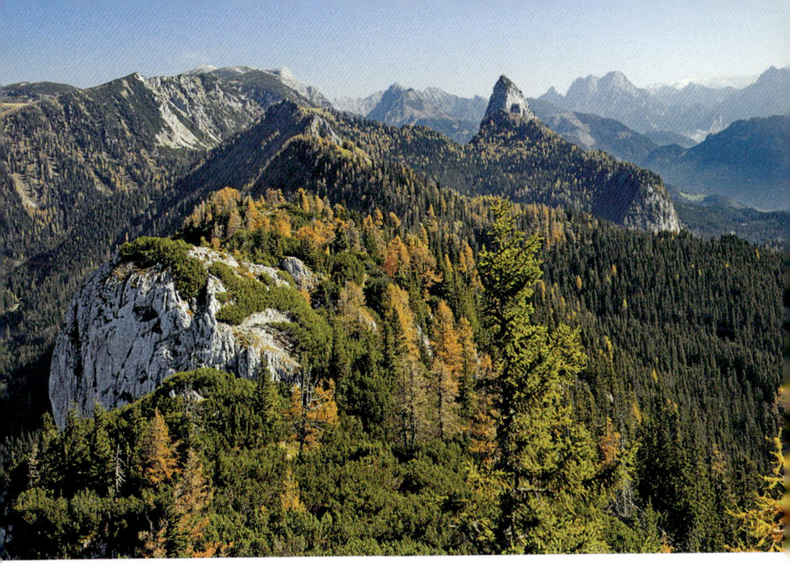

Am Gipfel des Hechlsteins. Im Nordosten das Warscheneckgebiet mit dem matterhornähnlichen Hochtausing und den Gesäusebergen rechts in der Ferne.

Vom **Ghf. Wörschachwalderhof** ❶ auf Asphaltstraße (Weg Nr. 297) über Wiesen nach Norden hinauf zu einer Häusergruppe, dann auf Fahrweg im Wald weiter und nach rechts empor zu einer Skipiste. Vor ihr links ab und auf bezeichnetem Fußweg, an einer Quelle vorbei, in Nordrichtung zu einem Querweg, **»Grantsch«** ❷. Diesen rechts haltend aufwärts zu einer Lichtung mit Verzweigung. Links die steile Waldflanke nach Norden hoch, später durch seichte Mulden, mehrere Forststraßen querend, zu Verzweigung (Holzhütte). Auf Fahrweg 30 m nach links zur nächsten Teilung. Links auf bezeichnetem Steig in eine Mulde, aus ihr nach links hoch und in die Südflanke des Hechlsteinmassivs hinein. Dort durch lichten Nadelwald und über Wiesen in langer Hangquerung nach Westen bergauf, später nach

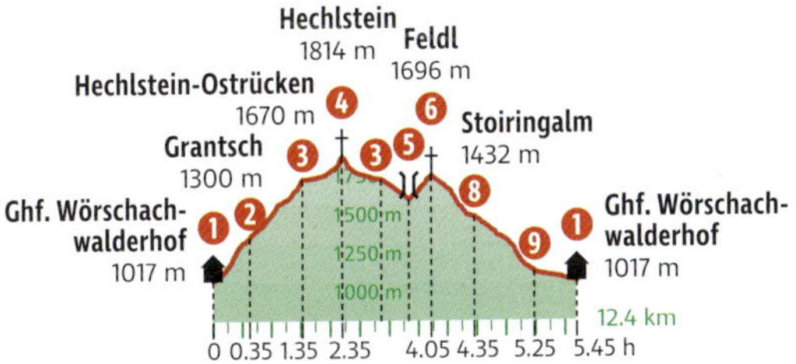

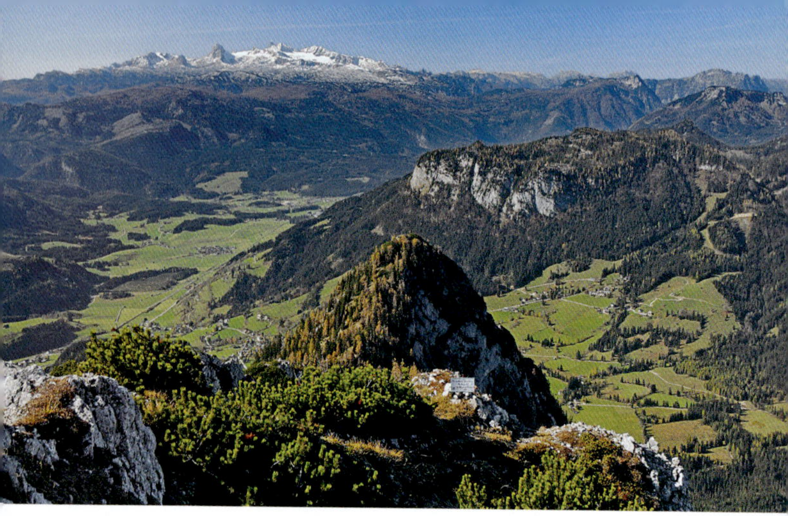

Blick vom Hechlstein über das Hinterbergtal hinweg zum Dachstein, weiter rechts Zinkenkogel, Kampl und Sarstein.

rechts empor an den **Hechlstein-Ostrücken** ❸, 1670 m (Verzweigung). Über ihn, dann in seiner linken Seite zur **Scharte** vor dem steilen Gipfelaufbau. Gegen diesen hoch, dann nach links in seine Südostseite. Dort über Wiesen, Latschen und Felsstufen auf den **Hechlstein** ❹, 1814 m (Kruzifix, Buch).

Zurück zu der Stelle, wo der **Hechlstein-Ostrücken** ❸ erreicht wurde. Auf bezeichnetem Steig (keine Nummer) über den Rücken hinab in den Sattel **»Hochtor«** ❺, 1542 m, mit querender Forststraße. Diese 30 m gerade fort, dann links ab und auf bezeichnetem Steig am Südwestrücken durch Wald und über Wiesen steil empor zum Gipfel des **Feldl** ❻, 1696 m (Kruzifix, Buch). Den grasigen Nordostrücken des Berges teils über Felsstufen (Vorsicht!) hinab in den Sattel **Stoiringhals** ❼, 1590 m. Aus ihm rechts über steile Wiesen (spärliche Markierung) nach Süden hinab zur **Stoiringalm** ❽, 1432 m (Brunnen). Den Fahrweg Nr. 279 in Südrichtung weiter abwärts zum Unterrand der Wiesen bei einigen Hütten. Nach rechts hinab in den Wald (Bach) und dort auf bezeichnetem Weg an den Hängen nach Südwesten abwärts zu einem Murbruch, der im Auf und Ab umgangen wird. In langer Hangquerung südwestwärts weiter, später in Kehren nach links (Süden) hinunter zum **Hof Mojer** ❾, 1080 m. Dort auf Asphaltstraße über Wiesen 50 m nach rechts zur Linksabzweigung der Zufahrt zum **Spechtensee** (Schutzhütte, Badegelegenheit), der von hier in wenigen Minuten erreicht werden kann. Die Asphaltstraße westwärts weiter zum **Ghf. Wörschachwalderhof** ❶.

↗ 480 m | ↘ 480 m | 6.6 km

3.30 h

Gindlhorn, 1259 m

63

Eine Schaukanzel zwischen den Bergen

Das Gindlhorn im Südwesten der Warscheneckgruppe ist trotz seiner bescheidenen Höhe ein idealer Panoramapunkt. An den Abhängen des Brandanger Kogels gegenüber dem imposanten Grimming aufragend, gibt es unterhaltsame Wege zu ihm hinauf, wobei der Route von Pürgg durch den Felsabbruch des Jungfrausturzes die Krone gebührt.

Ausgangspunkt: Großparkplatz am nördlichen Ortseingang von Pürgg, 790 m. Auf einer Terrasse über Grimmingbachtal und Ennstal vor dem mächtigen Grimming gelegener malerischer Ort mit reichen Kunstschätzen. Haltestelle Pürgg der Salzkammergutbahn im Ennstal, von dort 10 Min. steiler Fußanstieg auf breitem Weg zum Ausgangspunkt.

Anforderungen: Etwas anspruchsvolle Tour für trittfeste Geher auf bezeichneten Wegen und Steigen.

Einkehr: Ghf. Dachsteinblick (11 B., 2 Appartements für max. 4–6 Personen, im Nov. zu, sonst ganzj. geöffnet, Mi., in der Nachsaison Di. und Mi. Ruhetag, Tel. +43 3688 2328 oder +43 6643962588, www.gasthof-dachsteinblick.at). Mehrere Gasthöfe in Pürgg.

Vom Gipfel des Gindlhorns überschaut man Hinterbergtal und Mitterndorfer Becken wie aus einem Flugzeug.

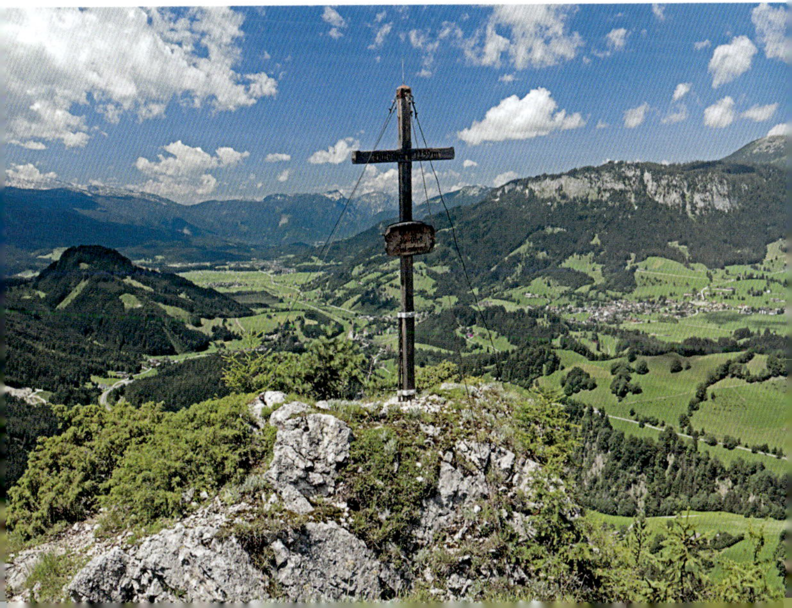

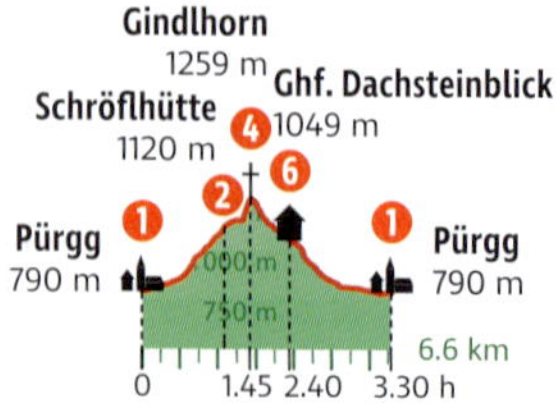

Vom Parkplatz am Ortseingang von **Pürgg** 1 in das Ortszentrum, dort links ab und auf einer Asphaltstraße 50 m nach Norden aufwärts zu einer Teilung. Links haltend empor zum Straßenende beim **Naturbad Pürgg**. Den Naturfahrweg Nr. 289 an den Abhängen des Brandanger Kogels nach Westen aufwärts zu einer Schulter (Haus). Auf bezeichnetem Steig eine steile Bergrippe im Wald nach Norden hoch zur nächsten Schulter (Holzhütte). An der linken Seite der Rippe weiter, später nach links gegen die Felswände des **Jungfrausturzes** und dort aufwärts, bis der Steig in den Wandabbruch hineinführt. Entlang einer bewaldeten Rampe steil und teils exponiert empor, später über eine Holzleiter (»Himmelsleiter«) auf einen Absatz. Entlang der Rampe, einen steilen Grashang (Quelle) querend, weiter zur Wiesenschulter bei der **Schröflhütte** 2, 1120 m (Brunnen). Den bezeichneten Fahrweg am Westabhang des Brandanger Kogels durch Wald nach Norden in den **Sattel** 3, 1150 m, zwischen ihm und dem Gindlhorn. Vor dem Erreichen einer querenden Waldstraße links ab und auf bezeichnetem Steig (keine Nummer) durch Buschwerk gegen das Gindlhorn aufwärts unter eine graue Wand. Am Wandfuß rechts haltend in eine steile Rinne und durch diese (Holzleiter) an den Nordrücken des Berges. Über ihn weniger steil zu einem Vorgipfel (Bank, Buch). Über Felsstufen etwas exponiert nach Westen hinab in eine Scharte und jenseits zum Gipfelkreuz des **Gindlhorns** 4, 1259 m. Zurück zur querenden Forststraße am erwähnten **Sattel** 3. Diese 100 m nach links abwärts, dann links ab und auf bezeichnetem Weg südwestwärts eben zur Abbruchkante (Bank). Auf Steig (Holzleiter) auf das **Kleine Hörndl** 5, 1130 m (Bank, Gipfelkreuz). Retour zur Straße und auf ihr links haltend sogleich zur nächsten Verzweigung. Links den bezeichneten Fahrweg über den bewaldeten Nordwestrücken des Gindlhorns abwärts, später auf Fußweg in den Sattel beim **Ghf. Dachsteinblick** 6, 1049 m. Den Weg Nr. 278 (**»Kirchweg«**) anfangs über Wiesen, dann an den Waldhängen unterhalb des Jungfrausturzes

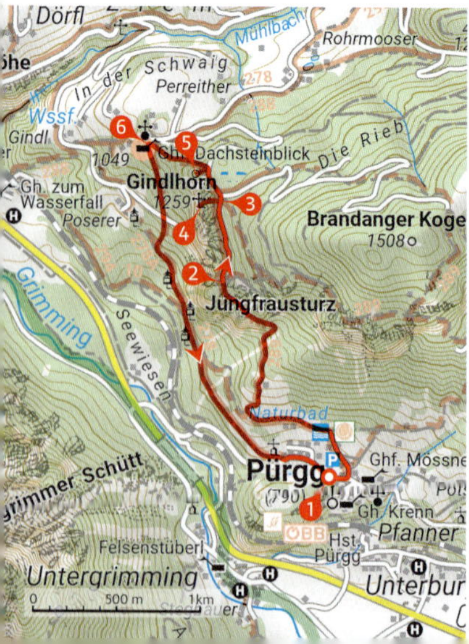

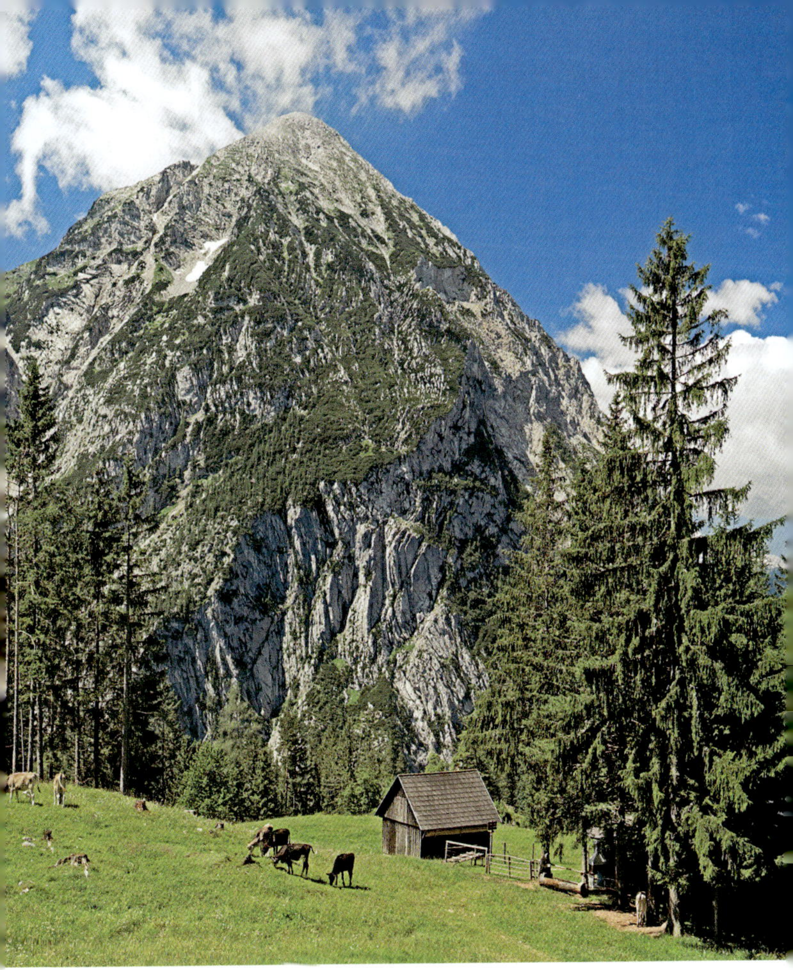

Die paradiesische Wiesenschulter bei der Schröflhütte vor der erdrückenden Bergmasse des Grimming.

nach Süden abwärts zu breitem Querweg (Marienbild am Baum). Auf ihm nach links bergab zur nächsten Verzweigung (Schutzengelbild am Baum). Auf Karrenweg an den Hängen eben fort, später über Wiesen, an einem Bildstock vorbei, zur Asphaltstraße und auf ihr geradeaus zum Parkplatz am Ortseingang von **Pürgg** ❶.

STICHWORTVERZEICHNIS

Umschlagbild: Das malerische Schloss Ort bei Gmunden, am Nordende des Traunsees, darüber die Westwände des Traunsteins.

Bild im Innentitel: Die Gablonzer Hütte im Norden des Gosaukammes (Tour 30–32). Der Blick fällt über das Gosautal hinweg nach Nordosten gegen den Hohen Plassen.

Bild S. 2: Der Almsee mit den Nordabstürzen des Toten Gebirges, gesehen vom Ameisstein (Tour 15).

Bild S. 28/29: Die steinerne Wildnis des Toten Gebirges mit dem Sturzhahn links, gesehen vom Traweng (Tour 60).

Alle Fotos vom Autor.

Kartografie:
65 Wanderkärtchen im Maßstab 1:50.000 und 1:75.000
sowie 2 Übersichtskarten im Maßstab 1:300.000 und 1:800.000

Die Ausarbeitung aller in diesem Führer beschriebenen Wanderungen erfolgte nach bestem Wissen und Gewissen des Autors. Die Benutzung dieses Führers geschieht auf eigenes Risiko. Soweit gesetzlich zulässig, wird eine Haftung für etwaige Unfälle und Schäden jeder Art aus keinem Rechtsgrund übernommen.

5., überarbeitete und erweiterte Auflage 2022

ISBN 978-3-7633-4384-3

FSC www.fsc.org MIX Papier aus verantwortungsvollen Quellen FSC® C021956

Wir freuen uns über jeden Korrekturhinweis zu diesem Wanderführer!
Bitte per E-Mail an: leserzuschrift@rother.de

ROTHER BERGVERLAG · Keltenring 17 · D-82041 Oberhaching
Tel. +49 89 608669-0 · www.rother.de